社会资本转换与农户收入差距

Social Capital Transition and Income Inequality in Rural China

王文涛 著

导师 谢家智

中国社会科学出版社

图书在版编目(CIP)数据

社会资本转换与农户收入差距/王文涛著. —北京:中国社会科学出版社,2022.5

(中国社会科学博士论文文库)

ISBN 978-7-5227-0178-3

Ⅰ.①社… Ⅱ.①王… Ⅲ.①社会资本—关系—农民收入—收入差距—研究—中国 Ⅳ.①F124.7②F323.8

中国版本图书馆 CIP 数据核字(2022)第 089958 号

出 版 人	赵剑英
策划编辑	周 佳
责任编辑	黄 丹
责任校对	胡新芳
责任印制	李寡寡
出　　版	中国社会科学出版社
社　　址	北京鼓楼西大街甲 158 号
邮　　编	100720
网　　址	http://www.csspw.cn
发 行 部	010-84083685
门 市 部	010-84029450
经　　销	新华书店及其他书店
印　　刷	北京明恒达印务有限公司
装　　订	廊坊市广阳区广增装订厂
版　　次	2022 年 5 月第 1 版
印　　次	2022 年 5 月第 1 次印刷
开　　本	710×1000　1/16
印　　张	18.5
插　　页	2
字　　数	321 千字
定　　价	98.00 元

凡购买中国社会科学出版社图书,如有质量问题请与本社营销中心联系调换
电话:010-84083683
版权所有　侵权必究

《中国社会科学博士论文文库》
编辑委员会

主　　任：李铁映
副 主 任：汝　信　江蓝生　陈佳贵
委　　员：（按姓氏笔画为序）
　　　　　王洛林　王家福　王缉思
　　　　　冯广裕　任继愈　江蓝生
　　　　　汝　信　刘庆柱　刘树成
　　　　　李茂生　李铁映　杨　义
　　　　　何秉孟　邹东涛　余永定
　　　　　沈家煊　张树相　陈佳贵
　　　　　陈祖武　武　寅　郝时远
　　　　　信春鹰　黄宝生　黄浩涛
总 编 辑：赵剑英
学术秘书：冯广裕

总　序

在胡绳同志倡导和主持下，中国社会科学院组成编委会，从全国每年毕业并通过答辩的社会科学博士论文中遴选优秀者纳入《中国社会科学博士论文文库》，由中国社会科学出版社正式出版，这项工作已持续了12年。这12年所出版的论文，代表了这一时期中国社会科学各学科博士学位论文水平，较好地实现了本文库编辑出版的初衷。

编辑出版博士文库，既是培养社会科学各学科学术带头人的有效举措，又是一种重要的文化积累，很有意义。在到中国社会科学院之前，我就曾饶有兴趣地看过文库中的部分论文，到社科院以后，也一直关注和支持文库的出版。新旧世纪之交，原编委会主任胡绳同志仙逝，社科院希望我主持文库编委会的工作，我同意了。社会科学博士都是青年社会科学研究人员，青年是国家的未来，青年社科学者是我们社会科学的未来，我们有责任支持他们更快地成长。

每一个时代总有属于它们自己的问题，"问题就是时代的声音"（马克思语）。坚持理论联系实际，注意研究带全局性的战略问题，是我们党的优良传统。我希望包括博士在内的青年社会科学工作者继承和发扬这一优良传统，密切关注、深入研究21世纪初中国面临的重大时代问题。离开了时代性，脱离了社会潮流，社会科学研究的价值就要受到影响。我是鼓励青年人成名成家的，这是党的需要，国家的需要，人民的需要。但问题在于，什么是名呢？名，就是他的价值得到了社会的承认。如果没有得到社会、人民的承认，他的价值又表现在哪里呢？所以说，价值就在于对社会重大问题的回答和解决。一旦回答了时代性的重大问题，就必然会对社会产生巨大而深刻的影响，你也因此而实现了你的价值。在这方面年轻的博士有很大的优势：精力旺盛，思想敏捷，勤于学习，勇于创新。但青年学者要多向老一辈学者学习，博士尤其要很好地向导师学习，在导师的指导下，发挥自己的优势，研究重大问题，就有可能出好的成果，实现自己的价值。过去12年入选文库的论文，也说明了这一点。

什么是当前时代的重大问题呢？纵观当今世界，无外乎两种社会制度，一种是资本主义制度，一种是社会主义制度。所有的世界观问题、政治问题、理论问题都离不开对这两大制度的基本看法。对于社会主义，马克思主义者和资本主义世界的学者都有很多的研究和论述；对于资本主义，马克思主义者和资本主义世界的学者也有过很多研究和论述。面对这些众说纷纭的思潮和学说，我们应该如何认识？从基本倾向看，资本主义国家的学者、政治家论证的是资本主义的合理性和长期存在的"必然性"；中国的马克思主义者，中国的社会科学工作者，当然要向世界、向社会讲清楚，中国坚持走自己的路一定能实现现代化，中华民族一定能通过社会主义来实现全面的振兴。中国的问题只能由中国人用自己的理论来解决，让外国人来解决中国的问题，是行不通的。也许有的同志会说，马克思主义也是外来的。但是，要知道，马克思主义只是在中国化了以后才解决中国的问题的。如果没有马克思主义的普遍原理与中国革命和建设的实际相结合而形成的毛泽东思想、邓小平理论，马克思主义同样不能解决中国的问题。教条主义是不行的，东教条不行，西教条也不行，什么教条都不行。把学问、理论当教条，本身就是反科学的。

在21世纪，人类所面对的最重大的问题仍然是两大制度问题：这两大制度的前途、命运如何？资本主义会如何变化？社会主义怎么发展？中国特色的社会主义怎么发展？中国学者无论是研究资本主义，还是研究社会主义，最终总是要落脚到解决中国的现实与未来问题。我看中国的未来就是如何保持长期的稳定和发展。只要能长期稳定，就能长期发展；只要能长期发展，中国的社会主义现代化就能实现。

什么是21世纪的重大理论问题？我看还是马克思主义的发展问

题。我们的理论是为中国的发展服务的，绝不是相反。解决中国问题的关键，取决于我们能否更好地坚持和发展马克思主义，特别是发展马克思主义。不能发展马克思主义也就不能坚持马克思主义。一切不发展的、僵化的东西都是坚持不住的，也不可能坚持住。坚持马克思主义，就是要随着实践，随着社会、经济各方面的发展，不断地发展马克思主义。马克思主义没有穷尽真理，也没有包揽一切答案。它所提供给我们的，更多的是认识世界、改造世界的世界观、方法论、价值观，是立场，是方法。我们必须学会运用科学的世界观来认识社会的发展，在实践中不断地丰富和发展马克思主义，只有发展马克思主义才能真正坚持马克思主义。我们年轻的社会科学博士们要以坚持和发展马克思主义为己任，在这方面多出精品力作。我们将优先出版这种成果。

2001 年 8 月 8 日于北戴河

序　言

阅读《社会资本转换与农户收入差距》，我认为与已有研究相比，本书的亮点在于其交叉和跨界的属性，具体表现在三个方面。

第一，社会学与经济学的交叉：探索了农户收入差距研究的多学科有机结合的分析范式，注重多种研究技术手段的综合应用。农户收入差距的形成与演化是一个非常复杂的过程，单一的视角或变量难以准确诠释这一复杂现象。因此，农户收入差距的研究不再仅仅是一个经济学议题，同时也是一个社会学议题。中国是一个典型的"关系型"社会，"嵌入"正式制度安排中的社会资本在一定程度上发挥了纠正"市场失灵"的作用。社会资本的生产效应、收入效应、财富效应日益强化，对农户收入差距必然产生深刻、全面和潜移默化的影响。本书基于经济学、社会学、心理学、人口学等多学科的研究视角构建农户收入差距的分析框架，实现了农户收入差距的交叉学科研究。

第二，宏观与微观的交叉：界定了脱域型社会资本与地域型社会资本的理论内涵，拓展了社会资本理论的研究范畴。中国农村社会结构变迁进程中农户社会资本出现的新特征与新趋势，尚未引起学术界的高度重视，相关的理论研究与经验证据都比较匮乏。本书基于现阶段中国农村持续发酵的经济社会转型的特殊宏观背景，从微观的农民社会流动性视角将农户社会资本分解为传统的地域型社会资本与新型的脱域型社会资本，从而更全面、准确地把握社会结构变迁背景下农户社会资本的属性与特征，并拓展了现有社会资本理论的研究范畴，实现了社会资本理论在中国情境下的延展与应用。

第三，整体性与异质性的交叉：发现了脱域型社会资本与地域型社会资本对农户收入差距的不同影响，为解释社会变迁背景下的农户收入差距找到新的理论与经验证据。现有文献多基于整体性视角分析社会资本的收入分配效应，而缺乏对社会资本异质性的考究，得到的研究结论的科学性值得商榷。本书基于农民社会资本分化的视角，从描述统计、数理模型、情景模拟、计量实证等多维度检验研究假设。研究结论佐证了不同的社会资本形态对农村居民内部的收入差距产生了相异的影响机制与作用机制，即传统的地域型社会资本并未明显影响农户收入差距，但新型的脱域型社会资本更有利于促进农户收入的增加，进而使农户收入差距扩大。

2021年春节期间文涛博士告知《社会资本转换与农户收入差距》一书即将出版，邀请我作序。我立即回应，很荣幸也很愿意。

应该说，对这样一项视角特殊的专题研究，我自己未曾深入。只是基于多年来经常去西南、西北、华北等地区进行专业调研中对农村的观察，以及早年间知青上山下乡的亲身经历，一直关注农村、农民和农业。所以，看到这项研究成果即将出版面世，发自内心为文涛博士鼓掌。

四十多年前，中国经济社会的改革开放是从农村启动的，迅速见效。为了不让"三农"问题被淡化，每年的中央一号文件都是聚焦农村。而作为学术期刊和专业期刊编辑，我一向认为，在财经界尤其会计和财务管理领域，对"三农"问题的研究比较缺乏关注。如今倡导把学术论文写在中国本土大地上，希望上述状况能够得到改善。

最后想谈一下文涛博士的受教育交叉性。他在四个阶段的求学专业历程，本科生阶段理学，硕士生阶段经济学，博士生阶段管理学，博士后阶段会计学。每一次"跨界"都带来挑战，被推动着拓展学习领域。应该说也有好处：对于任何研究问题，能以多学科视角、思路、分析方法展开研究。这一点，我自己有切身体会。大学本科—硕士—博士阶段接受统计学训练，转入会计学领域以后，常常助力生出研究思路火花。甚至早年间当铁路机车工人时学习过机械制图，也非常有助于研究构思和逻辑结构化。

回到本书，文涛博士作为一位跨界会计学者的独立思考，非常有意义。我很乐意和期待看到这本著作的出版，也期待他有更多独到的思考和研究。

北京大学光华管理学院教授，《中国会计评论》主编 王立彦

2021年春于北京大学

摘　　要

相对于居民收入差距，农户收入差距是一个更为尖锐但尚未引起足够重视的问题。本书提炼出的科学问题：中国农村地区社会结构变迁背景下的社会资本转换对农户收入差距的作用机制。

本书遵循"理论研究（构建分析框架）→实证研究（奠定微观基础）→政策研究（提出改进措施）"的逻辑思路，以中国农村经济社会转型的现实为出发点，以缓解农户收入差距的矛盾为落脚点，规范研究与实证研究相结合。其中，理论研究注重揭示社会结构变迁、社会资本转换对农户收入差距的影响机制与作用机制，为实证研究构建理论分析框架，并提出研究假设。实证研究在描述性统计、理论模型推导、数值模拟演绎的基础上，采用中国综合社会调查（CGSS）的农村样本数据，运用再中心化影响函数（RIF）回归、无条件分位数回归（UQR）等估计技术验证研究假设。政策研究部分基于稳健的研究结论提出以"缩小农户社会化差距"为核心的矫正农户收入差距的政策体系。

本书的主要研究内容与结论归纳如下：（1）基于社会结构变迁背景下的社会资本理论拓展，构建了包含地域型社会资本和脱域型社会资本的新型社会资本理论体系。（2）通过社会资本转换作用于农户收入差距的理论分析框架，提出了社会资本通过"资本欠缺"和"回报欠缺"两个过程影响农户收入差距的作用机制。（3）采用社会资本转换影响农户收入差距的数理模型，演绎了社会资本分化扩大农户收入差距的作用过程。（4）验证了脱域型社会资本影响农户收入差距的研究假设，发现新型的脱域型社会资本更有利于增加富裕农户的收入，进而使农户收入差距扩大。（5）验证了地域型社会资本影响农户收入差距的研究假设，发现传统的地域型社会资本并未明显影响农户收入差距。

与已有研究相比，本书可能的创新点主要体现在三个方面：（1）提出了脱域型社会资本概念的形成机制与评价体系。（2）构建了不同社会资本作用于农户收入及收入差距的机制与路径。（3）验证了脱域型社会资本刺激农户收入差距扩大的作用过程。

关键词：农户收入差距；社会结构变迁；脱域型社会资本；地域型社会资本

Abstract

Relative to the income gap of residents, the income inequality in rural China is a more acute problem which has not yet been paid enough attention. This book summarizes the scientific issues focused on: the mechanism of social capital transition on income inequality in rural China under the background of social structure change.

Following the logical thought of theoretical research, empirical research and policy research, this book aims to alleviate the contradiction of income inequality in rural China. Theoretical research reveals the mechanism of social structure change and social capital transition on income inequality in rural China, to construct the theoretical analysis framework for empirical study, and put forward the research hypotheses. In empirical research, based on the descriptive statistics, theoretical model and numerical simulation, this book uses the data of Chinese General Social Survey (CGSS), and the methods of Recentered Influence Function (RIF) Regression and Unconditional Quantile Regression (UQR) to verify the research hypotheses. In policy research, based on the robust research results, this book puts forward a policy system to rectify the income inequality in rural China, whose core lies in narrowing the socialization inequality in rural China.

The main contents and conclusions of thisbook are summarized as follows: (1) Putting forward the theoretical category of social capital under the background of social structure change, finding that social capital is divided into disembedding social capital and embedding social capital. (2) Constructing a theoretical analysis framework of the effect of social capital transition on income inequality in rural China, finding that social capitals affect income inequality in rural China through the process of capital deficit and return deficit. (3) Deducing the mathematical model of the impact of social capital transition on income inequality in rural China, finding that the differentiation of social capital expands income gap of farmers. (4) Verifying the research hypothesis of disembedding social capital influencing income inequality in rural China, finding that the disembedding social capital is more conducive to increase the income level of the rich farmers, thus stimulating the expansion of income inequality in rural China. (5) Verifying the research hypothesis of embedding social capital influencing income inequality in rural China, finding that the traditional embedding social capital does not significantly affect the income inequality in rural China.

Compared with the existing research, the innovations of this book are mainly summarized as follows: (1) Putting forward formation mechanism and quantitative system of disembedding social capital. (2) Setting up the mechanism and path of different social capital on income and income inequality in rural China. (3) Verifying the role of disembedding social capital in the process of widening the income inequality in rural China.

Key Words: Income Inequality in Rural China, Social Structure Change, Disembedding Social Capital, Embedding Social Capital

目　录

第一章　导论 …………………………………………………… (1)
　第一节　研究背景与问题 ……………………………………… (1)
　　一　研究背景 ………………………………………………… (1)
　　二　研究问题 ………………………………………………… (7)
　第二节　研究目标与意义 ……………………………………… (9)
　　一　研究目标 ………………………………………………… (9)
　　二　研究意义 ………………………………………………… (10)
　第三节　研究思路与内容 ……………………………………… (12)
　　一　研究思路 ………………………………………………… (12)
　　二　研究内容 ………………………………………………… (13)
　第四节　研究方法与创新 ……………………………………… (16)
　　一　研究方法 ………………………………………………… (16)
　　二　创新探索 ………………………………………………… (18)

第二章　文献综述与理论借鉴 ………………………………… (19)
　第一节　文献综述 ……………………………………………… (19)
　　一　社会资本的理论范畴研究 ……………………………… (19)
　　二　社会资本的收入效应研究 ……………………………… (23)
　　三　社会资本的异质性研究 ………………………………… (28)
　　四　简要评述 ………………………………………………… (30)
　第二节　理论借鉴 ……………………………………………… (32)
　　一　社会资本理论 …………………………………………… (32)
　　二　社会变迁理论 …………………………………………… (37)

三　收入差距理论 …………………………………………（42）
　　四　简要评述 ……………………………………………（45）
第三节　本章小结 ……………………………………………（47）

第三章　理论机制与分析框架 ……………………………（49）
第一节　核心概念界定与概念模型构建 ……………………（49）
　　一　社会结构变迁 ………………………………………（49）
　　二　社会资本转换 ………………………………………（57）
　　三　农户收入差距 ………………………………………（66）
第二节　社会结构变迁与社会资本转换的形成机制 ………（71）
　　一　社会结构变迁与空间流动的自主性 ………………（72）
　　二　社会结构变迁与职业转换的灵活性 ………………（77）
　　三　社会结构变迁与业缘关系的普遍性 ………………（80）
第三节　社会资本转换对农户收入差距的作用机制 ………（84）
　　一　社会资本转换与生产经营行为改变 ………………（85）
　　二　社会资本转换与职业选择行为改变 ………………（92）
　　三　社会资本转换与资产配置行为改变 ………………（96）
第四节　分析框架与研究假设 ……………………………（105）
　　一　分析框架的构建 ……………………………………（105）
　　二　研究假设的提出 ……………………………………（108）
第五节　本章小结 …………………………………………（113）

第四章　描述性统计分析 …………………………………（115）
第一节　农村社会结构变迁的特征与趋势 ………………（115）
　　一　农村土地结构变迁的特征与趋势 …………………（115）
　　二　农村科技结构变迁的特征与趋势 …………………（119）
　　三　农村人口结构变迁的特征与趋势 …………………（126）
第二节　农民社会资本转换的特征与趋势 ………………（131）
　　一　宏观视角的农民社会资本转换的特征与趋势 ……（132）
　　二　微观视角的农民社会资本转换的特征与趋势 ……（144）
第三节　农户收入差距的特征与趋势 ……………………（148）
　　一　宏观视角的农户收入差距的特征与趋势 …………（148）

二　微观视角的农户收入差距的特征与趋势 ················ (160)
　第四节　本章小结 ·· (165)

第五章　理论模型 ·· (166)
　第一节　社会结构变迁与社会资本转换的形成 ················ (166)
　　一　建模思路 ·· (166)
　　二　模型推导 ·· (168)
　第二节　社会资本转换与农户收入差距的扩大 ················ (173)
　　一　建模思路 ·· (174)
　　二　模型推导 ·· (174)
　第三节　本章小结 ·· (182)

第六章　社会资本转换影响农户收入水平差距的实证分析 ······ (184)
　第一节　实证研究设计 ·· (184)
　　一　数据来源与样本筛选 ····································· (185)
　　二　内生性处理与实证模型构建 ····························· (187)
　　三　变量设定与描述性统计 ·································· (190)
　第二节　实证结果与分析 ······································· (200)
　　一　基本模型的估计结果 ····································· (200)
　　二　分区域的估计结果 ·· (203)
　第三节　稳健性检验与进一步分析 ····························· (205)
　第四节　本章小结 ·· (214)

第七章　社会资本转换影响农户收入结构差距的实证分析 ······ (216)
　第一节　实证研究设计 ·· (216)
　　一　数据来源与样本筛选 ····································· (216)
　　二　内生性处理与实证模型构建 ····························· (217)
　　三　变量设定与描述性统计 ·································· (219)
　第二节　实证结果与分析 ······································· (221)
　　一　农户经营性收入差距模型的估计结果 ················· (222)
　　二　农户工资性收入差距模型的估计结果 ················· (226)
　　三　农户财产性收入差距模型的估计结果 ················· (230)

四　农户转移性收入差距模型的估计结果 …………… (236)
　第三节　本章小结 ……………………………………… (241)

第八章　研究结论与政策建议 ……………………………… (242)
　第一节　研究结论 ……………………………………… (242)
　第二节　政策建议 ……………………………………… (244)
　　一　促进农户的自由空间流动 …………………………… (245)
　　二　强化农户的自主择业技能 …………………………… (248)
　　三　提升农户的信息获取能力 …………………………… (250)

参考文献 ……………………………………………………… (252)

索　引 ………………………………………………………… (270)

致　谢 ………………………………………………………… (273)

Contents

Chapter 1　Introduction ································· (1)
　Section 1　Research Background and Problems ···················· (1)
　　1. Research Background ································· (1)
　　2. Research Problems ································· (7)
　Section 2　Research Goals and Significance ···················· (9)
　　1. Research Goals ································· (9)
　　2. Research Significance ································· (10)
　Section 3　Research Ideas and Content ···················· (12)
　　1. Research Ideas ································· (12)
　　2. Research Content ································· (13)
　Section 4　Research Methods and Innovation ···················· (16)
　　1. Research Methods ································· (16)
　　2. Research Innovation ································· (18)

Chapter 2　Literature Review and Theoretical Reference ············ (19)
　Section 1　Literature Review ································· (19)
　　1. Theoretical Category of Social Capital ······················ (19)
　　2. Income Effect of Social Capital ···························· (23)
　　3. Heterogeneity of Social Capital ···························· (28)
　　4. Brief Comment ································· (30)
　Section 2　Theoretical Reference ································· (32)
　　1. Social Capital Theory ································· (32)
　　2. Social Change Theory ································· (37)
　　3. Income Inequality Theory ································· (42)
　　4. Brief Comment ································· (45)

Section 3　Chapter Summary ……………………………………… (47)

Chapter 3　Theoretical Mechanism and Analysis Framework ………… (49)
　Section 1　Definition of Core Concepts and Construction of Conceptual Models ……………………………………………… (49)
　　1. Social Structure Change ……………………………… (49)
　　2. Social Capital Transition ……………………………… (57)
　　3. Rural Income Inequality ……………………………… (66)
　Section 2　Mechanism of Social Structure Change on Social Capital Transition ……………………………………………… (71)
　　1. Social Structure Change and Autonomy of Spatial Mobility ………………………………………………… (72)
　　2. Social Structure Change and Flexibility of Career Change ………………………………………………… (77)
　　3. Social Structure Change and Universality of Karma Relations ………………………………………………… (80)
　Section 3　Mechanism of Social Capital Transition on Rural Income Inequality ……………………………………………… (84)
　　1. Social Capital Transition and Change in Production Behavior ………………………………………………… (85)
　　2. Social Capital Transition and Change in Career Choice Behavior ………………………………………………… (92)
　　3. Social Capital Transition and Change in Asset Allocation Behavior ………………………………………… (96)
　Section 4　Analysis Framework and Research Hypotheses ………… (105)
　　1. Construction of Analysis Framework ……………………… (105)
　　2. Presentation of Research Hypotheses ……………………… (108)
　Section 5　Chapter Summary ……………………………………… (113)

Chapter 4　Descriptive Statistical Analysis ……………………………… (115)
　Section 1　Characteristics and Trends of Rural Social Structure Change ………………………………………………… (115)
　　1. Characteristics and Trends of Rural Land Structure Change ………………………………………………… (115)

2. Characteristics and Trends of Rural Technological
　　　　Structure Change ·· (119)
　　3. Characteristics and Trends of Rural Demographic
　　　　Structure Change ·· (126)
　Section 2　Characteristics and Trends of Rural Social Capital
　　　　　　　Transition ·· (131)
　　1. A Macro Perspective ·· (132)
　　2. A Micro Perspective ·· (144)
　Section 3　Characteristics and Trends of Rural Income
　　　　　　　Inequality ·· (148)
　　1. A Macro Perspective ·· (148)
　　2. A Micro Perspective ·· (160)
　Section 4　Chapter Summary ·· (165)

Chapter 5　Theoretical Model ··· (166)
　Section 1　Social Structure Change and Conformation of Social
　　　　　　　Capital Transition ·· (166)
　　1. Modeling Ideas ··· (166)
　　2. Model Derivation ··· (168)
　Section 2　Social Capital Transition and Amplification of Rural
　　　　　　　Income Inequality ·· (173)
　　1. Modeling Ideas ··· (174)
　　2. Model Derivation ··· (174)
　Section 3　Chapter Summary ·· (182)

Chapter 6　Empirical Analysis of Impact of Social Capital Transition
　　　　　　　on Rural Income Inequality ································· (184)
　Section 1　Empirical Research Design ································· (184)
　　1. Data Source and Sample Selection ······························ (185)
　　2. Endogenous Treatment and Construction of Empirical
　　　　Model ·· (187)
　　3. Variable Setting and Descriptive Statistics ····················· (190)
　Section 2　Empirical Results and Analysis ··························· (200)
　　1. Results of Basic Model ·· (200)

  2. Results by Region ······ (203)
 Section 3 Robustness Test and Further Analysis ······ (205)
 Section 4 Chapter Summary ······ (214)

Chapter 7 Empirical Analysis of Impact of Social Capital Transition on Rural Income Structure Inequality ······ (216)
 Section 1 Empirical Research Design ······ (216)
  1. Data Source and Sample Selection ······ (216)
  2. Endogenous Treatment and Construction of Empirical Model ······ (217)
  3. Variable Setting and Descriptive Statistics ······ (219)
 Section 2 Empirical Results and Analysis ······ (221)
  1. Results of Rural Operating Income Inequality Model ······ (222)
  2. Results of Rural Wage Income Inequality Model ······ (226)
  3. Results of Rural Property Income Inequality Model ······ (230)
  4. Results of Rural Transfer Income Inequality Model ······ (236)
 Section 3 Chapter Summary ······ (241)

Chapter 8 Research Conclusions and Policy Recommendations ······ (242)
 Section 1 Research Conclusions ······ (242)
 Section 2 Policy Recommendations ······ (244)
  1. Promote Autonomy of Spatial Mobility ······ (245)
  2. Strengthen Skills of Job Selection ······ (248)
  3. Improve Capabilities of Information Acquisition ······ (250)

References ······ (252)

Index ······ (270)

Acknowledgements ······ (273)

第一章

导 论

第一节 研究背景与问题

一 研究背景

农民收入与收入差距问题一直是发展经济学普遍关注的焦点之一。当经济增长的成果并非在居民间均等分配时，居民收入差距问题就会产生。而且，伴随法国经济学家托马斯·皮凯蒂（Thomas Piketty）的《21世纪资本论》（*Capital in the Twenty-First Century*）一书的风靡，学术界再次掀起对收入差距的讨论浪潮，研究的焦点聚焦于居民收入差距形成与演化的机制。从中国经济运行的实践来看，以社会主义市场经济为导向的体制改革确实释放了经济增长的动力，中国的经济发展与国力提升创造了举世瞩目的增长奇迹。然而，与经济高速增长相伴随的是中国居民收入差距的持续扩大。国家统计局公布的官方数据显示（如图1.1所示），中国居民人均可支配收入基尼系数①在2008年达到峰值0.491，近年来虽然略有下降，但依然处于0.46以上的高位水平，远高于国际警戒线0.4。收入差距的不断扩大日益成为中国经济发展过程中最为突出的矛盾之一。拉美和东南亚国家的历史教训表明，忽视了居民收入分配问题而一味地追求经济数量的增长，最终的结果只能是深陷"中等收入陷阱"的泥淖中无法抽身，甚至有可能会加剧社会矛盾、引发社会动荡（Fräßdorf et al.，2011）。

---

① "基尼系数"（Gini Coefficient）最早是由意大利经济学家科拉多·基尼（Corrado Gini）于1912年根据"洛伦兹曲线"（Lorenz Curve）提出，是国际上通用的用来考察居民内部收入差距状况的重要指标。按照国际通例，基尼系数0.4是居民收入差距的警戒线，即基尼系数超过0.4通常表示收入差距已经达到了非常高的水平。其中，基尼系数位于0.4—0.5代表的是居民收入差距较大，而基尼系数超过0.5则代表的是居民的收入差距已经达到了"悬殊"的地步。

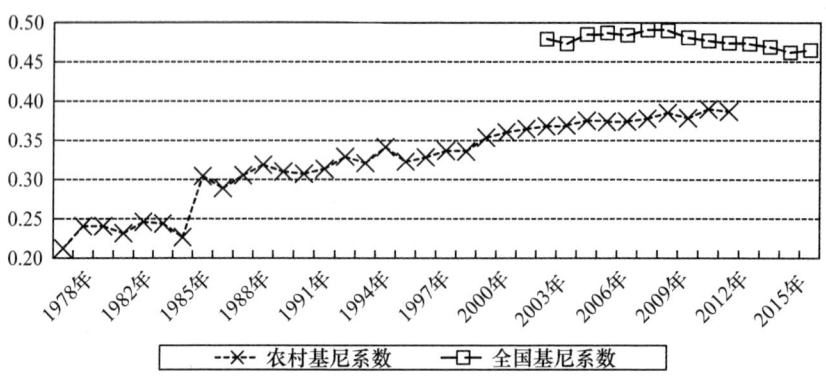

图 1.1 中国居民收入基尼系数的变化趋势

资料来源：原始数据来源于《中国住户调查年鉴》（2012—2015 年）、国家统计局网站；笔者根据原始数据绘制。

现有研究更为关注的是城乡收入差距、农民收入等问题，而往往忽视了农村居民内部的收入差距问题。事实上，农村居民内部的收入差距在时间维度与空间维度都呈现出明显的上升趋势。如图 1.1 所示，中国农村居民的基尼系数基本呈现快速上涨的发展趋势：中国农村居民人均纯收入的基尼系数在 1978 年时仅为 0.2124，到 1986 年时农村基尼系数首次突破 0.3，随后该基尼系数逐渐上升，进入 21 世纪后已经突破了 0.35。近年来，中国农村居民收入的基尼系数更是日益逼近 0.4 这一国际警戒线。而且，需要引起高度重视的是，从 2009 年开始，全国居民收入基尼系数逐渐缩小，但是农村居民收入基尼系数非但没有缩小，反而呈现持续扩大的发展趋势。即使在东部发达地区，农村居民内部收入差距的状况依然堪忧。农业部农村固定观察点微观住户数据显示，2010 年江苏省 11 个村的基尼系数达到了 0.395，其中，基尼系数的最大值更是达到了 0.545 的高位水平；收入最低的 20% 农户占农户总收入的比重由 2005 年的近 9.6% 逐渐降到 2010 年的 7.5%（张宁、张兵，2015）。忽视农户收入差距不断扩大的局面而得出中国居民收入差距已步入下行通道的判断尚且为时过早（杨耀武、杨澄宇，2015）。因此，如何有效地缓解农村居民收入差距不断扩大的趋势，是摆在中国决策层面前需要解决的现实问题之一。

具体而言，中国农村居民收入差距以及经济社会发展呈现以下特殊的矛盾与趋势。

(一) 农村居民收入大幅提升，但农户收入差距矛盾不断加剧

始于1978年的中国农村改革在带动农村经济长足发展的同时，也促进了农村居民收入的增长与生活的改善。国家统计局住户调查办公室发布的统计数据显示，农村居民人均纯收入水平从1978年的133.6元一路飙升至2015年的约10772元，增长了近80倍。1978—2015年农村居民人均纯收入的年均名义增长率高达12.8%，剔除价格影响的年均实际增长率达到了7.7%。[①] 然而，农村居民的收入并非同步增长，农村居民内部的收入差距在时间维度与空间维度都呈现明显的上升趋势。由中国社会科学院发布的《社会蓝皮书：2016年中国社会形势分析与预测》研究报告披露的数据显示，近年来中国城乡居民之间以及城镇居民之间的收入差距均在缩小，然而，农村居民内部的收入差距却在不断扩大。特别是伴随农产品价格的下行，以经营性收入为主的农村低收入农户的收入增速不断下降，导致农户收入差距持续扩大（李培林等，2015）。从收入分组的数据来看，农村居民内部的收入差距依然非常明显。如图1.2所示，按照人均收入五等分分组中的农村地区最低收入户（20%）的人均收入水平由2000年的802元上涨到2015年的3085.6元，增长了约2.8倍；而最高收入户（20%）的人均收入水平由2000年的5190元上涨到2015年的26013.9元，增长了近4倍。低收入农户收入增速明显低于高收入农户，从而进一步拉大了农村居民的收入差距。最高收入户的人均收入与最低收入户人均收入的比值从2000年的6.47上升到了2015年的近8.43。收入最低的20%的农户的收入占农户总收入的比重从2000年的6.6%逐渐下降到了2015年的大约5%。

(二) 市场机制的强化与网络社会的崛起共同驱动中国农村社会结构的变迁

改革开放以来，中国农村社会经历了两次重要的转型：其一，基于制度变迁通过市场经济改革而引发的社会结构变迁；其二，基于技术革命通过网络社会生成而带来的社会结构变迁（郑长忠，2016）。中国农村地区现阶段正处于由"传统社会"向"现代社会"转型的关键时期，而"市场化改革"是这一时期的本质特征，即由计划经济体制逐渐转变为社会主义市场经济体制的过程。伴随渐进式市场化改革的推进，社会主义市场

---

① 数据来源于国研网统计数据库。

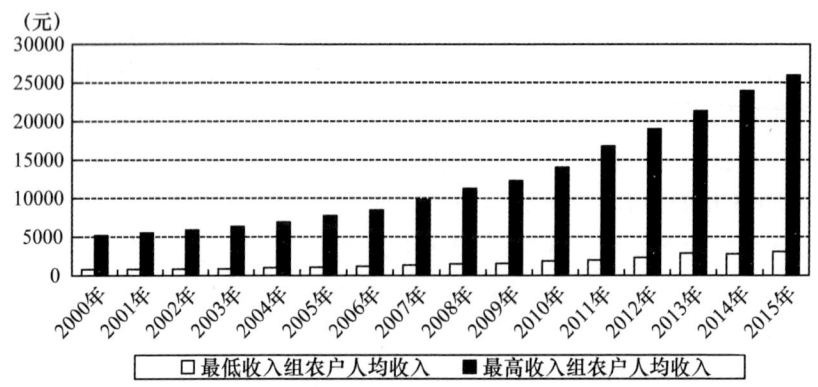

图1.2 中国农村居民收入差距的时间趋势

注：2000—2012年的农村居民人均收入为根据独立开展的农村住户抽样调查数据得到的人均纯收入；2013—2015年的农村居民人均收入为根据城乡统一的一体化住户调查数据得到的人均可支配收入。

资料来源：原始数据来源于《中国统计年鉴》（2013—2016年）、国研网统计数据库；笔者根据原始数据绘制。

经济体制逐步取代中央计划分配体制，开始在社会机会与资源的配置中发挥决定性的作用。从某种程度上讲，市场机制的引入不仅意味着新的社会资源、机会结构与社会空间的生成，也意味着更加稳定的阶层结构（李路路，2008）。也就是说，市场经济体制改革重塑了中国农村地区社会资源的分配格局，不仅导致原有利益格局的深刻改变，而且将继续引发一系列社会结构的变迁。伴随移动互联网的兴起与发展，由网络社会所引发的社会结构变迁将迈入新的发展阶段：移动互联网打破了原本的"时—空"边界与人际关系模式，在微观层面上重塑人们的社会交往与社会生活（王迪、王汉生，2016）。中国互联网络信息中心（CNNIC）发布的《农村互联网发展状况研究报告》显示（如表1.1所示），2005年中国农村地区的网民规模仅为1931万人，而到了2016年年底网民数量已经达到了2.01亿人，是2005年规模的近10倍；农村地区的互联网普及率由2005年的2.6%一路飙升至2016年的33.1%，年均增长近2.8个百分点。随着通信技术的发展以及智能手机的普及，手机逐渐取代台式电脑与笔记本电脑成为农村居民最重要的上网设备，农村地区手机网民规模呈现快速上涨的趋势。如表1.1所示，中国农村地区通过手机上网的用户规模由2007年的约1210万人增长到2015年的1.7亿人，平均每年增加约1975

万人。同时，农村地区的手机网民数量占农村网民总规模的比重近年来基本维持在80%左右，截至2015年年底已经达到了87.1%的高位水平，而这一比例在2007年还不足23%。西南财经大学中国家庭金融调查与研究中心联合阿里研究院发布的《农村网商发展研究报告2016》披露的数据显示，全国有网商的村庄占比由2015年的大约12%上升到了2016年的近17%，从各个区域的发展情况来看，中部地区的网商发展最迅速，中部地区有网商的村庄比重从2015年的3%飙升至2016年的19.6%，增长了约16.6个百分点。另外，该报告的数据显示，2016年全国"淘宝村"的数量已突破了1000个，而且，农村网商平均增加了农户收入2.05万元，平均增加农户财富近21.3万元。也就是说，中国网络社会的崛起深刻改变了人们的生活环境与生活方式，导致个人与宏观社会的联系在网络化时代变得越加具体、直接（刘少杰、王建民，2016）。

表1.1　　　　　　中国农村地区网民规模与结构　　　　（单位：万人，%）

	网民规模	互联网普及率	手机网民规模	手机网民规模比例
2005年	1931	2.6	—	—
2006年	2311	3.1	—	—
2007年	5262	7.4	1210	23.0
2008年	8460	12.3	4010	47.4
2009年	10681	15.5	7189	67.3
2010年	12484	18.6	8826	70.7
2011年	13579	20.7	9694	71.4
2012年	15566	24.2	11722	75.3
2013年	17662	28.1	14942	84.6
2014年	17846	28.8	14621	81.9
2015年	19540	31.6	17012	87.1
2016年	20066	33.1	—	—

注："—"指数据缺失。

资料来源：原始数据来源于《农村互联网发展状况研究报告》（2007—2015年）、《中国互联网络发展状况统计报告》（2016年）；笔者根据原始数据绘制。

(三) 中国全面深化的社会改革导致农村居民的社会资本特征呈现出分化与异质性的倾向

中国农村是一个较为典型的"关系型"社会 (梁漱溟, 2011), 个体层面的"关系"是维持中国农村社会正常运转的关键要素。而且, 特殊的乡土文化使得农村居民传统的"人情"与"宗族"观念异常明显, 从而不断强化社会资本的资源配置功能。传统的乡土社会是一个"超稳定"的社会结构: 经济上的均贫、社会上的封闭、政治上的同质与文化上的单一 (《我国农民工工作"十二五"发展规划纲要研究》课题组, 2010)。在传统的以农业生产为主导的自然经济体系中, 人们的决策受到"土地"的强烈束缚, 导致农村居民普遍缺乏流动性, 就像植物一般在一个地方深深地扎下了根。也就是说, 农村居民的社会流动性不足是乡土社会的特性之一 (费孝通, 2016)。这种缺乏社会流动性的社会结构导致农村居民的社会资本特征主要以传统的地缘关系与血缘关系为主导。但是, 20世纪90年代以来, 中国农村地区的社会变迁趋势日益明显, 导致曾经稳定的乡村社区结构和传统的农村社会文化受到现代化的猛烈冲击, 从而使原本稳定、静态、封闭的乡土社会发生了根本性的改变 (陈波, 2015)。农村居民的空间流动是这场社会变革中最为显著的表现特征。20世纪90年代以来不断涌现的"民工潮""春运"等中国特殊现象深刻折射出农村劳动力空间流动的客观性与必然性。而且, 进入21世纪以来, 伴随城镇化、工业化、市场化进程的加快推进, 中国农村地区剩余劳动力的空间流动已经成为一个关乎全局的问题。正如蔡昉和王美艳所指出的, 中国正在经历着人类和平历史上规模最庞大的农村劳动力流动过程 (蔡昉、王美艳, 2009)。据统计, 中国外出农民工的绝对规模从2000年的大约7849万人一路飙升到2016年的近1.7亿人, 年均增长率达到5.1%; 外出农民工规模占农村总人口的比重由2000年的不足10%上升到2016年的近29%, 平均每年增长约1.2个百分点。① 而且, 近年来外出农民工主要以省内流动为主。如表1.2所示, 中国外出农民工中选择跨省流动的农民工规模基本维持在7500万人左右, 由2008年的7484万人增长到2015年的7745

---

① 外出农民工数据来源于《全国农民工监测调查报告》(2008—2015年)、《2016年国民经济和社会发展统计公报》;农村总人口数据来源于国研网统计数据库、《2016年国民经济和社会发展统计公报》。

万人,平均每年仅增加37万人,年均增长率仅为0.5%。与此形成鲜明对比的是,外出农民工中选择省内流动的农民工规模逐年上升,由2008年的6557万人一路飙升到2015年的9139万人,平均每年增加369万人,年均增长率达到5%左右,几乎是跨省流动农民工增速的10倍。在2011年之前,外出农民工以跨省流动为主:外出农民工中选择在省外务工的比重由2008年的53.3%下降到2009年的51.2%,到2010年进一步降到了50.3%。2011年选择在省内务工的农民工比例首次超过50%,之后的年份该比例逐年上升,到2015年已达到54.1%。伴随农村居民社会流动性的增强,农民社会资本的形态与特征日益呈现多元化的发展趋势。

表1.2 中国外出农民工跨省流动与省内流动的分布情况 （单位：万人,%）

	跨省流动		省内流动	
	规模	比例	规模	比例
2008年	7484	53.3	6557	46.7
2009年	7441	51.2	7092	48.8
2010年	7717	50.3	7618	49.7
2011年	7473	47.1	8390	52.9
2012年	7647	46.8	8689	53.2
2013年	7739	46.6	8871	53.4
2014年	7867	46.8	8954	53.2
2015年	7745	45.9	9139	54.1

资料来源：原始数据来源于《全国农民工监测调查报告》（2008—2015年）；笔者根据原始数据绘制。

二 研究问题

综上所述,调控居民收入差距持续扩大的矛盾是中国迫切需要解决的关键问题之一。现有研究更多的是聚焦于城乡收入差距,而对农村居民内部的收入差距关注度不够。然而,即使在农村内部,农村居民也并非平等地分享由经济增长带来的发展成果,导致农村居民内部的收入差距在时间维度与空间维度都呈现明显的上升趋势。由经典的新古典经济学理论开列的"药方"多关注在正式制度安排下通过提升农民的人力资本与物质资本等渠道改善农民的经济产出和绩效,而忽略了农户收入差距形成与扩大的社会性诱因。但是，正如 Granovetter 曾明确指出的，任何个体的经济行为总是嵌入其生活的社会关系之中，也必然会受到诸如社会网络、社会规范、社会信任等社会资本潜移默化的影响。因此，忽视了嵌入市场中的社会资本特征，仅仅依靠市场机制并不能从根本上解决经济外部性与集体行动决策问题。而且，经济主体之间通过社会交往形成的社会资本在信息获取、就业选择与资源配置等方面的功能日益强化，在一定程度上发挥了纠正"市场失灵"的作用。社会资本具有越来越明显的生产效应、收入效应、财富效应等综合效应。尤其值得高度重视的是，现阶段的中国农村正处于经济社会改革的深化期与攻坚期，农村的社会结构与社会资本都发生了显著的改变。也就是说，农村社会结构的变化（即"社会结构变迁"）、农民社会资本的分化（即"社会资本转换"）与农户收入差距的扩大（即农户收入差距）在现阶段的中国农村地区呈现并存的状态。基于此，本书提炼出的科学问题聚焦于：中国农村地区社会结构变迁背景下的社会资本转换对农户收入差距的作用机制。

对这一研究问题的解读可以分解为三个子问题。

其一，社会结构变迁的发生机制，即探讨现阶段中国农村地区社会结构变迁的理论内涵与基本特征。

其二，社会资本转换的形成机制，即探讨中国社会转型背景下农村地区的社会结构变迁对农村居民社会资本分化与异质性趋势的影响机制。

其三，农户收入差距的扩大机制，即探讨农村居民社会资本转换对农户之间收入水平与结构差异的作用机制。

另外，需要指出的是，本书的研究范围限定在社会结构变迁、社会资本转换、农户收入差距（如图 1.3 所示）。

具体而言，本书的研究范围限定如下。

其一，本书研究的对象是农户收入差距，而不是城乡收入差距、城镇收入差距等。农户收入差距指的是农户之间收入水平与结构方面存在的差异。

其二，本书研究的是社会资本转换对农户收入差距的影响，即社会资本转换背景下农户收入差距的扩大机制。

其三，本书研究的社会资本转换是在农村地区社会结构变迁的背景下形成，即由农村社会结构变迁引发的农民社会资本分化与异质性特征的形成机制。

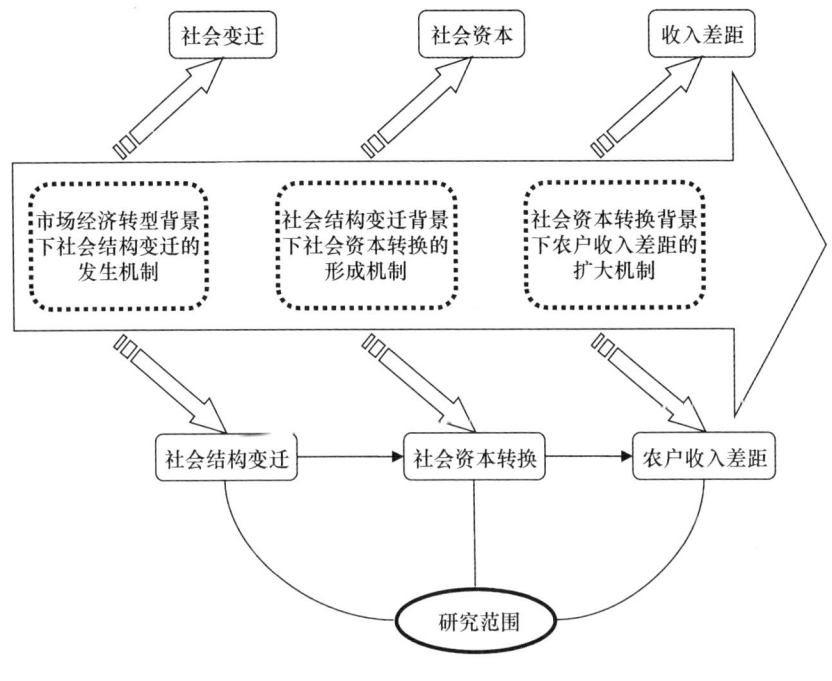

图 1.3　本书的研究范围

资料来源：笔者整理。

其四，本书研究的社会结构变迁是在农村地区市场经济改革的背景下发生。

第二节　研究目标与意义

一　研究目标

加快推进中国农村地区经济社会的转型发展是破解农村改革深化与攻坚阶段矛盾多发的关键，必须在社会资本转换与农户收入差距的逻辑假设基础上探讨未来的政策导向（如图 1.4 所示）。有效推进农村经济社会转型发展的制度框架应该通过科学的机制设计与路径选择，调控农民社会资本转换的方向、缓解农户收入差距的程度。

为了实现这一总体目标，可以将本书的研究目标进一步细化为以下几个具体目标。

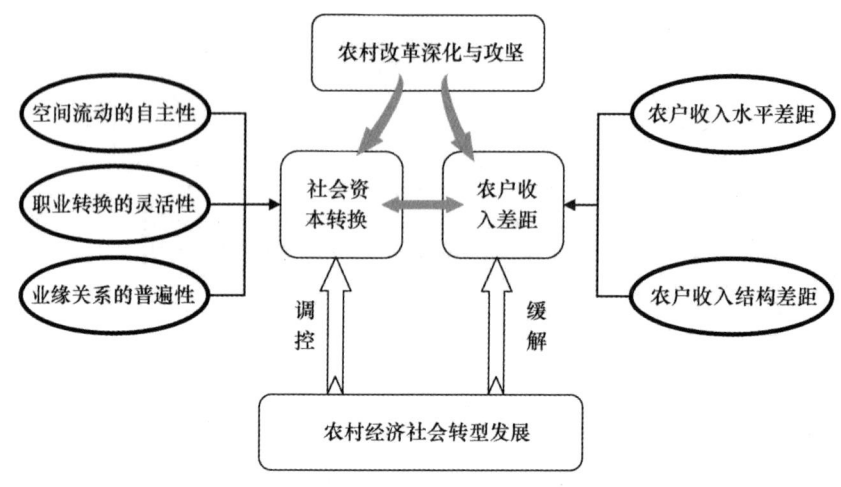

图1.4 本书的逻辑假设

资料来源：笔者整理。

其一，界定社会结构变迁、社会资本转换、农户收入差距的理论内涵。这是本书理论分析的逻辑起点。通过对核心概念的科学界定，提出本书的逻辑链条。

其二，探讨社会结构变迁背景下社会资本转换的形成机制，以及社会资本转换对农户收入差距的作用机制。这是本书理论分析的核心内容。

其三，构建社会资本转换影响农户收入差距的理论分析框架。这是本书理论分析的最终落脚点。

其四，探索社会资本转换对农户收入差距的作用路径。这是本书的实证分析。在理论分析框架的基础上，采用多种技术手段实证检验本书提出的理论研究假设。

其五，提出管控农户收入差距的政策选择。这是本书的政策分析。基于稳健的研究结论，提出促进中国农村经济社会转型发展、缩小农户收入差距的政策措施。

二 研究意义

本书的研究对于积极探索缓解农户收入差距矛盾具有重要的理论与实践意义。

(一) 理论意义

其一，对传统的农户收入差距理论做出符合中国国情的延展。在漫长的经济学思想发展史中，不同的理论学派对居民收入差距的破解开列出了各自独树一帜的"政策药方"。然而，需要引起高度重视的是，居民收入差距形成的社会性诱因往往被主流经济学忽略。虽然，近年来逐渐兴起并发展起来的结构主义经济学强调了结构和制度等变量在诠释发展中国家居民收入差距中的重要性，一定程度上弥补了传统经济学结构缺失与制度缺失的不足。但是，结构主义经济学更为关注的是一个国家正式制度安排的作用，而忽视了社会中非正式制度的功能。尤其是对于市场机制不完善、公共财政供给不足的中国农村地区而言，仅仅依靠正式制度安排下的物质资本与人力资本功能是无法从根本上破解农村居民收入差距难题的。本书基于中国农村经济社会发展的现实背景，提出了具有解释力的农户收入差距理论体系，从而拓展了传统的收入差距理论。

其二，现代社会资本理论的核心在于探讨社会资本与收入增长的关系，而对于社会资本影响农户收入差距的理论分析较少。事实上，中国农村是一个典型的"关系型"社会，通过社会资本建立起来的社会关系网络一定程度上发挥了弥补正式制度缺位的问题。因此，基于社会资本视角探讨中国农村居民内部收入差距不仅切合中国农村经济社会发展的实践，而且能够释放更多的调节收入不平等的政策信号。但是，需要指出的是，目前学术界关于社会资本对收入差距的影响尚且存在相互矛盾的理论观点。究其原因，社会资本的社会属性使得在使用社会资本概念来解读中国经济问题时需要特别谨慎。西方社会资本理论的工具与方法对于追溯中国农村的社会关系网络并不一定是适宜的。因此，中国特殊的文化、制度环境决定了在使用社会资本理论时必须进行本土化改造，使得社会资本理论能够在中国情境下得到拓展。本书基于中国农村改革的典型事实，从农村居民社会资本的分化与异质性视角出发构建社会资本影响农户收入差距的理论框架，从而拓展了传统的社会资本理论。

其三，现有的社会结构变迁理论多从社会学视角出发关注社会结构的功能与分化，但鲜有文献从经济学视角对社会结构变迁进行解读。事实上，社会结构变迁概念具有突出的阶段性与情境性特征。在经济社会发展的不同阶段以及不同的社会制度环境条件下，社会结构变迁的侧重点存在一定差异。因此，探讨中国农村的社会结构变迁问题必须回归到现阶段中国经济社会转型的大背景之中。基于此，本书基于中国农村现阶段持续发酵的经济社会转型与变迁的实践，展开对社会结构变迁概念的界定与解读，从而拓展了传统的社会结构变迁理论。

（二）实践意义

其一，释放更多缓解农户收入差距矛盾的政策建议。改革开放以来，中国农村居民内部的收入差距呈现明显上扬的趋势。严重的收入分配失衡矛盾不仅挑战着社会公平与社会稳定，也促成了中国内需不足的结构性经济问题，成为摆在中国当局面前必须攻克的难题。因此，基于中国现实对农户收入差距的形成机制进行深入探讨，对于提出切实可行的政策措施以缓解农户收入差距矛盾具有重要的现实意义。

其二，政策焦点聚集于关注农村居民的社会化差距问题。与中国的农户收入差距问题相伴随的是中国农村居民的社会化差距。当前，矫正农户收入差距的政策更多的是试图缩小农村居民获取经济资源上的差距，而对于农村居民的社会化差距关注度明显不足。本书基于社会资本转换视角的研究为通过缩小农村居民社会化差距进而缓解农户收入差距的政策思路提供重要的理论与经验证据。因此，本书研究结论释放的政策信号聚焦于农村居民的社会化差距问题。

其三，加深对中国市场化转型道路的认识。虽然中国实施的渐进式市场化改革的初衷并非为了扩大农村居民内部的收入差距，但是，从客观的经济运行的现实来看，在市场化进程中中国的农户收入差距确实存在扩大的趋势。本书将社会结构变迁纳入中国农村地区市场经济转型的大背景中，有助于了解市场化改革对中国农村居民内部收入差距的影响，为未来的中国市场化改革方略提供新的指导，即必须在目标函数中赋予公平性导向更高的权重。

第三节 研究思路与内容

一 研究思路

本书遵循理论研究（构建分析框架）→实证研究（奠定微观基础）→政策研究（提出改进措施）的研究思路（如图1.5所示）。

具体而言，在理论研究部分，本书遵循"概念界定→机制分析→框架构建→假设提出"的逻辑思路，致力于揭示社会结构变迁、社会资本

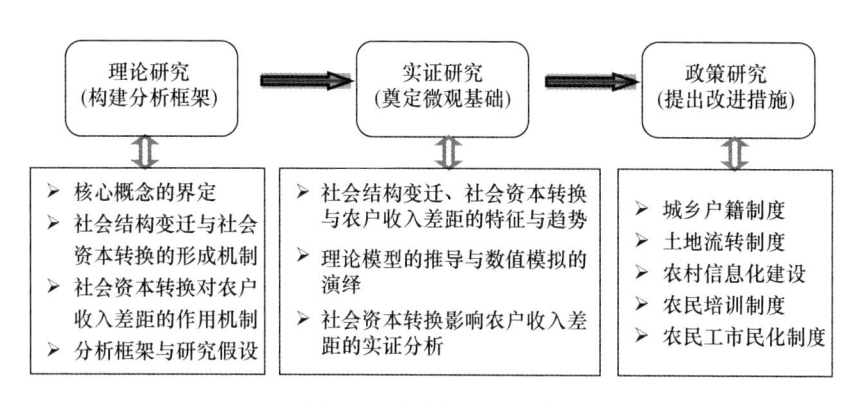

```
┌─────────────┐      ┌─────────────┐      ┌─────────────┐
│  理论研究    │ ═══▶ │  实证研究    │ ═══▶ │  政策研究    │
│(构建分析框架)│      │(奠定微观基础)│      │(提出改进措施)│
└─────────────┘      └─────────────┘      └─────────────┘
       ⇕                    ⇕                    ⇕
┌─────────────┐      ┌─────────────────┐   ┌─────────────┐
│➢核心概念的界定│     │➢社会结构变迁、社会资本转换│ │➢城乡户籍制度│
│➢社会结构变迁与社会│  │ 与农户收入差距的特征与趋势│ │➢土地流转制度│
│ 资本转换的形成机制│  │➢理论模型的推导与数值模拟的│ │➢农村信息化建设│
│➢社会资本转换对农户│  │ 演绎                    │ │➢农民培训制度│
│ 收入差距的作用机制│  │➢社会资本转换影响农户收入差│ │➢农民工市民化制度│
│➢分析框架与研究假设│  │ 距的实证分析             │ │             │
└─────────────┘      └─────────────────┘   └─────────────┘
```

图 1.5 本书的研究思路

资料来源：笔者整理。

转换对农户收入差距的影响机制与作用机制，为后文的实证研究构建理论分析框架，并提出有待实证检验的研究假设。在实证研究部分，本书遵循"描述性统计→理论模型演绎→实证检验"的逻辑思路，在描述性统计得出社会结构变迁、社会资本转换、农户收入差距之间初步的统计关系基础上，通过数理模型推导、数值模拟演绎、计量方法检验等多种技术手段对前文提出的研究假设进行验证。在政策研究部分，本书遵循"研究结论→政策建议"的逻辑思路，基于本书得到的稳健的研究结论提出以缩小农户社会化差距为核心的管控农户收入差距的政策框架，主要包括通过提升低收入农户脱域型社会资本的拥有量与回报率以缩小农户社会化差距、通过缩小农户非农收入差距以收窄农户收入差距等。

二 研究内容

基于"理论研究→实证研究→政策研究"的逻辑思路，本书的主要研究内容涵盖了理论分析、实证检验、政策建议等。本书的研究内容与逻辑框架如图 1.6 所示。

具体而言，本书的研究内容安排如下。

第一章：导论。主要对本书的研究背景、问题、目标、意义、思路、内容、方法、创新等内容进行介绍。本章的价值在于：提炼出本书研究的科学问题，为后文研究工作的开展提供框架性指导。

第二章：文献综述与理论借鉴。主要对与本书研究相关的已有文献成

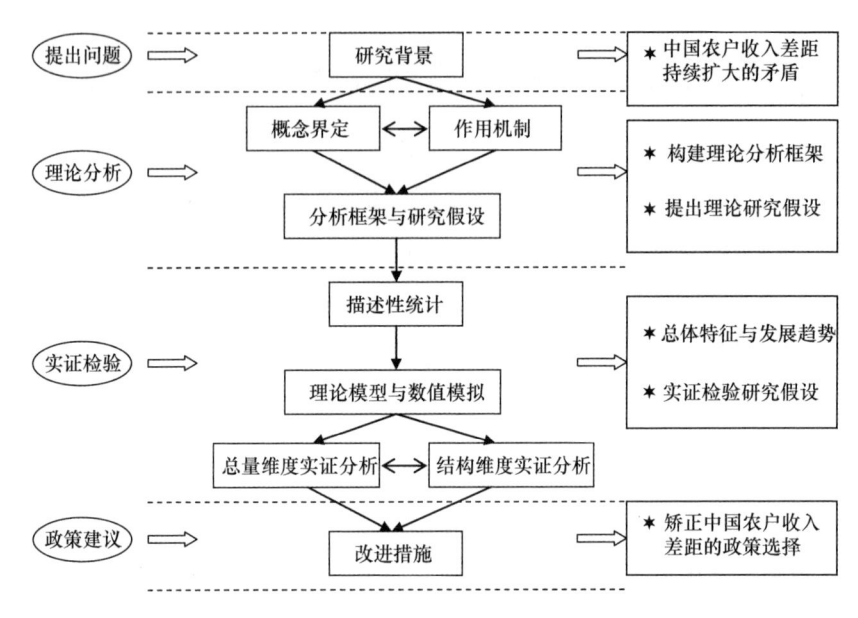

图 1.6　本书的研究内容与逻辑框架

资料来源：笔者整理。

果与经典理论进行回顾，并在此基础上总结出现有研究中存在的有待商榷与可资改进之处。本章的价值在于：通过对现有研究成果的综述，提炼出相关研究的发展脉络与理论观点，为后文的理论框架构建与实证研究设计奠定重要的文献资料基础。

第三章：理论机制与分析框架。遵循"概念界定→机制分析→框架构建→假设提出"的逻辑思路展开理论研究。其中，概念界定部分主要是对本书的三个核心概念——社会结构变迁、社会资本转换、农户收入差距的理论内涵进行科学界定，并构建出相应的概念模型，这是本章的逻辑起点；机制分析部分主要是基于概念界定部分提出的概念模型，探讨社会结构变迁背景下的社会资本转换的形成机制，以及社会资本转换对农户收入差距的作用机制，这是本章的重点内容；框架构建与假设提出部分在机制分析的基础上完成，主要是为后文的实证研究构建理论分析框架，并提出有待实证检验的研究假设，这是本章的落脚点。本章的价值在于：通过揭示社会结构变迁、社会资本转换与农户收入差距的理论内涵及其内在机制，构建出社会资本转换影响农户收入差距的分析框架与理论假设，为后文的实证研究设计奠定重要的理论基础。

第四章：描述性统计分析。主要是结合宏观统计资料与微观调查数据分析社会结构变迁、社会资本转换、农户收入差距的分布特征及发展趋势，从而加深对中国农村经济社会发展状况与演化趋势的理解。本章的价值在于：通过对社会结构变迁、社会资本转换与农户收入差距等现象的总体特征与发展趋势的描述，初步探索这些变量之间的统计关系，为后文进一步的实证研究与统计推断提供重要的客观依据。

第五章：理论模型。主要是通过数理模型的推导来探讨社会结构变迁、社会资本转换与农户收入差距等核心变量之间的关系，并采用数值模拟方法对前文提出的研究假设进行验证。本章的价值在于：沿袭"社会结构变迁→社会资本转换→农户收入差距"的逻辑链条，构建出社会结构变迁影响社会资本转换，以及社会资本转换影响农户收入差距的数学模型，对前文的理论机制分析形成补充，并为后文的实证研究设计提供模型支持。

第六章：社会资本转换影响农户收入水平差距的实证分析。主要是基于全国性微观调查数据运用计量经济学分析方法，从总量维度实证检验前文提出的两个研究假设，即验证社会资本转换对农户收入水平差距的影响。本章的价值在于：遵循"社会资本转换→资本欠缺—回报欠缺→农户收入差距"的理论分析框架，基于总量维度对前文提出的两个研究假设进行实证检验，并为后文政策建议的提出奠定微观基础。

第七章：社会资本转换影响农户收入结构差距的实证分析。主要是基于全国性微观调查数据运用计量经济学分析方法，从结构维度实证检验前文提出的两个研究假设，即验证社会资本转换对农户收入结构差距的影响。本章的价值在于：遵循"社会资本转换→资本欠缺—回报欠缺→农户收入差距"的理论分析框架，基于结构维度对前文提出的两个研究假设进行实证检验，并为后文政策建议的提出奠定微观基础。

第八章：研究结论与政策建议。主要对前文所得的研究结论进行归纳与总结，并在此基础上提出管控农户收入差距的政策选择。本章的价值在于：通过总结前文得到的研究结论并由此释放的政策信号，为决策层调控农户收入差距提供可行的政策举措。

第四节 研究方法与创新

一 研究方法

本书是基于现实背景与实证分析基础上的综合性研究。在具体的操作过程中,本书遵循"理论研究→实证研究→政策研究"的逻辑思路,以中国农村经济社会转型的现实为出发点,以缓解中国农户收入差距的矛盾为落脚点,实施将规范研究与实证研究相结合的研究方法。本书所采用的主要技术手段如图 1.7 所示。

主要分析方法
- 规范分析法
- 数理分析法
- 比较分析法
- 系统分析法
- 文献查阅法

研究技术手段

主要分析框架
- 社会资本论框架
- 社会变迁论框架
- 社会结构论框架
- 收入差距论框架
- 市场转型论框架

社会结构变迁与社会资本转换对农户收入差距的影响

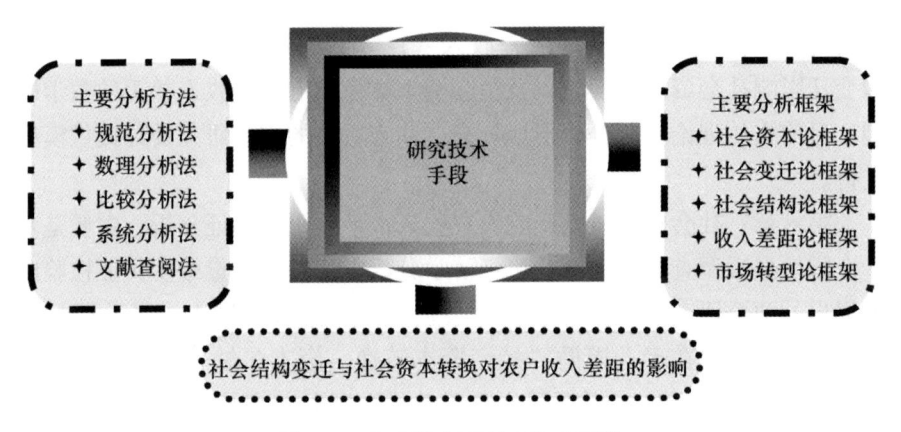

图 1.7 本书的主要研究技术手段

资料来源:笔者整理。

具体而言,规范研究注重对本书核心概念的界定以及其内在机制的揭示,并在此基础上开展理论创新研究,旨在科学地界定社会结构变迁、社会资本转换与农户收入差距的理论内涵,并揭示社会结构变迁背景下的社会资本转换的形成机制,以及社会资本转换对农户收入差距的作用机制。实证研究在规范研究的基础上展开,注重将定性的、定量的、时序的与横断面的等多种分析手段结合使用。其中,定性分析强调将制度分析法与历史分析法相结合,同时注重文献分析、比较分析与逻辑分析等多种方法的综合应用;定量分析更加强调数据的可靠、方法的实用、手段的先进与结论的稳健,注重数值模拟、再中心化影响函数(RIF)回归与无条件分位数回归(UQR)等多种方法的综合使用。

特别地，本书在研究过程中注重以下方法的综合运用。

（一）社会资本理论与社会变迁理论相结合的理论分析法

社会资本理论将某些社会因素融入经济学理论大厦之中，以弥补主流经济学社会化不足的缺陷，构建了研究经济主体社会行为与经济绩效的新视角与新框架。基于社会资本视角能够更为准确地把握中国农村居民收入差距的形成机制。社会变迁理论生动刻画了人类社会变革的发展轨迹与前进方向，为本书分析中国农村居民社会资本转换的新特征与趋势构建重要的制度背景。因此，将社会资本理论与社会变迁理论相结合，不仅为分析中国农户收入差距引入新的理论视角，也为分析农民社会资本的分化与异质性提供重要的理论基础，从而能够更加全面、准确地诠释农户收入差距形成与扩大的社会性机制。

（二）因子分析法与信息熵权法相结合的指标赋权法

脱域型社会资本涵盖了空间流动、职业转换、业缘关系三个维度，需要对脱域型社会资本进行综合评价。其中，对各个指标的权重进行合理赋值是综合评价脱域型社会资本的核心环节。因子分析法由于能够根据指标数据的性质进行赋权，从而在一定程度上避免主观因素可能对权重结果产生的干扰，是学术界较为常用的客观赋权方法之一。但是，因子分析法本身也存在一定的缺陷，例如过分依赖数据的性质而忽视了各个指标对总体目标的结构性评价（陈磊等，2012）。为了弱化因子分析法所带来的指标权重赋值失真的问题，本书进一步引入信息论的熵权法，运用信息熵所反映的实际样本的效用值对通过因子分析法所得到的权重进行修正，从而得到更为精确的权重数据。

（三）数值模拟法与计量分析法相结合的数理分析法

数值模拟法通过构建社会结构变迁影响社会资本转换，以及社会资本转换影响农户收入差距的数学模型，并基于中国宏观经济运行数据进行情景模拟，从而对本书的研究假设进行验证。计量分析法基于中国综合社会调查的农村样本数据，采用再中心化影响函数回归、无条件分位数回归等估计技术，从总量维度与结构维度对本书的两个研究假设进行实证检验。其中，再中心化影响函数回归不仅能够弱化由内生性、遗漏变量等引起的计量偏误问题，而且能够反映出解释变量对被解释变量各种分布统计量（基尼系数、方差等）的边际影响，在对农户收入差距的影响因素研究中具有其他方法无法比拟的优势；无条件分位数回归能够更为直观地刻画社会资本收入回报率的变动规律，从而从动态视角反映出社会资本对农户收入分布特征的作用过程。因此，将数值模拟法与计量分析法相结合，不仅能够增强研究结论的稳健性，也能够释放出更多的调节农户收入差距的政策信号。

二 创新探索

与已有研究相比，本书可能的创新点主要体现在三个方面。

（一）提出了脱域型社会资本概念的形成机制与评价体系

现有文献缺乏对社会资本异质性的考察，难以诠释中国农村社会结构变迁进程中农户社会资本出现的新特征与新趋势。本书基于现阶段中国农村持续发酵的经济社会转型的特殊背景，摒弃社会资本同质性假定，从农户社会资本分化视角提出脱域型社会资本与地域型社会资本的理论界定，并进行了量化，从而更为全面、准确地把握农村社会结构变迁背景下的农户社会资本的属性与特征，并拓展了现有社会资本理论的研究范畴。

（二）构建了不同社会资本作用于农户收入及收入差距的机制与路径

不同类型的社会资本对农户收入及收入差距的影响具有显著的差异性，忽视这一特征与事实而得到的研究结论的科学性值得商榷。本书基于农户社会资本分化的视角，探讨了脱域型社会资本和地域型社会资本作用于农户收入及收入差距的机制与路径，进而构建出解释农户收入差距形成机制的分析框架，并为揭示经济社会转型背景下的农户收入差距提供新的理论视角。

（三）验证了脱域型社会资本刺激农户收入差距扩大的作用过程

不同农户在社会资本投资策略与使用效率方面均存在较大差异，忽视这种异质性而得到的研究结论缺乏说服力。本书通过考察脱域型社会资本的拥有量与回报率在不同收入农户之间的分布状况，明晰了脱域型社会资本刺激农户收入差距扩大的作用过程，为诠释新形势下的农户收入差距找到新的经验证据，并为缓解现阶段农户收入差距扩大的矛盾释放更多的政策信号。

第二章

文献综述与理论借鉴

在探讨中国农村社会结构变迁和社会资本转换影响农户收入差距的理论与实证之前，需要对已有的文献成果与经典理论进行回顾，并在此基础上总结出现有研究中存在的有待商榷与可资改进之处。本章的主要目标是通过对现有研究成果的综述，提炼出相关研究的发展脉络与理论观点，为后文的理论框架构建与实证研究设计奠定重要的文献资料基础。

第一节 文献综述

收入差距的矛盾是长期困扰学术界与决策者的世界性难题，日益成为社会普遍关注的焦点问题。其中，收入差距的形成机制及驱动因素的研究是化解收入分配矛盾的关键环节，国内外学者对此进行了多方面探讨，并形成了大量富有价值的研究成果。近年来，伴随社会经济学的兴起与发展，收入差距形成的社会资本因素逐渐受到关注。

一 社会资本的理论范畴研究

自20世纪80年代开始，社会资本（Social Capital）逐渐成为社会学、政治学、经济学、管理学、人类学、历史学等多学科共同关注的话题之一。可以说，社会资本已经成为当今社会科学研究常用的术语。然而，不同的学者基于不同的视角对社会资本理论范畴的建构方法存在较大差异，导致到目前为止尚未形成一个被学术界普遍公认的理论内涵（Adler，Kwon，2002；Blokland，2016）。梳理国内外现有的研究成果，对社会资本理论范畴的解读可以归纳为三种具有代表性的观点。

(一) 功能观

美国当代著名的社会学家詹姆斯·科尔曼（James S. Coleman）是持有这种观点的典型代表人物之一。早在 1988 年，Coleman 在其发表于《美国社会学杂志》（American Journal of Sociology）的标题为"社会资本在人力资本创造中的作用"（"Social Capital in the Creation of Human Capital"）的文章中，结合实证研究深入阐述了社会资本的内涵与功能。Coleman 认为，社会资本指的是人们为了实现共同的目标而存在于一定的社会结构之中，并凭借自己所拥有的资源促进行动者的某些行动。也就是说，社会资本是一种存在于社会关系网络内部结构中的公共物品，[①] 人们可以凭借其所拥有的社会网络关系来获取有用的信息，并在行动中获取收益。因此，在 Coleman 看来，社会资本的维系需要行动者形成共同的合作与信任。此外，Coleman 还将社会资本的形式或者类型概括为三种：其一，结构的责任、预期与信任（Obligations, Expectations and Trustworthiness of Structures）；其二，规范与有效制裁（Norms and Effective Sanctions）；其三，信息渠道（Information Channels）。在此基础上，Coleman 还指出了社会资本所具有的三个基本特征：其一，社会资本具有不可转让性；其二，社会资本具有公共物品性；其三，社会资本具有高度生产性。

美国哈佛大学教授罗伯特·帕特南（Robert D. Putnam）沿用 Coleman 的观点，指出所谓的联系紧密的社会网络实际上指的是公民对社区公共活动的积极参与，以及由此而引起的公民之间的相互信任。Putnam 与其合作者 R. Leonardi, R. Y. Nanetti 在 1993 年出版的《使民主运转起来：现代意大利的公民传统》（Making Democracy Work: Civic Traditions in Modern Italy）一书中指出，所谓的社会资本指的是社会组织的一些特征，诸如信任、规范与网络，这些特征能够通过协调行动者的行为而提高社会效率。其中，信任是促成公民合作的必要前提与保证，同时，信任也能从互惠规范和公民参与网络中产生。规范指的是一种基于道德而形成的具有普遍性的互惠规范，并不具有法律性惩罚的功能。在 Putnam 看来，一个拥有强大社会资本的组织应该具备典型的普遍的社会信任、互惠的社会规范与紧密的社会网络等显著特征。强大的社会资本能够带来发达的公共精神。因

[①] Coleman 认为，与物质资本和人力资本多以私人物品形式存在不同的是，社会资本通常以公共物品的形式存在。

此，Putnam 将社会资本视为化解集体困境与"搭便车"问题的有效机制，凸显出社会资本的强大能动性。Putnam 对社会资本的界定是目前学术界比较认可的主流定义。

另外，日裔美籍学者 Francis Fukuyama 于 1995 年在《信任：社会道德与繁荣的创造》(*Trust: The Social Virtues and the Creation of Prosperity*) 一书中基于社会信任角度界定社会资本，即社会资本指的是由社会中普遍的信任所产生的一种力量，而这种力量能够促进人们之间的相互合作。也就是说，Fukuyama 将社会资本等同于能够促进经济发展与社会繁荣的价值规范，即社会信任的程度。高信任度的民族更容易创造出经济的繁荣。而且，Fukuyama 指出社会资本不仅体现在家庭这种最基本的群体层面，还体现在社会组织、国家等更大的群体之中。美国学者 Michael Woolcock 于 1998 年在《社会资本与经济发展：理论合成和政策框架》("Social Capital and Economic Development: Toward a Theoretical Synthesis and Policy Framework") 一文中指出，社会资本指的是一种建立在信任与合作基础之上的行动者之间互动的规范。2008 年，西班牙学者 D. Pastoriza、M. A. Ariño 和 J. E. Ricart 在《作为组织社会资本前提的道德管理行为》("Ethical Managerial Behaviour as an Antecedent of Organizational Social Capital") 一文中对组织社会资本进行了深入的探讨，认为社会资本指的是在信任和互惠的社会关系中所体现出的一种组织规则与制度，这种组织社会资本能够强化人们的认可与责任。

(二) 结构观

这一理论观点的典型代表人物当属美国芝加哥大学教授 R. S. Burt。Burt 在《结构洞：竞争的社会结构》(*Structural Holes: The Social Structure of Competition*) 一书中首次提出"结构洞"(Structural Holes) 概念 (Burt, 1992)。如图 2.1 所示，假如存在三个行动者 A、B 和 C，其中，行动者 A 与行动者 B 和 C 存在直接联系，而行动者 B 与行动者 C 不存在直接的联系。在这个系统中，行动者 B 与行动者 C 要想发生联系，只能通过行动者 A 这一渠道。也就是说，行动者 A 在这个网络结构中占据绝对优势地位，因为只有行动者 A 能够有机会同时享用行动者 B 和行动者 C 的资源。而行动者 B 和行动者 C 由于不存在直接的联系，其要想享受对方的资源必须通过行动者 A。这样，行动者 B 和行动者 C 之间存在一个所谓的结构洞，而行动者 A 刚好占据了这个结构洞的位置，在网络结构中为行动者 B 与行动者 C 之间的联系发挥桥梁的作用。因此，在 Burt 看来，所谓的结构洞指的是社会关系网络中存在着的相互分散与隔离的现象。此外，Burt 还通过结构洞来界定社会资本：社会网络结构中各个节点所提供资源与控制资源的程度。因此，结构洞定义了社会资本，并在社会关系网络中发挥桥梁的作用，具有明显的机会优势与信息优势。通过链接相互隔离的不同社会网络能够为行动主体带来新的社会资源。

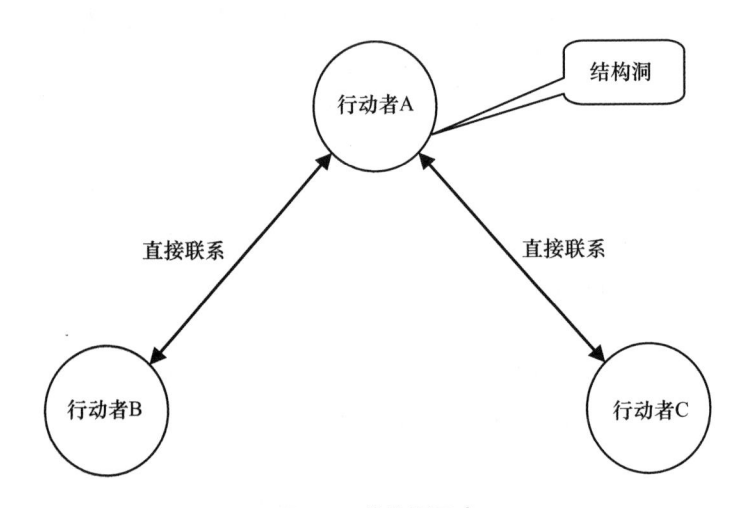

图 2.1　结构洞示意

资料来源：笔者根据文献（Burt，1992）绘制。

（三）资源观

法国当代著名的社会学大师 P. Bourdieu 是这一理论派别的重要代表人物之一。Bourdieu 是最早对社会资本这一概念进行现代意义上的诠释的学者。早在 1980 年，Bourdieu 在其《社会资本随笔》（"Le Capital Social"）一文中就明确提出了社会资本这一概念。在 Bourdieu 看来，社会资本在本质上就是实际或潜在的资源（Resources）的集合，而这些资源与拥有相互默认或认可的关系所组成的持久网络相联系，并且，这些关系或多或少是制度化的。在随后的研究中，Bourdieu 在《资本的形式》（"The Forms of Capital"）一文中进一步区分了现实中的资本存在的三种形式：其一，经济资本（Economic Capital），即以金钱为符号，以产权为制度化的资本形式；其二，文化资本（Cultural Capital），即以文凭、证书、学历等为符号，以学位为制度化的资本形式；其三，社会资本（Social Capital），即以声望、权威、名誉等为符号，以社会契约为制度化的资本形式。而且，这三种资本之间既存在明显区别又存在一定联系，并且，在一定条件下能够实现彼此的相互转化。在 Bourdieu 看来，社会资本是一种具有稳定性、制度化与可持续等特征的社会网络，并且，这种社会网络能够为行动者带来一定的资源。社会资本以社会关系网络的形式存在，包括血缘关系、邻里关系、组织关系与工作关系等具体形态。此外，在 Bourdieu 笔下，社会资本还具有突出的高度生产性特征。社会资本的资源性特征导致行动者能够凭借其社会资本直接获得经济资源。而且，经济主体能够在与专家或权威的接触过程中不断提升自己的文化资本，即"物化的文化资本"（Embodied Cultural Capital）；此外，行动者还能够与可授予有价值的信任凭证的权威机构取得联系，即"制度化的文化资本"（Institutionalized Cultural Capital）。

另外，美国杜克大学社会学教授林南（Lin Nan）是持有这一理论观点的另一代表性人物。林南及其合作者 J. C. Vaughn，W. M. Ensel 在《社会资源与职业地位获得》（"Social Resources and Occupational Status Attainment"）一文中指出，社会资本在本质上是一种社会网络资源，这种社会资源是嵌入于社会网络或社会关系之中的，而且，这些社会网络资源并不能够被行动主体直接拥有，而是要通过社会关系网络直接或间接地获取（Lin et al.，1981）。在随后的研究过程中，林南进一步指出，影响行动主体获取社会资本能力的因素主要包括三种：社会网络中成员的社会地位、社会网络中成员的异质性、社会网络中行动主体与其他成员关系的强弱程度等。

此外，美国作家、社会学家 W. E. Baker 于 1990 年在发表于《美国社会学杂志》（American Journal of Sociology）上题为"市场网络与公司行为"（"Market Networks and Corporate Behavior"）的文章中提出，社会资本实际上是行动者从特殊的社会结构中可以获取到的资源，而这种资源有助于促进行动主体对兴趣的追求，并随其社会关系的改变而变化。我国著名社会学家边燕杰教授认为，社会资本在本质上是一种蕴含在社会关系网络中的可转移的资源（边燕杰，2004）。

二 社会资本的收入效应研究

新古典经济学强调正式制度是一国经济绩效与居民收入的重要影响因

素。但是，中国经济运行的实践表明，正式制度的缺位与缺失似乎并未阻碍中国经济的快速发展（Allen et al.，2005）。非正式制度发展及其与正式制度的契合是理解转轨国家经济社会发展的关键所在。因此，基于非正式制度视角考察经济运行状况逐渐引起学术界的关注（Callen，Fang，2015）。学术界普遍认为，社会资本是除物质资本与人力资本之外决定一国经济发展与居民收入的主要非正式制度。而且，中国特殊的乡土文化使得传统的"人情"与"宗族"观念异常明显，从而不断强化社会资本的资源配置功能。社会资本日益成为影响经济绩效与居民收入的重要解释变量。不同群体对社会资本的占有与使用存在较大差异，导致社会资本成为引起农村居民内部收入差距形成与演化的重要驱动因素。针对社会资本投资影响居民收入差距的理论与实证，已有文献的研究主要集中在以下几个方面。

（一）社会资本影响农民收入的研究

中国农村是一个典型的"关系型"社会（梁漱溟，2011）。而中国家庭的"人情"支出作为家庭社会资本投资的重要形式与手段，具有明显的"地位寻求"的特征（杭斌，2015）与"共患难"功能（Huang et al.，2012；张春泥、谢宇，2013）。对于受经济和体制限制的农村居民而言，社会资本不再仅仅是维持社会运转与利益协调的一种非正式契约，而且更为重要的是，日益成为信息分享与资源配置的一种替代机制（Bowles，Gintis，2002）。尤其在信息相对闭塞、流动性较弱的农村地区，利用社会资本将各种资源进行有效配置以实现其福利改善显得尤为重要。特别是对于贫穷的农村家庭而言，社会资本不仅有助于降低农村家庭落入贫困陷阱的概率（张爽等，2007），还能够起到非正式担保机制的作用从而降低贫穷家庭的信贷约束（朱建军、常向阳，2010）。而且，随后的大量实证研究也肯定了社会资本在促进交易完成、增加农民收入、降低农村贫困发生率、缓解农村家庭脆弱性等方面所发挥的积极功能（Grootaert，2004；Knight，Yueh，2008；Abdul-Hakim et al.，2010；Andriani，Karyampas，2010；Pan，2011；Zhang et al.，2012；Macchiavello，Morjaria，2015；杨文等，2012）。同时，也有文献指出，社会资本能够增大农民外出务工的概率，从而增加农村居民的非农收入（Zhang，Li，2003）。

社会资本影响农村居民收入的作用机制主要包括：其一，社会资本有助于搭建起政府运行成本的分担机制，从而提高政府的运行效率、促进经济增长（Fischer, Torgler, 2008; Ishise, Sawada, 2009;[①] Laursen et al., 2012），而经济发展能够带来居民收入的增长；其二，社会资本构建起的信任网络有助于增加交易信息的透明度，[②] 从而能够减少机会主义[③]与"搭便车"行为，通过促进合作而对经济产出产生重要影响（Mota, Pereira, 2008; Hasan et al., 2015）；其三，社会资本的非正式保险功能也为家庭提供了风险分摊的机制，激励了家庭从事高风险与高收入的活动（Wolz et al., 2006; Munshi, Rosenzweig, 2009）。

此外，作为传统农村网络之一的宗族网络（Kinship Network）仍然在中国经济社会发展过程中扮演着非常重要的角色。在传统农村社会中，宗族网络能够发挥出非正式产权保护（Chantarat, Barrett, 2012）、扩大融资渠道（Kinnan, Townsend, 2012）的作用，从而有助于加快农村工业企业的健康发展（Peng, 2004）。此外，宗族网络促进低收入农村劳动力的流动，并使得他们从中受益（郭云南等，2014）。即便在市场化加速转型的进程中，依托宗族网络构建起的社会资本依然能够发挥重要作用（Munshi, Rosenzweig, 2006）。

（二）社会资本影响农户收入差距研究

农民收入的提升并不必然能够带来收入差距的收窄。关于社会资本对农户收入差距的影响，学术界尚存在较大的争议。Grootaert通过采用分位数回归计量方法的实证结果显示，社会资本的回报率伴随收入水平的提高而呈现下降的趋势，尤其是对于最低收入群体（10%分位点）而言，其社会资本回报率比最高收入群体（90%分位点）超出近两倍。据此，Grootaert最早提出了"社会资本是穷人的资本"的论断，强调社会资本对穷人或贫困地区的收入增长更加有利。在随后的研究之中，Grootaert等对此提供了经验证据，支持了作为正式制度有效补充的社会资本具有缩小居民收入差距的积极效应。而且，这种积极效应对于正式制度不完善的地区尤为明显（马宏、汪洪波，2013）。朱建军和常向阳进一步将社会资本影响

[①] Ishise和Sawada基于扩展的Solow模型的研究发现，社会资本的经济回报率在发展水平较低的经济体中更高。

[②] 也有学者认为，社会关系网络强化了契约签订过程中对社会关系等社会资本的依赖性，这将会降低交易信息的透明度（Piotroski, Wong, 2012）。但是，基于中国数据的实证结果并不支持这一推断（许浩然、荆新，2016）。

[③] 基于中国上市公司数据的实证结果显示，社会资本作为一种非正式制度有助于抑制公司管理层隐藏坏消息的机会主义行为（刘宝华等，2016）。

居民收入差距的作用机制概括为三个方面：其一，促进劳动力市场的信息传播与分享；其二，缓解低收入群体的金融约束；其三，协调集体行动并促进集体决策（朱建军、常向阴，2010）。

但是，也有学者对此提出质疑，[①] 证伪了 Grootaert 关于"社会资本是穷人的资本"的假说。

一方面，社会资本可能会对穷人产生结构性的排斥效应，导致穷人无法依靠社会资本来脱贫（Cleaver，2005）。由于历史与家庭背景等原因，社会资本在不同群体间存在先天性的不平等"基因"。这种先天性的不公平促使社会弱势群体具有与生俱来的劣势，进而加剧了过程的不公平。而起点的不公与过程的不公相交织在一起不断固化结果的不公（王增文，2012）。尤其是在市场化转型过程中，社会资本的再投资可能会进一步降低社会收入流动性，从而阻碍公平进程（周晔馨，2015）。而社会不平等的增加往往意味着进入上层社会需要拥有更多的物质财富（金烨等，2011）。因此，从某种程度上讲，社会资本具有较强的"亲富性"特征。富裕的农户往往能够凭借其所拥有的更加广泛的社会资本获得具有规模经济性质的更高的收入回报（李群峰，2013）。反过来，过大的收入差距通过加剧社会分化而降低居民的社会信任（申广军、张川川，2016）。

另一方面，社会资本更为丰富的"精英"家庭往往凭借其"关系"优势来扭曲市场规则，从而为自己谋得更多的机会和报酬（李树、陈刚，2012）。十几年前，中国的乡村治理还未实现向村民自治方向的实质性转换，反而呈现出权力日益向少数的特定"精英"群体集中的现象（贺雪峰，2011；李祖佩，2011）。这些乡村"精英"控制着农村扶贫资源，扮演着"赢利型商人"的角色（马良灿，2010）。尽管中国采用多种模式参与农村扶贫工作，但是，中国乡村治理存在明显的"内卷化"倾向，[②] 导致政治话语权较弱的普通农户难以获得平等分配扶贫资源的权利，最终限制贫困农户的发展空间（周常春等，2016）。乡村治理的"内卷化"通过

---

① Gertler 等最早对"社会资本是穷人的资本"提出质疑：基于印度尼西亚家庭层面数据的实证结果显示，对于遭受未预料的意外健康冲击的家庭，并没有发现社会资本能够平滑其消费的证据。同时，国内学者赵剑治和陆铭对 Grootaert 的处理手段也提出质疑：社会资本是否能够称为穷人的资本，仅仅依靠判断社会资本的收入回报率是远远不够的，还需要考察社会资本的分布问题，即穷人是否拥有更多的社会资本。

② 乡村治理的"内卷化"是指乡村治理的权力并未伴随村民自治制度的实施而向全体居民分散，而是逐渐向少数"精英"人群手中集聚的现象（周常春等，2016）。

影响农村居民的交换地位,进而对不同阶层农户的收入差距产生影响(如图 2.2 所示)。

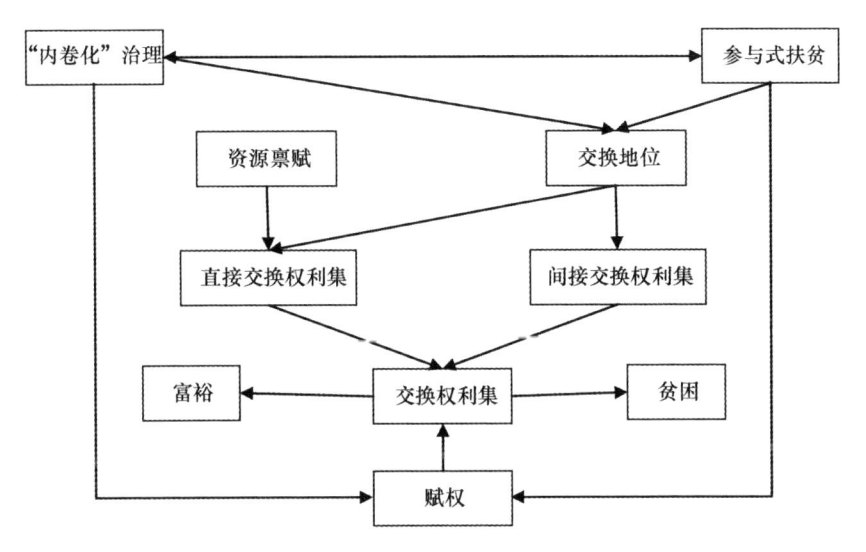

图 2.2 乡村治理"内卷化"与农户收入差距形成机制

资料来源:笔者根据文献(周常春等,2016)绘制。

因此,更多的学者认为,社会资本更有可能是富人的资本(刘彬彬等,2014),甚至成为扩大农户收入差距的重要因素(赵剑治、陆铭,2010;周晔馨,2012;向书坚等,2014)。

针对社会资本影响收入差距的过程,Lin 基于资本视角指出社会资本对收入不平等的影响过程主要包括两个方面(如图 2.3 所示):其一,资本欠缺(Capital Deficit);其二,回报欠缺(Return Deficit)。其中,资本欠缺指的是投资和机会的不平等导致不同行动者所拥有的社会资本的数量与质量不同,进而形成了群体内的收入差距;回报欠缺指的是一定数量的社会资本在不同的个体间产生了不同的收入回报,其形成的原因在于不同个体在动员策略、行动努力或制度性反应等方面存在差异(Lin,2001)。基于 Lin 提出的这一研究框架,周晔馨基于中国家庭收入调查(CHIP)数据的实证结果表明,高收入农户社会资本的拥有量与回报率均高于低收入农户(周晔馨,2012),从而证伪 Grootaert 关于"社会资本是穷人的资本"的假说(Grootaert,1999),即社会资本倾向于扩大农户收入差距。

程诚和边燕杰采用相类似的研究框架发现,与城市职工相比,农民工在社会资本存量与讨价还价能力方面均处于明显劣势,这是导致农民工收入偏低的重要微观机制(程诚、边燕杰,2014)。

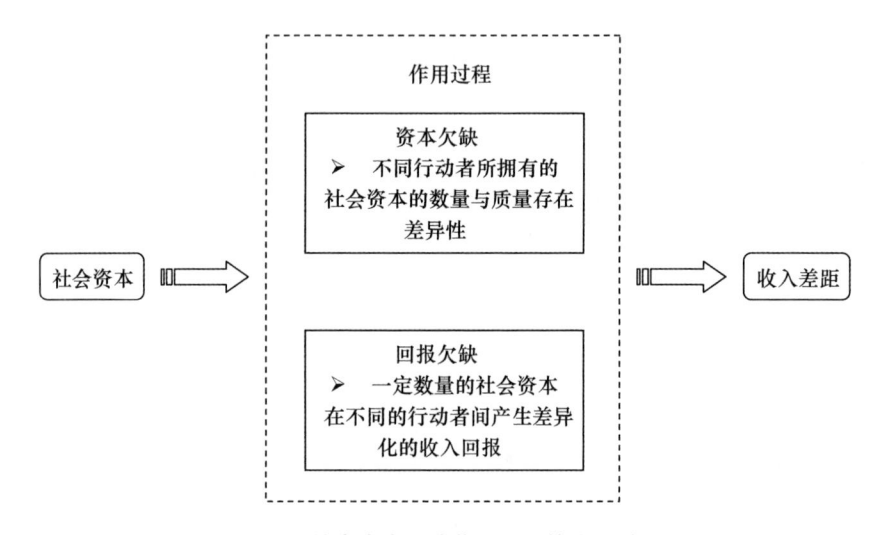

图 2.3　社会资本影响收入差距的作用过程

资料来源:笔者根据文献(Lin,2001)绘制。

三　社会资本的异质性研究

社会资本收入分配效应的争议促使学术界开始反思社会资本的理论范畴与度量方法。周晔馨认为,社会资本是一个多维概念,应当构建出涵盖多层次的综合度量指标。然而,这种做法也存在一些值得商榷之处。首先,综合指数构建方式的不同将限制研究结论的可比性与可推广性。在实际的操作过程中存在两种常用的综合指数构建方法:其一,黄瑞芹和杨云彦等通过相乘的方法构造社会资本的衡量指标(黄瑞芹、杨云彦,2008);其二,周晔馨则采用的是因子分析法赋权的加权平均(周晔馨,2012)。此外,由于社会资本的概念与内涵往往是变动着的,因此,过于笼统地使用一个异质性指数来反映动态性概念本身就是值得诟病的(Knack,2002;Sabatini,2009)。所以,更多的学者认为,不同类型或层次的社会资本对农户收入分布的影响具有显著的差异(叶静怡、周晔馨,2010;叶静怡等,2012;章元等,2012;王春超、周先波,2013)。因此,在研究社会资本对收入差距的作用机制时不能忽视社会资本的异质性,应重视对社会资本概念的细致分解,将社会资本的不同类型和层次纳入模型进行综合考量。

Lin 最早基于社会资本获取视角将社会资本区分为所拥有的社会资本(Accessed Social Capital)与所动员的社会资本(Mobilized Social Capital)两种形式。但是,Lin 的这一划分方法主要拘囿于劳动力市场中的求职过程。随后的研究,张顺和程诚则对 Lin 的分类方式进行扩展,基于社会资源是否被动员角度重新讨论社会资本的异质性影响,发现伴随中国市场化进程的推进,潜在性社会资本的收入回报率递减,而动员性社会资本的收入回报率递增。也有学者将社会资本区分为结构性社会资本与认知性社会资本两类(Berry,Welsh,2010)。中国的渐进式市场化改革产生了国有部门与非国有部门两种不同的体制性资源,并因此衍生出跨体制社会资本(边燕杰等,2012)。此外,根据社会网络动态联结方式的不同,王春超和周先波将社会资本划分为整合型社会资本(Bonding Social Capital)与跨越型社会资本(Bridging Social Capital),发现整合型社会资本具有缩小居民收入差距的作用,但是,跨越型社会资本会显著拉大居民收入差距(王春超、何意銮,2014)。

此外,社会资本对居民收入差距的影响可能会受到市场化等正式制度安排的影响。市场转型理论(Nee,1989)认为,中国改革开放的进程同时也是资源配置方式由再分配机制为主导向市场机制为主导转变的过程。在这一向市场转型的过程中,人力资本的回报率将会增加,而政治资本的回报率则会逐渐降低。但是,随后的研究却得出了与市场转型理论相左的结论,即中国的渐进式市场化改革并不意味着再分配机制的必然弱化,而是表现出再分配机制与市场机制的双重强化,具体表征是随着社会转型的发展,人力资本与政治资本的收入回报率出现同时上升的现象(Walder,1995;Bian,Logan,1996)。其中,社会资本被认为是维持与固化再分配掌权者政治优势的重要社会机制(Rona-Tas,1994;Lin,1995)。而且,伴随中国市场化改革进程的推进,社会资本的收入配置功能必然存在且随之变化。一种观点认为,中国社会转型的进程实质上是市场规则逐步形成并完善的过程,导致社会资本的收入效应递减(张顺、程诚,2012)。社会资本在市场机制深化过程中被某种社会共识(Tacit Knowledge)取代(Stiglitz,2000),导致社会资本对居民收入差距的作用随着市场化程度的提高而呈现减弱趋势(张爽等,2007;陆铭等,2010;武岩、胡必亮,2014)。此外,正式制度对社会资本等非正式风险分担机制的挤出效应也会弱化社会资本的作用（林莞娟等，2014）。另一种观点认为，在市场化转型的过程中不同阶层的权力与地位发生显著改变，导致社会弱势群体往往遭遇被市场边缘化的命运（Gustafsson et al.，2008）。因此，社会资本的收入分配功能非但不会在市场化改革中被弱化反而会倾向于强化（赵剑治、陆铭，2010；陈煜婷、张文宏，2015）。

表2.1 收入差距形成的社会资本因素的代表性文献

	时间	研究方法	数据类型	研究结论	代表文献
22个省份的49个村	2004年	夏普里值分解	截面数据	社会资本对农村收入差距的贡献度为12.1%—13.4%	（赵剑治、陆铭，2010）
24个省份	2005年	工具变量法	截面数据	村民互助有利于缩小村庄内部收入差距	（朱建军、常向阳，2010）
8个市	2009年	Logistic回归	截面数据	跨体制社会资本具有更高的收入回报率	（边燕杰等，2012）
8个市	2009年	分位数回归	截面数据	社会资本划分为潜在性社会资本与动员性社会资本	（张顺、程诚，2012）
22个省份的961个村	2002年	分位数回归	截面数据	高收入农户社会资本的拥有量与回报率高于低收入农户	（周晔馨，2012）
珠三角4个市	2010年	有序响应模型	截面数据	社会资本划分为整合型社会资本与跨越型社会资本	（王春超、周先波，2013）
8个市	2009年	Brown分解	截面数据	社会资本是维持与固化社会不平等的微观机制	（程诚、边燕杰，2014）
11个省份的77个村	1986—2008年	OLS	面板数据	宗族网络能够缩小村庄内部收入差距	（郭云南等，2014）
云南省29个村	2008—2012年	Logistic回归	截面数据	村干部家庭与普通农户收入差距5年间增长45.57%	（周常春等，2016）

资料来源：笔者整理。

四 简要评述

综上所述，国内外学者对农户收入差距的形成机制进行了有益的探索，并形成了丰富的研究成果，然而仍存在一些可资改进之处。

其一，沿袭经典的新古典经济学分析框架，已有研究多关注正式制度安排下的人力资本、物质资本,以及宏观财政金融政策等对农民经济产出的影响,而忽视了农户收入差距形成与扩大的社会性诱因。新古典经济学的研究范式通常假定经济个体之间的行为是相互独立的,并且不存在明显的外部性与集体行动。在这样的思维范式指导下,新古典经济学常常忽略了社会因素对经济行为的影响,以及经济主体行为之间的相互作用可能会对经济活动与绩效产生的重要影响。因此,伴随社会资本理论向经济学领域的融合与发展,社会经济学家批评了上述思路中关于经济主体行为社会化不足的缺陷,强调嵌入于正式制度安排中的社会关系网络的重要性,认为仅仅依靠市场机制并不能从根本上解决经济外部性与集体行动决策问题。而且,经济主体之间通过社会交往而形成的社会资本在信息获取、就业选择与资源配置等方面的功能日益强化,在一定程度上发挥了纠正"市场失灵"的作用。社会资本具有越来越明显的生产效应、收入效应、财富效应等综合效应。正如 Granovetter 曾明确指出的,任何个体的经济行为总是嵌入于其生活的社会关系之中,也必然会受到诸如社会网络、社会规范、社会信任等社会资本潜移默化的影响(Granovetter,1985)。因此,忽略了嵌入市场中的社会资本特征,仅仅依靠市场机制来解决农户收入差距问题是存在理论不足的。

其二,现有文献多从整体视角管窥社会资本的收入分配效应,而缺乏对社会资本异质性的考究,尤其是在农村社会结构变迁过程中农户社会资本的新特征与新趋势,尚未引起学术界的高度重视,相关的理论研究与经验证据尚且比较匮乏。社会资本对收入差距的作用机制并未形成普遍的共识,矛盾的焦点再次聚焦于对社会资本异质性影响的考究。忽视中国农村居民社会资本在现代社会中呈现的新特征与新趋势,将难以全面、准确地诠释农户收入差距形成与扩大的社会性机制。值得高度重视的是,改革开放以来,中国全面深化的社会改革导致农村的社会结构和农民的社会网络特征都发生了显著的变化。农村社会变迁将引起农户社会资本形态发生什么样的变化?社会资本的不同形式对农户收入差距产生怎样的影响?这些问题的研究不仅事关社会资本理论在中国农村变迁情境中的拓展与应用,更关乎中国缓解农户收入差距矛盾政策的制定与评价。

其三,基于田野调查数据,从微观层面探讨农户收入差距形成机制的文献相对较少,而涵盖中国大部分省域农户数据的研究更是十分鲜见。本书采用一项全国性调查数据——中国综合社会调查,基于中国农村社会结构变迁的背景，研究社会资本转换对农户收入差距的作用机制及渠道。

第二节 理论借鉴

研究社会结构变迁背景下社会资本转换对农户收入差距的作用，需要厘清与此相关的理论脉络及观点。基于此，本部分主要系统梳理社会资本理论、社会变迁理论、收入差距理论的发展脉络，以及阐述这些理论对本书研究工作的重要借鉴价值。

一 社会资本理论

社会资本理论是近年来伴随着社会学、经济学、政治学等学科的相互交叉与融合而逐渐兴起的社会理论。社会资本理论试图突破传统的现代性理论、依附理论、理性选择理论与新制度经济学理论等存在的社会化不足的缺陷，致力于构建研究经济主体社会行为与经济绩效的新框架。随着人们对经济行为社会化倾向认识的加深，社会资本理论作为与物质资本理论与人力资本理论相对应的理论日益受到学术界的重视。社会资本理论的发展脉络及理论观点主要体现在以下几个方面。

（一）西方社会资本理论

社会资本理论的早期研究诞生了社会资本这一专属术语，简要地指出社会纽带、邻里网络等构成社会资本的最初形态，并显示出社会资本具有社会属性与生产属性的思想。社会资本作为一个专业术语最早是由美国社会改革家 L. J. Hanifan 于 1916 年提出的。对新古典经济学社会化不足的反思也促使一些经济学家开始采纳社会资本的理论范式。美国经济学家 G. Loury 在 1977 年首次将社会资本这一概念引入经济学的研究领域当中，用来分析种族收入差距的形成机制。

如本章第一节所述，法国著名社会学家 P. Bourdieu 将资本划分为经济资本、文化资本、社会资本，这些资本之间既存在区别又存在一定的联系，并在一定条件下能够相互转化（如图 2.4 所示）。

在 Bourdieu 正式提出社会资本概念并初步分析社会资本理论内涵的基础上，美国社会学家 Coleman 基于功能视角进一步对社会资本理论的现代意义进行系统、深入的探讨，从而确立并丰富了社会资本的理论基础。Coleman 基于功能视角界定社会资本的理论内涵，实现了社会资本理论的微观与宏观、个体行动与社会结构相结合的研究跨越。可以说，Coleman 首次将社会资本理论由以个体为中心（Ego-Centric）转向以社会为中心（Socio-Centric），为后世的研究奠定了重要的理论基础。① 在 Bourdieu、Coleman 等学者开创性研究的基础上，现代西方社会资本理论逐渐衍生出网络结构理论、弱关系理论、社会资源理论、结构洞理论等。

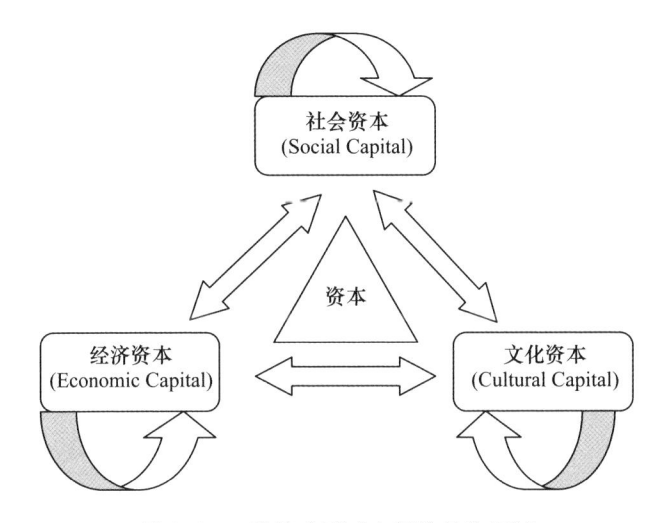

图 2.4　三种资本形式之间的转化机制

资料来源：笔者根据文献（Bourdieu, 1986）绘制。

1. 网络结构理论

网络结构理论指出个体与个体、个体与组织、组织与组织之间形成的社会纽带关系是一种社会结构，而这种社会结构不仅是客观存在的，而且能够对经济个体或社会组织产生重要的影响（Granovetter, 1973）。虽然网络结构理论强调了经济主体之间的社会关系影响人们的经济行为，但是，这与只注重经济主体个体属性的地位结构理论存在较大差异。两者之间的差别主要体现在以下几个方面：其一，网络结构理论强调家庭所处的周边环境与邻里关系决定了家庭在社会中所处的相对位置，而地位结构理论认为家庭本身的状况以及努力程度最终决定了家庭的相对位置；其二，网络结构理论笔下的家庭还可以做进一步的细致分类，即具有层级关系，

---

① 事实上，近年来关于社会资本维度的划分日益成为推进社会资本理论研究不断向前发展的重要驱动力（Meng, Chen, 2014; Story, 2014）。

而地位结构理论否定了家庭的层级关系，认为家庭只是众多经济主体中的一个，因此没必要对家庭进行细致分类；其三，网络结构理论注重对家庭与家庭之间，以及家庭成员之间的社会关系的分析，而地位结构理论关注的则是家庭个体的地位感；其四，针对家庭状况改善的政策建议，网络结构理论给出的"药方"是发展家庭的社会网络，而地位结构理论否定社会网络的重要性；其五，网络结构理论指出家庭在复杂经济社会中存在千丝万缕的联系，而地位结构理论更关注的是家庭所处的相对社会地位。

2. 弱关系理论

弱关系理论以美国著名社会学家 M. S. Granovetter 为代表。1973 年，Granovetter 在《美国社会学杂志》（*American Journal of Sociology*）上发表题为"弱关系的强度"（"The Strength of Weak Ties"）的文章中，基于交往花费的时间长度、情感密度以及亲密程度等将社会关系划分为弱关系（Weak Ties）与强关系（Strong Ties）两种类型。其中，弱关系主要产生于个体与其间接网络成员的交往过程，通常来讲，这些间接网络成员亲密程度较弱且交往频率较低；强关系多产生于个体与亲人、亲密的朋友等的交往过程，这些成员间彼此熟识且互动频繁。Granovetter 指出强关系与弱关系能够对家庭、社会组织，以及社会系统的发展产生不同的影响。与强关系主要释放的重复性、同质性的信息相比，弱关系能够在社会组织或群体间构建起释放更多重复性低、异质性高的信息的社会关系网络。因此，在 Granovetter 看来，相较于强关系，弱关系在社会交往中更能充当"信息桥"的角色，即将信息在不同群体或组织之间进行传递，从而促使经济主体能够跨越其社会边界而获得重要的信息。

3. 社会资源理论

社会资源理论认为社会资本是经济主体（家庭或社会组织）在目的性行动（Purposive Action）中可以获取并使用的嵌入社会网络之中的社会资源（Social Resources）。这种观点以美国社会学家林南为主要代表。林南等学者在弱关系理论（Granovetter，1973）的基础上率先提出著名的社会资源理论（Lin et al.，1981）。林南指出，社会资本是社会网络中的资源（Resources），这种社会资源是嵌入社会网络或社会关系之中的，而且，这些社会网络资源并不会被行动主体直接拥有，而是要通过社会关系网络直接或间接地获取。与强关系相比，弱关系能够为行动主体的目的性活动提供更多的社会资源。林南认为，影响行动主体获取社会资本的能力的因素主要包括：社会网络中成员的地位、社会网络中成员的异质性、社会网络中行动主体与其他成员关系的强弱程度（Lin，1990）。

4. 结构洞理论

结构洞理论以美国芝加哥大学教授 R. S. Burt 为代表。Burt 认为，在竞争性劳动力市场中，关系资本与物质资本和人力资本具有同等重要的地位（Burt，1992）。这是因为，关系资本能够发挥链接社会网络中相互分散、隔离部分的作用，即结构洞。结构洞定义了社会资本，并在社会网络中发挥桥梁的作用，具有明显的机会优势与信息优势。通过链接相互隔离的不同社会网络能够为行动主体带来新的社会资源。因此，行动主体所拥有的结构洞资源越多，其所掌握的求职信息越加丰富，从而能够获得越高的劳动收入回报。随后，Burt 进一步分析了结构洞与网络封闭（Network Closure）这两种不同的社会网络结构的差别与作用。Burt 指出，结构洞代表的是社会网络中不同群体之间的弱联系（Weak Connections），占据结构洞的位置就为拥有信息与资源优势提供机会，从而形成社会资本；网络封闭代表的是社会网络中不同群体之间的强联系（Strong Connections），网络封闭的社会结构通过促使社会网络中的成员之间形成资源共享机制，从而产生社会资本。

（二）社会资本理论的中国化研究

随着社会资本理论在西方学术界地位与重要性的与日俱增，国内学者也开始采用社会资本理论的研究方法与技术手段来探讨中国的经济社会问题。我国经济学家张其仔最早将社会资本理论引入中国。张其仔基于晋江市西滨镇跃进村的案例研究发现，西方社会资本理论的工具与方法对于追溯中国农村的社会关系网络只有部分的适宜性，而且，并没有发现能够支持 Granovetter 的弱关系理论的证据。因此，中国特殊的文化、制度环境决定了在使用社会资本理论时必须进行本土化改造。社会资本理论在中国情境下的拓展研究中，逐渐形成了以费孝通先生为代表的差序格局理论、以黄光国教授为代表的人情与面子理论，以及以边燕杰教授为代表的社会网络理论等。

1. 差序格局理论

差序格局理论最早由我国著名社会学家、人类学家和社会活动家费孝通先生在《乡土中国》一书中提出。"差序格局"是费孝通先生对中国乡土生活之中的社会关系格局的总结。与西方农村社会的"团体格局"不同，中国的乡村社会是以"伦理本位"和"人情关系"为导向的"熟人社会"，个人的社会关系是以"己"为中心的、亲疏有别的"波纹"，恰如一颗投在水里的石子。费孝通先生在《乡土中国》一书中对差序格局理论进行了详细的诠释。首先，"差序格局"产生于农耕文明。西方社会的"团体格局"与中国社会的"差序格局"差异产生的根源在于两者不同的经济文明：游牧文明衍生出了西方社会的"团体格局"，而农耕文明造就了中国社会的"差序格局"。其次，"差序格局"的实质在于"家庭本位主义"。与西方"团体格局"体现的"个人主义"不同的是，中国"差序格局"的社会结构体现出的是以"己"为中心的"自我主义"。在中国传统的乡土社会中，"己"的成长过程同时也是人伦教化的过程。因此，中国乡土社会的语境下，"己"是从属于家庭的，以"己"为中心本质上就是以家庭或家族为中心。最后，礼治社会是维系"差序格局"秩序的重要保障。礼治社会是中国乡土社会的鲜明特征。在中国传统的乡土社会中，普遍的道德与法律标准并不能发挥多大的作用，社会秩序的维系凭借的是基于传统而形成并延续的"礼"（阎明，2016）。

2. 人情与面子理论

人情与面子理论最早是由台湾大学心理学系黄光国教授提出。黄光国指出，在中国社会中，"人情"（Favor）与"面子"（Face）是行动者影响家庭以外其他人的重要手段。随后，黄光国等在总结前人研究的基础上正式提出人情与面子理论（黄光国、胡先缙，2010）。黄光国认为，"人情"在中国社会情境中大体包含三种不同的含义：其一，"人情"是人们心理产生的一种情绪感觉，即俗语所说的通情达理、通人情等；其二，"人情"是社会活动中可以用来交易的社会资源，即俗语所说的做人情、欠人情等；其三，"人情"是人们社会交往过程中遵循的社会规范，即俗语所说的有来有往、礼尚往来等。"面子"指的是行动者在社会上有所成就而获得的声望或地位。所谓的"面子功夫"本质上是一种"印象整饰"行为，即行动者为了让家庭以外的人对自己产生某种特定的印象而故意做给别人看的行为。在中国社会中，行动者与网络中其他成员的社会关系包括三大类：其一，情感性关系，即主要满足个体情感性需要而建立起来的社会关系；其二，工具性关系，即主要满足个体物质性目标而建立起来的社会关系；其三，混合性关系，即通过"人情"与"面子"来影响他人的社会关系。

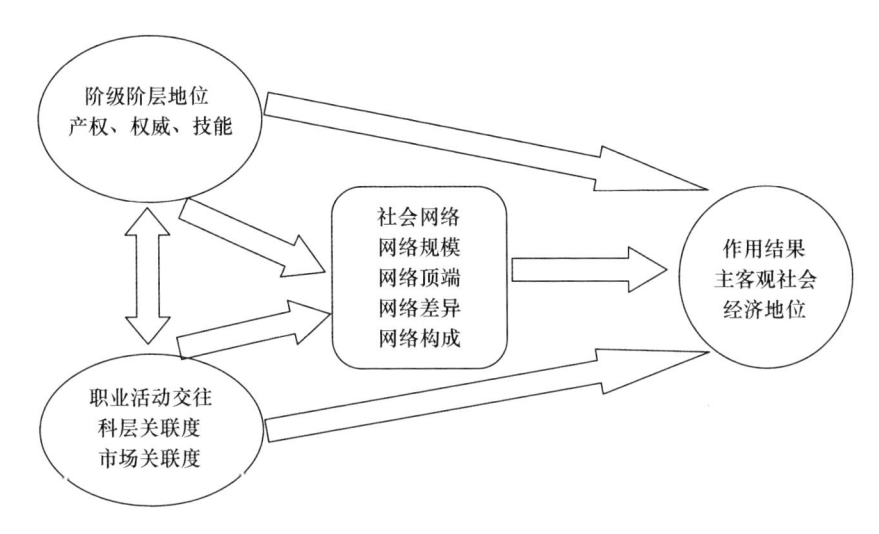

图 2.5　社会网络理论的分析框架

资料来源：笔者根据文献（边燕杰，2004）绘制。

3. 社会网络理论

现任西安交通大学人文社会科学学院院长边燕杰教授基于社会资本的网络视角拓展了已有的网络结构理论，从个体微观层面提出社会网络理论来分析社会资本的生成过程（如图 2.5 所示）。社会网络理论主要致力于回答三个问题：其一，何种社会网络特征能够产生社会资本，即社会资本的构成问题；其二，社会资本变异性的影响因素，即社会资本的来源问题；其三，社会资本对个体主客观社会经济地位的作用结果，即社会资本的作用问题。针对第一个问题，边燕杰认为，能够产生社会资本的社会网络特征主要取决于四个方面：网络规模（即社会网络内包含的社会关系的数量）、网络顶端（即社会网络内地位最高的社会关系）、网络差异（即社会网络内的成员从事不同的职业）、网络构成（即与拥有丰厚资源的社会阶层存在纽带关系）。针对第二个问题，边燕杰采用阶级阶层地位与职业活动交往两种互补性机制来解释个体社会资本量的影响因素。针对第三个问题，边燕杰指出，社会资本不仅能够影响收入等个体客观社会经济地位，而且也能够影响个体对自我社会经济地位的主观评估。

二　社会变迁理论

社会变迁（Social Change）指的是社会发展过程中普遍存在的一切现

象与过程的总和。这一概念自提出之日便成为社会学领域内一个经久不衰的研究主题。随着社会学家对社会变迁现象研究的深入与拓展，社会变迁理论逐渐成为一个庞杂而丰富的理论体系。面对错综复杂的社会变迁理论体系，学术界对社会变迁理论的分类方式主要有"四分法"[①]与"六分法"[②]两种范式。本书借鉴现有研究的普遍做法，并参考新泽西州立大学社会学教授 D. Popenoe 在其经典著作《社会学》（*Sociology*）中对社会变迁理论的划分方法，着重阐述经典社会变迁理论的发展脉络及其理论观点。

（一）进化理论

社会变迁的进化理论借鉴生物学中的进化（Evolution）思想，认为人类社会是进化而来的，社会变迁的轨迹就是由低级向高级、由简单向复杂不断分化与演进的过程。古典社会进化理论普遍认为人类社会的进化呈现的是线性发展模式，即社会变迁普遍遵循单一的演化路径。直到20世纪，社会进化理论才开始承认社会变迁路径的多样性，即在由低级向高级发展的总趋势下，不同的社会可能存在不同的变迁路径与模式。

被公认为"社会学之父"的法国著名社会学家 A. Comte 较早使用"进化"这一概念来研究人类社会的变迁与演化问题。Comte 指出，既然人与动物同属于自然界的一部分，那么，应将对人类社会的研究纳入自然科学的研究轨道。人是动物进化系统的最终项，而人类社会是如同生物体的有机体。因此，人类社会变迁是自然规律与生物进化的必然延续。Comte 认为，人类社会的变迁遵循着固定的路径，沿着一定的历史阶段向前发展。

被誉为"社会达尔文主义之父"的英国哲学家、社会学家 H. Spencer 提出一整套学说将进化论中的适者生存（Survival of the Fittest）假说应用到社会学研究领域，提出社会科学与自然科学的性质与方法是相通的，主张运用科学实证主义来研究社会现象。Spencer 在《社会学原理》（*The Principles of Sociology*）一书中指出，在人类社会进步的整体趋势下，个别社会可能出现的某种程度的倒退也是不可避免的。因此，Spencer 笔下的

---

① Moore 将社会变迁理论划分为四种不同的理论派别，分别是"进化论""马克思主义学派""功能学派""冲突理论"。

② Smelser 将社会变迁理论划分为六种不同的理论派别，分别是"古典进化论""文化堕距理论""古典文化交流理论""古典功能学派""多方向进化论""兴起与衰落理论"。

社会变迁路径并不完全是直线式的,而是在某些情况下存在一定的曲折性。这是其与 Comte 的社会进化理论最大的不同。

受 Spencer 社会变迁思想的影响,法国首位社会学教授、"社会学三大奠基人"之一的 É. Durkheim 基于社会事实分析方法研究人类社会的秩序、整合与变迁问题。Durkheim 批评了将不同社会排列在一个简单的进化直线上的做法,提出根据社会各个组成部分之间的关联方式与亲密程度对社会类型进行划分。基于此思想,Durkheim 在其开山之作《社会分工论》(*De la Division du Travail Social*)中首次将社会类型分为机械团结型社会与有机团结型社会两种,指出社会变迁的路径就是社会形态从"机械团结"转变为"有机团结"。

德国现代社会学的缔造者之一、德国社会学学会与霍布斯协会创始人之一的 F. Tönnies 以围绕"社区—社会"概念框架构建起来的社会学体系而著称。1887 年,Tönnies 在其成名作《社区和社会》(*Gemeinschaft und Gesellschaft*)中首次提出"社区"①(Gemeinschaft or Community)和"社会"(Gesellschaft or Society)两个概念,成为其社会变迁理论的核心内容。Tönnies 认为,人类社会变迁的进程实质上就是"社会"因素逐渐增强而"社区"因素不断减弱的过程。

(二)循环理论

社会变迁的循环理论认为,人类社会的变迁进程是周期性、重复性的过程。与社会变迁的进化理论所强调的人类社会朝着一个特定方向进化的观点不同的是,循环理论普遍认为人类社会的变迁是由发展、成熟、衰落、挑战与回应相互交替的变化过程。也就是说,人类社会文明既可能向前发展,也有可能出现衰落。

德国著名历史学家、社会学家 O. Spengler 是循环理论的重要代表人物之一。Spengler 在其代表著作《西方的没落》(*The Decline of the West*)中指出,人类社会是有生命周期的有机组织。Spengler 认为,人类社会的发展轨迹有其诞生、发展、成熟与衰落的过程,如同一个有机体的生命周期:每个社会有其初始的诞生期,如同一个婴儿的出生;有迅速成长的发展期,如同生命体的儿童时期;有逐渐稳定的黄金期,如同生命体的成熟时期;有漫长而缓慢的衰落期,如同生命体的衰老时期;有快速的崩溃

---

① 也有学者译为"共同体"。

期,如同生命体的死亡。

被誉为"近世以来最伟大的历史学家"的英国学者 A. J. Toynbee 是另一位在社会循环理论研究中有所建树的社会学家。Toynbee 在其 1934—1961 年出版的 12 卷巨著《历史研究》(*A Study of History*) 中系统阐述了世界主要文明的兴衰历程,被学术界誉为"现代学者最伟大的成就"。Toynbee 指出,人类社会的变迁是一种循环发展的过程。但与 Spengler 的循环理论不同的是,Toynbee 认为人类社会的循环发展是可以多次重复的。Toynbee 的社会循环理论注意到了人类与环境的复杂相互关系,强调人类社会变迁过程中的行动主体的能动作用。

美国哈佛大学第一位社会学系主任、美籍俄裔著名社会学家 P. A. Sorokin 一生著述颇丰,几乎涵盖社会学所有的研究领域。Sorokin 在 1937—1941 年出版的 4 卷本《社会和文化动力学》(*Social and Cultural Dynamics*) 中系统阐述了其关于人类社会变迁的理论思想。Sorokin 指出,人类社会的变迁与发展是遵循历史循环模式的。Sorokin 进一步将人类社会的发展阶段划分为"灵性阶段""感性阶段""理性阶段",这三个阶段在人类社会变迁与发展过程中循环出现。

(三) 功能理论

社会变迁的功能理论强调社会均衡一致与稳定的属性。功能理论将社会视为有机生命体,认为不能割裂社会各个组成部分之间的关联性而研究社会的局部特征。社会各个组成部分在维护整个社会存在方面所发挥的作用被称为社会所具备的功能。由社会系统各个组成部分紧密联系而构成的均衡形成了人类社会的正常状态。社会变迁的功能理论在 20 世纪 50—60 年代西方社会学中占据着主导地位的理论学派。早期的功能理论试图构建宏大的社会理论大厦,而后期的功能理论则将研究视角从宏观转向微观,对现代社会学的发展做出了不可磨灭的贡献。

美国哈佛大学著名社会学家 T. Parsons 是社会变迁的功能理论的主要代表人物。Parsons 在其 1937 年出版的《社会行动的结构》(*The Structure of Social Action*)、1951 年出版的《社会系统》(*The Social System*) 等著作中系统阐述了其社会功能理论的思想,并在后续研究中得到进一步发展。Parsons 基于行动系统视角考察了人类社会的变迁与发展问题,指出人类社会的变迁是由低级向高级转变的过程。Parsons 认为,社会系统为了维持其本身的存在性、持续性及有效性,必须满足一定的功能要求,即所谓的"AGIL 功能"模式（如图 2.6 所示）："适应"（Adaptation）、"目标达成"（Goal-Attainment）、"整合"（Integration）与"潜在模式维系"（Latency）。Parsons 指出，社会系统的各个组成部分之间存在相互依存的联系，导致社会系统整体趋于均衡。"AGIL 功能"的满足，使得社会系统得以维持一定的稳定性。而当社会系统出现暂时的偏差时，社会系统能够通过自身的自动调节功能恢复到正常状态。

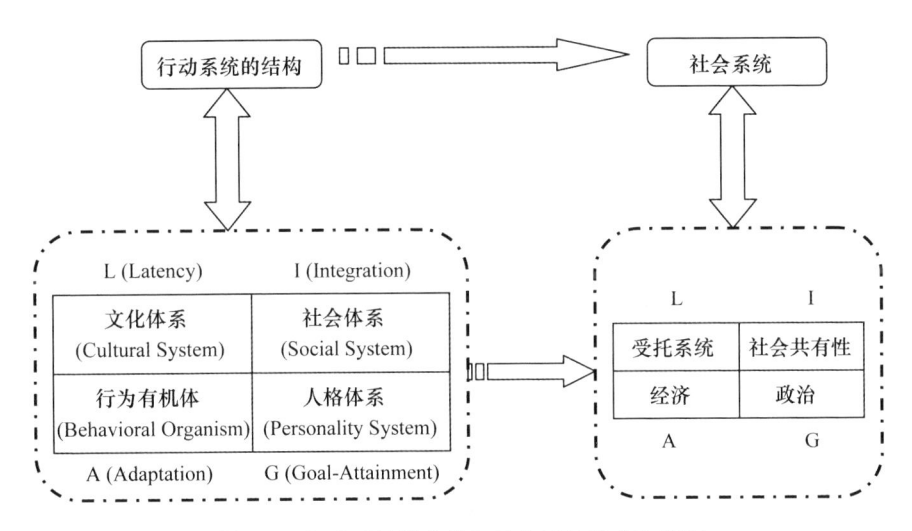

图 2.6 行动系统的结构与社会系统的内在关系

资料来源：笔者根据文献（Parsons, 1951）绘制。

（四）冲突理论

社会变迁的功能理论认为，人类社会的均衡与稳定是一种常态，而社会的冲突（Conflict）只是社会发展过程中的一种反常现象。但是，自 20 世纪 60 年代开始，美国、西欧等社会相继陷入巨大动荡之中，而社会功能理论无法开列出有效医治社会矛盾的"药方"，导致西方社会学界开始觅寻新的理论视角。在这一过程中，社会变迁的冲突理论应运而生。社会冲突理论提出了与社会功能论不一样的理论观点，即认为人类社会的本质是冲突的，导致了人类社会变迁的必然性与急遽性；而且，社会变迁的目的也不再是维持原有社会的均衡，相反，社会变迁是为了打破原有的稳定状态；此外，人类社会变迁的动力来自冲突，而冲突来自对价值、地位、权力与资源的争斗。

有"千年第一思想家""古今最伟大的哲学家"之称的德国无产阶级革命家马克思（Karl Marx）也有关于社会变迁的理论构思。马克思认为，生产力的发展和变化以及与生产关系的矛盾和冲突，最终主导着人类社会形态的变迁过程，历史进程的发展归根结底取决于社会的生产与再生产活动。人类社会的变迁与发展的根源可以追溯至社会生产力与生产关系的矛盾与冲突运动。按照马克思的理论观点，人类社会的变迁与发展通常有三种基本的社会形态，即"自然形态""派生形态""超越形态"。

德国著名社会学家、一代自由主义思想巨人 R. G. Dahrendorf 是社会冲突理论的主要代表人物之一。早在 1958 年，Dahrendorf 在其《迈向一种社会冲突论》（"Toward a Theory of Social Conflict"）一文中就对社会变迁功能理论所宣扬的静态社会提出了批评，并主张从变迁、冲突、暴力等方面展开对人类社会的剖析。Dahrendorf 通过采用结构分析的方法，将人类社会的变迁进程刻画成一个由社会内在冲突所引致的社会权威结构不断更替的过程。

曾任美国社会学协会主席的美国社会学家 L. A. Coser 是另一位在社会冲突理论研究领域做出了重要贡献的学者。1956 年，Coser 在其博士学位论文的基础上出版的著作《社会冲突的功能》（*The Functions of Social Conflict*）让其在社会学界声名鹊起。Coser 将社会视为一个功能系统，其各个组成部分之间存在着相互依赖的关系。Coser 指出，并非所有的社会冲突都是有害的。一定条件下高频率、小强度的社会冲突能够起到增强社会系统创造力的作用，从而提高社会群体对外部环境的适应能力。

三　收入差距理论

收入差距是人类社会发展过程中一个不可回避的普遍现象。研究和管控居民收入差距扩大的矛盾，需要从理论上探讨收入差距的形成与演化机制。收入差距理论的研究最早可以追溯至 18 世纪的古典经济学派，随后研究中不同的理论派别对收入差距的形成机制提出自己独树一帜的理论观点，并开列出不同的处方以缓解居民收入差距扩大的矛盾。

（一）古典经济学派的收入差距理论

居民收入差距问题历来是古典经济学派的重要研究范畴之一。作为古典经济学派的主要代表人物，A. Smith 与 D. Ricardo 等学者分别在其著作中对居民收入差距问题展开了较为细致的研究，在收入差距理论的发展历史中留下了浓墨重彩的一笔。

英国著名经济学家亚当·斯密（A. Smith）在其 1776 年出版的巨作《国富论》（*The Wealth of Nations*）中详细论述了其关于收入差距的理论思想。Smith 的收入差距理论观点主要表现为以下几个方面。

首先，价值创造理论是 Smith 收入差距理论的逻辑起点。Smith 认为，所有的物质生产部门的劳动都能够创造出收入，从而与重农学派相比大大拓展了价值创造的范围。同时，Smith 将价值分配与价值决定有机结合在一起，指出当土地私有化和资本积累产生之后，由劳动创造出的收入将在资本所有者、土地所有者以及劳动提供者之间进行分配。

其次，社会结构分析是 Smith 收入差距理论的逻辑前提。Smith 指出，按照获取收入的形式和占有生产要素的情况，可以将社会结构划分为三个阶级：其一，靠提供劳动而获取工资的工人阶级；其二，靠提供土地而获取地租的地主阶级；其三，靠提供资本而获取利润的资本家阶级。

最后，三种基本收入是 Smith 收入差距理论的逻辑核心。按照 Smith 的观点，国民收入构成中存在三种最基本的收入，即工人阶级获得的工资、地主阶级获得的地租以及资本家阶级获得的利润。这三种最基本的收入形式是收入差距研究的重心。

资产阶级古典经济学派的另一领军人物 D. Ricardo 基于劳动价值理论的分析框架，在其 1817 年出版的经典力作《政治经济学及赋税原理》（*Principles of Political Economy and Taxation*）中详尽诠释了他关于收入差距理论的思想与观点。归纳起来，Ricardo 的收入差距理论观点主要表现为以下几个方面。

首先，收入差距问题是经济学研究的核心问题之一。Ricardo 十分重视收入差距问题。Ricardo 指出，经济学的研究主题不应该局限于探讨国民收入的增长问题，而更应该将国民收入的分配问题尽早纳入经济学的研究范畴。在所有的收入类型中，Ricardo 认为利润应该处于国民收入差距研究中最为核心的位置。

其次，劳动价值理论是收入差距研究的主线。在 Ricardo 看来，国民收入归根结底最终是由劳动所创造出来的。在 Ricardo 的收入差距理论中，能够创造收入的劳动不仅包含了在生产过程中被直接消耗掉的劳动，也包括使用的不变资本所消耗掉的劳动。

最后，利润是国民收入的核心构成。在所有的收入形式中，Ricardo

特别凸显利润的重要作用。在 Ricardo 笔下，衡量商品的价值只包含两部分：其一，通过资本所得到的利润；其二，通过劳动所得到的工资。与 Smith 的收入三分法不同的是，Ricardo 将地租视为利润的一种特殊的转化形式。

综上所述，古典经济学派对收入差距研究进行了非常有益的前期探索。然而，由于古典经济学派的研究视角主要集中于探讨国民收入的形成与来源上，因此，这一时期的研究仅仅涉及收入差距理论的表层而无法进行更深入的探究。从这一层面上来讲，古典经济学派的收入差距理论尚且是一种较为朴素的收入差距思想。

（二）新古典经济学派收入差距理论

在古典经济学派收入差距理论的基础上，新古典经济学派进一步拓展并发展了收入差距理论。其中，尤其以 A. Marshall 和 J. B. Clark 的收入差距理论最具代表性，对后世的研究产生了深远的影响。

1890 年，英国剑桥学派的重要创始人之一 A. Marshall 在其著作《经济学原理》（*Principles of Economics*）中深入阐述了其关于收入差距的理论观点。Marshall 的收入差距理论观点主要表现为以下两方面。

一方面，Marshall 将企业家才能视为一种重要的生产要素。因此，在 Marshall 看来，能够创造收入的生产要素主要包括四种：劳动、土地、资本、企业家才能。相应地，国民收入也主要包含四种：由劳动者获得的工资、由土地所有者获得的地租、由资本所有者获得的利息、由企业家获得的利润。也就是说，Marshall 特别推崇企业家才能的生产功能。

另一方面，Marshall 认为，劳动者所获得的工资水平实际上是劳动的供给与需求达到均衡状态时决定的价格。对于地租的决定，Marshall 指出由于土地供给存在零弹性，因此地租主要是受土地需求的影响。对于利息的决定，Marshall 认为，利息本质上就是资本的均衡价格。对于利润的决定，Marshall 指出，利润实际上可以视为企业家才能所获得的报酬。

美国著名经济学家、美国经济学会创始人 J. B. Clark 在其 1899 年出版的著作《财富的分配》（*The Distribution of Wealth*）中通过边际生产力理论系统地阐释了其关于收入差距的理论思考。

Clark 采用边际生产力工具来分析收入的形成与分配过程。按照 Clark 的界定，边际生产力指的是最后被雇用的劳动者所能提供的生产力。自然工资标准正是由边际生产力所决定。Clark 认为，在资本不变的情况下，投入生产的劳动数量的增加将导致劳动的边际生产力呈现递减的趋势。相应地，在劳动数量保持不变的条件下，投入生产的资本数量的增加将导致资本的边际生产力呈现递减的趋势。在 Clark 看来，土地可以视为资本的一种特殊形式。因此，土地同样满足边际生产力递减规律。

综上所述，新古典经济学派相对于古典学派对收入来源的认识更为深刻。然而，新古典经济学派主要关注的是稀缺资源的配置问题，导致收入差距问题在理论架构上是从属于资源配置问题的。因此，在新古典经济学派的收入差距理论更加强调市场机制的配置功能，而往往忽视制度与结构等变量的作用。

四 简要评述

综上所述，通过对与本书密切相关的理论的发展脉络与理论观点进行回顾发现，已有研究在收入差距理论、社会资本理论与社会变迁理论等方面进行了有益的探索，并为本书的研究提供必要的理论基础。现有收入差距理论、社会资本理论与社会变迁理论的理论视角及其对本书研究的重要借鉴价值主要体现在以下三个方面。

其一，收入差距理论深刻演绎了居民收入差异形成与扩大的内在机制，为本书研究中国农村居民内部收入差距的演化规律奠定重要的理论基础。促进农民增收与缩小居民收入差距一直是发展经济学界普遍关注的焦点问题之一。在漫长的经济学思想发展史中，不同的理论学派对居民收入差距的破解开列出了各自独树一帜的"政策药方"。事实上，居民收入差距理论的发展脉络折射出了经济学界对资本概念的认知变迁历程：由古典经济学派注重的物质属性，[1] 逐渐发展到新古典经济学派挖掘出的人本属性。[2] 中国农村居民收入差距的演化过程离不开物质资本与人力资本的综合作用。然而，需要引起高度重视的是，居民收入差距形成的社会性诱因往往被主流经济学忽略。虽然，随后逐渐兴起并发展起来的结构主义经济学强调了结构和制度等变量在诠释发展中国家居民收入差距中的重要性，一定程度上弥补了传统经济学结构缺失与制度缺失的不足。但是，结构主

---

[1] 例如，古典经济学派的主要代表人物 A. Smith 等界定的物质资本指的是劳动力、土地等生产要素。

[2] 例如，新古典经济学派的领军人物 A. Marshall 和 J. B. Clark 等指出，受过良好教育或职业培训的工人的才能或企业家精神，最终决定了古典生产要素的利用率。

义经济学更为关注的是一个国家正式制度安排的作用，而忽视了社会中非正式制度的功能。尤其是对于市场机制不完善、公共财政供给不足的中国农村地区而言，仅仅依靠正式制度安排下的物质资本与人力资本功能是无法从根本上破解缩小农村居民收入差距难题的。

其二，社会资本理论有效弥补了传统经济学社会化不足的缺陷，为本书探讨中国农村居民内部收入差距的形成机制提供重要的理论视角。社会资本理论的发展史表明，社会资本理论之所以能够成为横跨社会学、经济学、政治学等多学科研究的焦点，除了其研究主题的普适性之外，更在于社会资本的理论思想兼具社会学与经济学的"基因"。通过对社会资本经典理论的回顾发现，社会资本理论的发展史同时也是一部对新古典主义的深刻反思史。新古典经济学社会化不足的缺陷限制了其对现实经济行为及绩效的解释力度，越来越广为经济学界所诟病。而社会资本理论将某些社会因素融入经济学理论大厦之中，认为社会资本是除物质资本与人力资本之外的另一种不可或缺的资本要素,[①] 以弥补主流经济学社会化不足的缺陷，从而构建研究经济主体社会行为与经济绩效的新视角与新框架，实现社会学与经济学的融合与发展。事实上，中国农村是一个典型的"关系型"社会，通过社会资本建立起来的社会关系网络一定程度上发挥了弥补正式制度缺位问题的作用。因此，基于社会资本视角探讨中国农村居民内部收入差距不仅切合中国农村经济社会发展的实践，而且能够释放更多的调节收入不平等的政策信号。但是，需要指出的是，社会资本的社会属性使得在使用社会资本概念来解读中国经济问题时需要特别谨慎。西方社会资本理论的工具与方法对于追溯中国农村的社会关系网络并不必然是适宜的。因此，中国特殊的文化、制度环境决定了在使用社会资本理论时必须进行本土化改造，使得社会资本理论能够在中国情境下得到拓展。

其三，社会变迁理论生动刻画了人类社会变革的发展轨迹与前进方向，为本书分析中国农村居民社会资本转换的新特征与趋势构建重要的制度背景。社会资本日益成为理解经济社会现象的重要基础，通过对社会资本性质与类型的研究能够更好地诠释经济社会运行的实践。事实上，社会资本的转换特征与变化趋势是驱动现代社会资本理论向前发展的重要动力

---

① 从某种程度上讲，社会资本理论对经济学的一大贡献就在于进一步提炼出了资本的社会属性。

（Meng，Chen，2014；Story，2014）。值得高度重视的是，改革开放以来，中国全面深化的社会改革导致农村的社会结构和农民的社会网络特征都发生了显著的变化。受信息化、网络化的影响，以及伴随社会流动性的增强，农民的社会交往逐渐摆脱地域的限制，交往的方式和空间得到大幅延展，导致农村居民社会交往的方式与范围日趋脱域化。① 社会关系的"脱域"属性进一步导致中国农村传统的"差序格局"状态出现松动，也深刻改变了农户的社会资本形态。随着现代社会"脱域"机制的日臻完善，脱域型社会资本逐渐成为农民社会资本的主要形式。因此，伴随农村地区社会结构变迁进程的推进，农村居民的社会关系特征呈现分化和异质性的倾向，由此导致农村社会资本出现新的特征和趋势。中国在持续经历的社会结构变迁背景下，聚焦于社会资本转换作用于农户收入差距机制的研究就显得尤为必要。正是基于此，与大多研究不同的是，本书重点关注的是社会资本异质性的特征与事实。

第三节 本章小结

本章的主要目的是为后文的理论框架构建与实证研究设计奠定文献基础。通过对已有的文献成果与经典理论的回顾，本章的主要工作及发现可以归纳为三个方面。

其一，居民收入差距的形成与演化是一个非常复杂的过程：既涉及宏观的政策因素，也涉及微观的家庭因素；既涵盖经济性变量，也涵盖社会性变量。因此，居民收入差距的研究不再仅仅是一个经济学问题，同时也是一种社会学问题，单一的视角或变量难以准确诠释这一复杂现象。

其二，社会资本理论将某些社会因素融入经济学理论中，以弥补主流经济学社会化不足的缺陷，构建了研究经济主体社会行为与经济绩效的新视角与新框架。因此，基于社会资本视角能够更为准确地把握中国农村居民收入差距的形成机制，并释放更多的调节居民收入不平等的政策信号。

其三，需要引起高度重视的是，中国农村地区社会结构变迁进程的加

---

① 按照英国著名社会学家 A. Giddens 在《现代性的后果》（*The Consequences of Modernity*）一书中提出的观点，所谓的"脱域"，指的是社会关系从彼此互动的地域性关联中，从通过对不确定的时间的无限穿越而被重构的关联中脱离出来（Giddens，2013）。

速一定程度上加剧了农村居民社会资本的分化与异质性倾向,进而导致农村社会资本出现了新的特征与趋势。忽视中国农村居民社会资本在现代社会中呈现的新特征与新趋势,将难以全面、准确地诠释农户收入差距形成与扩大的社会性机制。

第三章

理论机制与分析框架

本章遵循"概念界定→机制分析→框架构建→假设提出"的逻辑思路，致力于揭示社会结构变迁、社会资本转换对农户收入差距的影响机制与作用机制。其中，概念界定部分主要是对本书的三个核心概念——社会结构变迁、社会资本转换、农户收入差距的理论内涵进行科学界定，并构建相应的概念模型，这是本章的逻辑起点；机制分析部分主要是基于概念界定部分提出的概念模型，探讨社会结构变迁背景下的社会资本转换的形成机制，以及社会资本转换对农户收入差距的作用机制，这是本章的重点内容；框架构建与假设提出部分在机制分析部分的基础上完成，主要是为后文的实证研究构建理论分析框架，并提出有待实证检验的研究假设，这是本章的落脚点。

第一节 核心概念界定与概念模型构建

在探讨作用机制之前，需要对本书的核心概念进行科学界定，以将社会学范畴的概念"翻译"成经济学的术语，这也是本章进行理论分析的逻辑起点。本书概念界定的实施步骤：梳理已有研究中对有关概念的经典解读，并提炼出相关概念的理论内涵，在此基础上提出本书的界定方法，进而构建相应的概念模型。

一 社会结构变迁

（一）已有文献对社会结构变迁概念的界定

梳理国内外现有的研究成果，对社会结构概念内涵的解读可以归纳为以下三种具有代表性的观点。

1. 功能视角

人类学较早对社会结构（Social Structure）的概念和内涵进行系统研究。结构功能论的重要开创者、英国著名社会人类学家 Alfred Radcliffe-Brown 在《原始社会的结构与功能》（*Structure and Function in Primitive Society*）一书中对社会结构的概念进行了科学界定。Radcliffe-Brown 指出，社会结构指的是能够直接从个体的行为活动中观察到的社会关系的网络。在 Radcliffe-Brown 看来，社会结构不仅包括国家、民族等这些长期持续存在的社会群体，也涵盖了由人与人之间所产生的社会关系网络，例如基于血缘关系而形成的亲属关系以及基于社会分化而形成的阶级关系等。

美国哈佛大学著名社会学家 T. Parsons 将结构与功能巧妙地结合在一起，主张采用"结构—功能"的范式来分析社会结构及其变迁问题，从而为社会结构的研究注入了新鲜的"血液"。Parsons 在其 1966 年出版的著作《各种社会：进化的观点与比较的观点》（*Societies: Evolutionary and Comparative Perspectives*）中指出，社会结构指的是由具有不同功能的子系统所组成的一种总体社会系统。这一总体社会系统主要包含能够执行"适应"（Adaptation）、"目标达成"（Goal-Attainment）、"整合"（Integration）与"潜在模式维系"（Latency）四项基本功能的完整体系。在 Parsons 看来，社会结构既是在社会行动中形成的较为稳定的互动模式，也是一种社会规范。

2. 建构视角

结构主义人类学创始人、法国著名的社会人类学家 C. Lévi-Strauss 基于建构的视角探讨社会结构概念的理论内涵。Lévi-Strauss 在《社会结构》（"Social Structure"）一文中指出，社会结构是一种超越经验的实在，即是人们为了了解社会现实而主观建构出来的理论分析模型。在 Lévi-Strauss 看来，社会结构是一种无意识的结构，与根据经验实在而建构的模式息息相关，但与经验的实在之间并不存在必然的相关性。

此外，美国著名社会学家、美国宾夕法尼亚大学社会学教授 R. Collins 与英国著名社会学家、英国剑桥大学社会学教授 A. Giddens 基于建构主义视角探讨了社会结构的内涵。其中，Collins 在《互动仪式链》（*Interaction Ritual Chains*）一书中指出，人类社会的社会结构本质上是一种所谓的"互动仪式链"（Interaction Ritual Chains），即通过社会中的个人之间的不断接触而产生并拓展，而且，伴随参与到社会际遇中的人数的增加，社会结构越来越具有突出的宏观特性。人们的互动是社会结构不变的特征。Giddens 在其 1984 年出版的《社会的构成：结构化理论纲要》(*The Constitution of Society*: *Outline of the Theory of Structuration*) 一书中提出了著名的结构化理论（Theory of Structuration），主张将传统的"二元论"（Dualism）改造为"二重性"（Duality），指出社会行动与社会结构是人类社会活动中相互联系的两个方面：一方面，社会结构规定了人们的社会行动；另一方面，人们的社会行动也能再生出新的社会结构。

3. 宏观视角

社会交换理论（Social Exchange Theory）的代表人物、美国著名的社会学家 P. M. Blau 主张从宏观视角来理解社会结构，并提出了盛极一时的宏观社会结构理论。Blau 在其关于宏观社会结构理论的代表性著作《不平等和异质性：一种关于社会结构的原始理论》(*Inequality and Heterogeneity*: *A Primitive Theory of Social Structure*) 中首次系统阐述了他的社会结构理论体系。在 Blau 看来，所谓的社会结构指的是一定的社会人口按照决定不平等（Inequality）和异质性（Heterogeneity）的类别参数与等级参数等多重结构参数而形成的社会分化程度。按照 Blau 的理论观点，人与人之间的社会交往是人类社会生活的本质，即社会生活具有显著的社会性特征。社会交往的规则主要体现的是社会分化，社会分化的基本形式是所谓的不平等与异质性，分别构成社会位置的纵向维度与横向维度。Blau 的这种"不平等—异质性"二维结构框架为社会结构的量化研究提供了可供参考的蓝本。

国内学者大多从狭义视角即基于阶层结构来诠释社会结构的理论内涵，认为社会结构指的是各种社会地位①之间的相互关系的模式化或制度化体系（郑杭生、李路路，2005）。②

---

① 社会地位指的是人们在复杂社会关系网中所处的相对位置（郑杭生、李路路，2005）。
② 国内学者多将阶层结构视为研究社会结构最基本的视角，社会结构变迁从狭义上讲实质上就是阶层结构的变化过程。李路路采用社会结构阶层化（The Stratification of Social Structure）这一概念来描述中国改革开放以来社会结构变迁的总体趋势与基本特征（李路路，2012）。李路路和秦广强进一步提出了权力/权威阶层框架来分析当代中国社会阶层结构的变迁过程（李路路、秦广强，2016）。李路路等系统梳理了当代社会学中关于社会阶层结构研究的主要文献（李路路等，2012）。

表 3.1　　　　　　　　　　　　社会结构的经典定义

	社会结构
(Durkheim, 1893)	社会结构包括机械团结型社会结构与有机团结型社会结构两种；社会结构变迁的路径就是社会形态从"机械团结"转变为"有机团结"
(Radcliffe-Brown, 1952)	社会结构指的是能够直接从个体的行为活动中观察到的社会关系的网络
(Lévi-Strauss, 1953)	社会结构是一种超越经验的实在，即人们为了了解社会现实而主观建构出来的理论分析模型
(Parsons, 1966)	社会结构指的是由具有不同功能的子系统所构成的一种总体社会系统
(Popenoe, 1971)	社会结构指的是社会中各个要素之间相互联系的方式
(Blau, 1977)	社会结构指的是一定的社会人口按照决定不平等和异质性的类别参数与等级参数而形成的分化程度
(Collins, 1986)	社会结构通过社会中的个人之间不断接触而产生并拓展；而且，伴随参与到社会际遇中的人数的增长，社会结构越来越具有突出的宏观特性
(Giddens, 1984)	社会行动与社会结构是人类社会活动中相互联系的两个方面：一方面，社会结构规定着人们的社会行动；另一方面，社会行动能再生出新的社会结构
(Robertson, 1988)	社会结构指的是构成社会制度的各个基本成分之间存在的有组织的关系
(郑杭生、李路路, 2005)	社会结构指的是各种社会地位之间的相互关系的模式化或制度化体系

资料来源：笔者整理。

综上所述，学术界大多沿用结构一词的基本含义来理解和使用社会结构这一概念。而且，通过学术界对社会结构概念的理论界定可以看出，学术界对社会结构的理解越来越趋向于多样化，社会结构不再仅仅是一个单一维度的术语，而是越来越呈现出复杂性、广泛性的特征。现代社会学理论深刻演绎了社会结构这一概念在使用过程中体现出来的灵活性与独特性，这主要表现在四个方面：其一，社会结构既是有机的能够被直接观察到的显性结构，又是隐藏在心灵、道德、文化等深处的隐性结构；其二，社会结构既是由要素组成的系统性结构，也是由关系构成的关系性结构；

其三，社会结构既是现实中的实体结构，又是逻辑上的抽象结构；其四，社会结构既是被动性的静态结构，也是能动性的动态结构。可以说，人类社会是一个庞大而复杂的系统，导致对社会结构的解读可以有多种角度与途径。而且，伴随社会现象变得越来越复杂，社会结构概念的理论内涵也会呈现出越来越多样化的解读方式。从学理上讲，社会结构是一个多层次的复杂体系，在宏观、中观和微观具有不同的表现形式（如图3.1所示）。在社会发展的不同阶段，社会结构概念的侧重点有所差异。

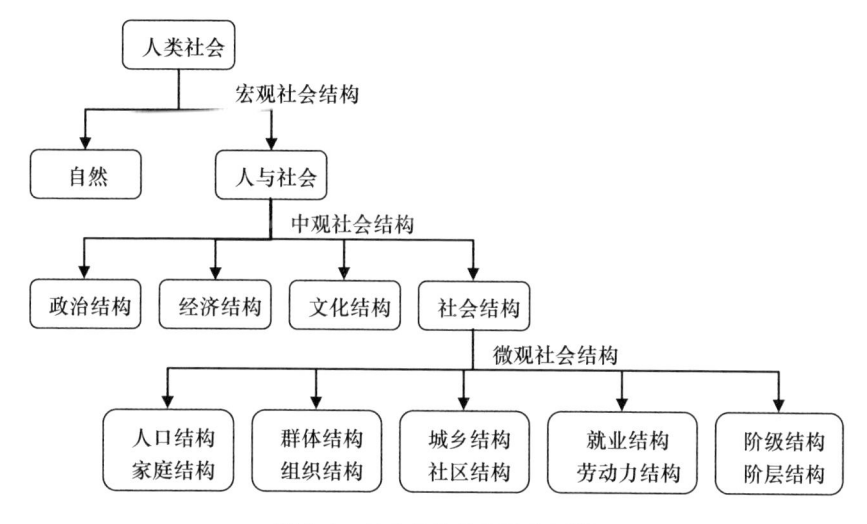

图 3.1　社会结构的层次与要素

资料来源：笔者根据文献（杜玉华，2013）绘制。

（二）本书对社会结构变迁概念的界定

通过前文对社会结构概念的理论脉络进行梳理发现，社会结构的理论内涵并未形成普遍的共识。社会结构在保持功能相对稳定的同时，也具有明显的动态性特征。也就是说，社会结构的维持依赖于社会和环境之间进行的各种交换活动。由于社会环境的复杂性变化，以及社会中的人的创造性活动，使得社会结构并非一成不变，而是越发呈现出动态性的变动特征，即出现社会结构变迁。而且，社会结构变迁概念具有突出的阶段性与情境性特征。经济社会发展的不同阶段、不同的社会制度环境条件下的社会结构变迁的侧重点有所不同。因此，探讨中国农村的社会结构变迁问题必须回归到现阶段中国经济社会转型的大背景之中。基于此，本书借鉴三力作用模型（Nelson, 2001）和 POET 结构分析模式（Duncan et al., 1959）的理论成果，并沿袭中国农村现阶段持续发酵的经济社会转型与变迁的实践，展开对社会结构变迁概念的界定与解读。

1. 三力作用模型

社会结构变迁的三力作用模型最早由美国学者 P. B. Nelson 在分析美国西部农村地区的社会结构变迁问题时首次提出（Nelson, 2001）。Nelson 基于人口、经济、环境三个维度指出，"迁移模式"（Migration Pattern）、"科技发展"（Technological Development）和"人地关系改变"（Altered Human-Land Relationship）是导致美国西部的农村社区发生巨大变化的主要驱动因素。也就是说，农村居民的迁移、由科技发展推动的经济部门转换（Shift in Economic Sectors）、人地关系的改变成为重塑农村社会形态与文化的重要维度。其中，农村居民的迁移与流动是最主要的因素（如图 3.2 所示）。可以说，Nelson 提出的三力作用模型形象描绘了农村社会结构变迁的内在机制，为本书探索中国农村社会结构变迁的理论内涵提供了重要的参考依据。

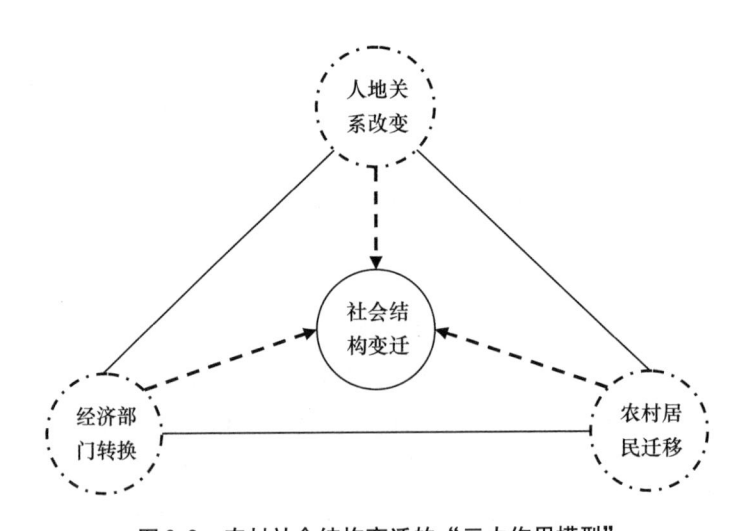

图 3.2 农村社会结构变迁的"三力作用模型"

资料来源：笔者根据文献（Nelson, 2001）绘制。

2. POET 结构分析模式

虽然不同的学者对社会结构的表达方式与分析对象的理解存在一定的

分歧，但是，他们大多遵循相同的基本框架，即由结构概念拓展至社会结构概念。在社会学文献中，人类社会并非一个杂乱无章的集合体，社会形态的出现也并非仅仅是一种巧合。尽管社会中的人们具有灵活的能动性，但是，任何一个社会都存在其最基本的社会行为模式与规律（Robertson，1988）。因此，社会结构的基本要素不是随机的，而是有据可循的。基于此思想，美国量化社会学大师 O. D. Duncan 及其合作者提出了著名的 POET 结构分析模式来探讨社会结构的基本要素构成问题。Duncan 等在发表于《美国社会学杂志》（American Journal of Sociology）上的标题为"社会组织研究中的文化、行为与生态观"（"Cultural, Behavioral, and Ecological Perspectives in the Study of Social Organization"）的文章中指出，人口（Population）、组织（Organization）、环境（Environment）与科技（Technology）是构成社会结构最基本的要素成分，这就是闻名于整个西方社会学界的 POET 结构分析模式（如图 3.3 所示）。Duncan 等提出的 POET 结构分析模式由于具有非常强的可操作性，因此在西方社会学界产生了广泛的影响。POET 结构分析模式为本书探索中国农村地区社会结构变迁提供重要的结构维度。

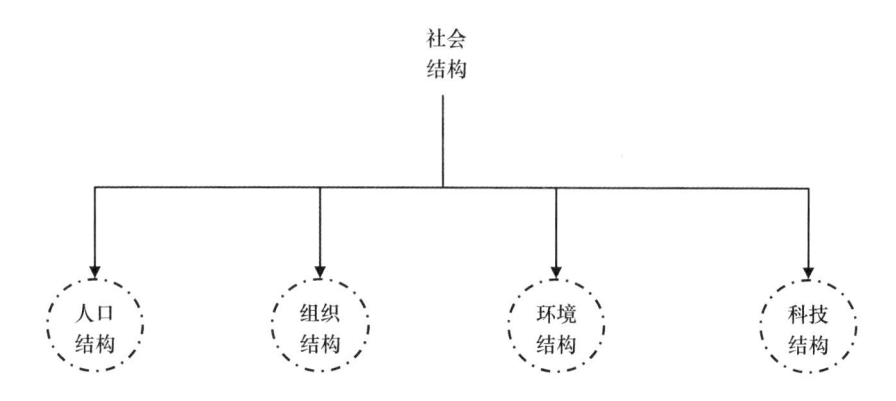

图 3.3 农村社会结构变迁的"POET 结构分析模式"

资料来源：笔者根据文献（Duncan et al., 1959）绘制。

3. 中国农村现阶段经济社会变迁的本质特征

中国农村地区现阶段正处于由传统社会向现代社会转型的关键时期，而市场化改革是这一时期的本质特征，即由计划经济体制逐渐转变为社会主义市场经济体制的过程。① 伴随渐进式市场化改革的推进，社会主义市场经济体制逐步取代中央计划分配体制，开始在社会机会与资源的配置中发挥决定性的作用。中国综合社会调查项目发起人与负责人之一、中国社会学会副会长、中国人民大学社会学教授李路路深刻总结了中国市场化改革的社会结构变迁意义：其一，新资源与新机会，即市场经济体制的引入客观上产生了新的社会资源、机会结构与社会空间等；其二，不平等的叠加，即由中国渐进式市场化改革路径所导致的市场经济与计划经济两种体制的不平等效应相互叠加在一起；其三，阶层地位与边界相对固化，即与计划经济体制相比，市场经济体制带来更加稳定的阶层结构；其四，互动性与交易性，即市场经济条件下的社会关系更多体现在产品或商品之中；其五，利益独立性和对抗性，即基于市场经济形成的阶层利益往往是相对独立且相互对抗的。也就是说，市场经济体制改革重塑了中国农村地区社会资源的分配格局，不仅导致了原有利益格局的深刻改变，而且将继续引发一系列社会结构的变迁。

4. 社会结构变迁的概念模型

社会结构概念来源于人类社会学领域，因此，现有研究多从社会学视角探讨社会结构变迁问题。事实上，采用经济学的角度与方法来研究社会结构变迁问题能够释放更具启发性的信号。

从经济学的角度上讲，市场机制加速了农村地区的社会结构变迁进程。始于1978年的改革开放浪潮不仅带来了中国经济的高速发展，也在一定程度上引发了中国农村社会面貌与社会结构的变革，导致原本稳定、静态、封闭的乡土社会发生了翻天覆地的变化（陈波，2015）。因此，伴随市场经济体制的不断拓展与日臻完善，原来计划经济时代"平均化"的分配格局逐渐被打破，导致农村社会资源的占有与配置日益呈现出分化与多元化的发展趋势。更为重要的是，随着中国农村地区市场经济的发展，特别是农村工业化的发展，引起了农村的产业结构开始出现分化，深刻改变了农村地区长期以来较为单一的自然经济状态，为农村劳动力提供新的就业空间与渠道。此外，农村产业结构的分化也在一定程度上加速了

---

① 虽然经历过由计划经济体制向市场经济体制转变的社会主义国家都可以被称为转型社会，但是东欧与中国的社会转型存在本质上的区别（李路路、杨娜，2016）。在很大程度上，中国的市场化改革是一种渐进式的市场化改革。

农村劳动分工的深化。伴随大量农村劳动力向非农产业部门的转移，农村劳动力的分工也得到了进一步深化，从而导致中国农村地区传统的家庭结构与宗族结构的影响力日渐衰微。进一步地，农村产业结构的分化与农村劳动分工的深化将深刻改变中国农村地区的社会文化与结构：其一，土地结构变迁，即削弱农民对土地生产要素的依赖与依恋程度；其二，科技结构变迁，即强化现代信息科技知识与技术向农村地区的渗透与扩散；其三，人口结构变迁，即加快农村劳动力的社会流动。

基于前文的分析，本书从经济学视角对社会结构与社会结构变迁等概念的界定如下。

本书认为，社会结构指的是社会中各个要素资源之间相互联系与配置的方式；社会结构变迁在本质上体现为农村地区出现的产业结构分化与劳动分工深化的趋势，表现出土地结构变迁、科技结构变迁、人口结构变迁等特征（如图 3.4 所示）。

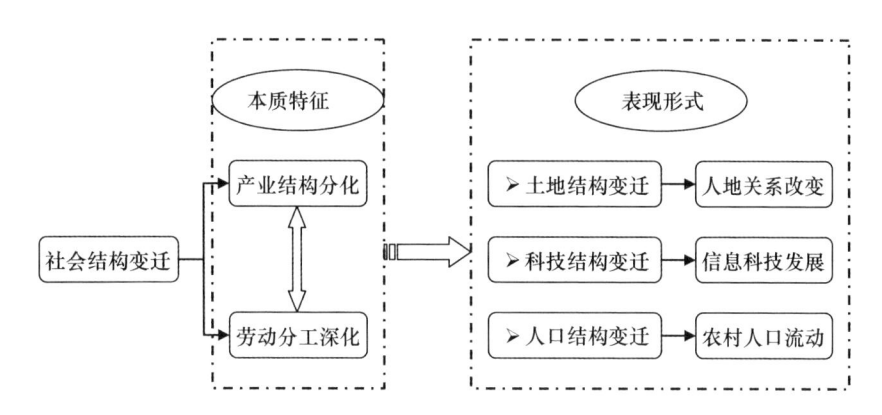

图 3.4 社会结构变迁的概念模型

资料来源：笔者整理。

二 社会资本转换

（一）已有文献对社会资本转换概念的界定

梳理国内外现有的研究成果，对社会资本概念内涵的解读可以归纳为以下三种具有代表性的观点。

1. 功能观

基于功能视角的研究认为，社会资本发源于紧密联系的社会关系网络，是由社会中行动者之间的责任、预期、信任、规范等元素组成，主要体现在组织网络成员之间的社会关系之中,通过行动者互相的沟通、交流以提升个体彼此的信任程度,从而达到资源共享、互惠互利的目标。基于功能视角界定的社会资本,一方面,排除了松散的社会关系网络能够产生社会资本的可能性;另一方面,也否定了社会资本存在副作用的可能性(边燕杰,2004)。

2. 结构观

基于结构视角的研究认为,社会资本发源于人们的人际关系网络结构之中,主要由行动主体的社会网络结构组成,而且,行动者不仅可以利用组织内部的社会网络关系,还能够借助于组织间的社会网络关系来获取有用的资源,从而获取自身利益。基于结构视角界定的社会资本强调了社会网络结构形态的重要性,行动主体所拥有的结构洞资源越多,其掌握的求职信息越丰富,从而能够获得更高的劳动收入回报。

3. 资源观

基于资源视角的研究者认为,社会资本发源于稳定的人际社会关系网络,在本质上体现的是嵌入社会关系网络之中的一种动态的社会资源,任何行动者都必须通过社会关系网络来积累、使用、发展这些社会资源,而且,这种社会资源能够有助于促进物质资本与人力资本的增值,从而产生价值。基于资源视角界定的社会资本在本质上是经济主体(家庭或社会组织)在目的性行动中可以获取并使用的嵌入其社会网络之中的社会资源,而且,与强关系相比,弱关系能够为行动主体的目的性活动提供更多的社会资源。

表 3.2　　　　　　　　　　　社会资本的经典定义

	社会资本
(Bourdieu, 1980)	社会资本在本质上是实际或潜在的资源的集合,而这些资源与拥有相互默认或认可的关系所组成的持久网络相联系,并且,这些关系或多或少是制度化的
(Lin et al., 1981)	社会资本在本质上是一种社会网络资源,这种社会资源是嵌入于社会网络或社会关系之中的,而且,这些社会网络资源并不会被行动主体直接拥有,而是要通过社会关系网络直接或间接地获取
(Coleman, 1988)	社会资本指的是人们为了实现共同的目标而存在于一定的社会结构之中,并凭借自己所拥有的资源促进行动者的某些行动

续表

	社会资本
（Baker，1990）	社会资本指的是行动者从特殊的社会结构中可以获取到的资源，而这种资源有助于促进行动主体对兴趣的追求，并随其社会关系的改变而变化
（Burt，1992）	社会资本指的是社会网络结构中各个节点所提供资源与控制资源的程度
（Putnam et al.，1993）	社会资本指的是社会组织的一些特征，诸如信任、规范与网络，这些特征能够通过协调行动者的行为而提高社会效率
（Fukuyama，1995）	社会资本指的是由社会中普遍的信任所产生的一种力量，而这种力量能够促进人们之间的相互合作
（Woolcock，1998）	社会资本指的是一种建立在信任与合作基础之上的行动者之间互动的规范
（Pastoriza et al.，2008）	社会资本指的是在信任和互惠的社会关系中所体现出的组织规则与制度
（边燕杰，2004）	社会资本指的是蕴含在社会关系网络之中的可转移的资源

资料来源：笔者整理。

综上所述，不同的学者基于不同的视角对社会资本的理论内涵进行了科学解读，并从不同的角度概括了社会资本的本质特征，得出了一些非常有价值的理论观点。不难发现，目前学术界对社会资本的概念界定尚存在较大争议：针对社会资本的理论内涵及其生成过程，学术界就存在"功能观""结构观""资源观"三种不同的理论派别。但是，普遍的争议并不能就此抹杀社会资本共性的存在。从以上的论述中可以看出，社会资本概念的内涵具有以下比较公认的特点：其一，社会资本本质上是一种能够为行动主体带来价值的社会资源，因此，社会资本具有突出的收入效应与财富效应；其二，社会资本作为资本的一种重要形式，能够发挥弥补物质资本与人力资本不足的作用，因此，社会资本具有明显的生产效应；其三，社会网络是社会资本的重要载体，社会中的行动主体能够通过其社会关系网络来获取所需要的社会资源；其四，社会信任是社会资本功能发挥的必要前提条件，普遍的社会信任有助于促进社会行动者之间的合作与互惠；其五，社会规范是社会资本非正式制度属性的重要表现形式，社会规范能够有效规定并约束社会行动者的经济社会行为。

（二）本书对社会资本转换概念的界定

从前文对社会资本概念的解读中不难发现，不管是在社会学领域还是在经济学领域，社会资本概念的理论内涵尚未形成普遍共识。这也导致社会资本的概念与内涵往往是变动着的。因此，学术界争论的焦点最终落脚于对社会资本异质性的考量。

事实上，对社会资本的转换特征与变化趋势的讨论与研究是驱动着现代社会资本理论向前发展的重要动力源（Meng, Chen, 2014; Story, 2014）。Lin 最早基于社会资本获取视角将社会资本区分为所拥有的社会资本与所动员的社会资本两种形式（Lin, 2001）。但是，Lin 的这一划分方法主要拘囿于劳动力市场中的求职过程。在随后的研究过程中，张顺和程诚则对 Lin 的分类方式进行扩展，基于社会资源是否被动员角度重新讨论社会资本的异质性影响，发现伴随中国市场化进程的推进，潜在性社会资本（Potential Social Capital）的收入回报率递减，动员性社会资本（Mobilized Social Capital）的收入回报率递增。也有学者将社会资本区分为结构性社会资本与认知性社会资本两类（Berry, Welsh, 2010）。中国的渐进式市场化改革产生了国有部门与非国有部门两种不同的体制性资源，并因此衍生出跨体制社会资本（边燕杰等，2012）。此外，根据社会网络动态联结方式的不同，王春超和周先波将社会资本划分为整合型社会资本与跨越型社会资本两种类型，并发现整合型社会资本具有缩小居民收入差距的作用，而跨越型社会资本则会显著拉大居民收入差距（王春超、何意銮，2014）。

社会资本转换（Social Capital Transition）的思想最早可以追溯至美国当代著名社会学家 Coleman 的研究。Coleman 在《社会理论的基础》（*Foundations of Social Theory*）一书中提出，在现代社会中由家庭和社区所提供的原始社会资本存在逐渐衰落的趋势，因此，人们需要在社会交往过程中重新构建起新的社会组织以替代日益失去效用的原始社会资本。[①] 在此基础上，国内学者叶静怡和周晔馨较早明确使用社会资本转换这一概念来分析社会资本的演化趋势及其对农民工经济社会地位获得的影响（叶静怡、周晔馨，2010）。基于社会资本转换视角，叶静怡和周晔馨区

---

① 虽然 Coleman 尚未界定与原始社会资本相对应的新型社会资本的具体理论内涵，但是社会资本转换的概念思想在其分析过程中呼之欲出。

分了农民工的两种社会资本形态：其一，原始社会资本（Original Social Capital），即农民工进城之前在他们原来生活和工作的乡土社会中基于血缘与狭小的地域而形成的社会关系网络；其二，新型社会资本（New Social Capital），即农民工进城之后在新区域中基于业缘与更广的地域而重新构建起的社会关系网络。原始社会资本与新型社会资本对农民工的经济社会地位获得产生了不同的影响。但是，针对现代社会中社会资本转换的形成机制，叶静怡和周晔馨并未进行很好的诠释。

基于现有文献的研究成果，并结合中国农村地区社会结构变迁的历程，本书将社会资本划分为地域型社会资本与脱域型社会资本两类。下面将分别对这两种社会资本类型的概念内涵展开分析。

1. 地域型社会资本（Embedding Social Capital）

本书界定的地域型社会资本指的是由农村地区传统的基于血缘关系与地缘关系而形成的具有同质性与相对封闭性特征的社会资源。地域型社会资本是农民社会资本的原始状态，产生于中国传统农村社会的血缘关系网络与地缘关系网络。

血缘关系网络。我国著名社会学家、人类学家和社会活动家费孝通先生在其著作《乡土中国》一书中指出，所谓的"血缘"指的是由生育与婚姻所建构起来的关系（费孝通，2016）。也就是说，血缘关系意味着人们的权利与义务主要由亲属关系所决定。[①] 这是因为，中国传统的农村社会是一个典型的"礼法社会"，社会内部长幼尊卑的等级观念非常森严，导致人们主要围绕"礼法"与"血缘"来建构自己的人际关系网络；而且，人与人之间的社会交往特别突出家族与宗族的功能。因此，在血缘社会网络中，人们的社会交往凸显出明显的宗族门第、乡土关系与家庭纽带等特征。一般而言，基于血缘关系而建构起来的社会网络结构是相对稳定的。血缘社会凭借生物的新陈代谢功能——"生育"来维系社会网络结构的相对稳定。由血缘所决定的社会地位超脱了个人的意志。血缘关系是个人最无法选择也最无法歪曲的一个事实，由血缘关系作为职业、身份与财富的传递机制成为稳定社会秩序最基本的方法，并因此而限制了社会冲

[①] "父死子继"的分配原则在中国乡土社会中似乎是一个约定俗成的既存事实：在职业的血缘继承方面的"农夫之子恒为农"，在身份的血缘继承方面的"贵人之子恒为贵"，在财富的血缘继承方面的"富人之子恒为富"等（费孝通，2016）。但是，当社会结构发生重大变化时，完全依靠"血缘"去继承也是不大可能的。因此，"血缘"的作用与社会结构变迁的速度息息相关。

突与竞争。从某种程度上讲，血缘在传统农村社会中扮演着"稳定器"的角色。

地缘关系网络。地缘关系指的是人们基于长期共同聚居而形成的人际关系网络，主要包括邻里关系、同乡关系等（何一民，2004）。其中，邻里关系发源于传统的以自然经济为主导的农业社会。农业社会中的人们往往世代聚居一地，在长期的世代为邻中逐渐形成了以道德为主要调节手段、注重互助互利的邻里关系。邻里间形成的这种长期稳定的人际关系成为农民社会交往中仅次于血缘关系的重要方式。俗语中"远亲不如近邻"等深刻折射出邻里关系在人际交往中的重要性。邻里间的和睦相处不仅能够在生活中互惠互助，而且也能发挥精神上的慰藉功能与安全上的保障功能。此外，同乡关系是血缘关系在空间维度上的自然延伸。在社会流动性比较低的农村地区，家族这一社群同时也蕴含着地域的含义（费孝通，2016）。人们的繁殖就如同一个树根上长出的树苗，在地域上的靠近程度某种程度上也意味着血缘的亲疏关系。[①] 因此，地缘是血缘的投影，而区位是社会化了的空间。作为一种重要的社会支持系统，同乡关系在人们的社会交往中发挥着极其重要的作用。

随着社会变迁进程的加速以及商品经济浪潮的冲击，人们的思想观念、社会生活与行为准则正经历着前所未有的巨变，导致传统的以血缘为纽带的宗族亲缘关系与以地缘为纽带的邻里同乡关系逐渐被淡化，单靠人情难以继续维系人们相互间权利与义务的均衡，人们的社会交往与社会关系变得越来越复杂多样。但是，现阶段中国农村地区存在"传统"与"现代"并存的局面（陈波，2015），导致在现代社会中基于血缘和地缘而形成的宗族网络与地方认同的传统并未完全消失，尤其在市场经济不发达的偏远农村地区依然占据重要地位。[②] 正如费孝通先生在《乡土中国》中所指出的，地缘是契约社会的基础，人际关系从血缘结合发展到地缘结合是社会性质的一大转变（费孝通，2016）。

2. 脱域型社会资本（Disembedding Social Capital）

值得高度重视的是，改革开放以来，中国全面深化的社会改革加剧了

[①] 当然，血缘与地缘之间也存在较大差异：血缘是身份社会的基础，而地缘发源于商业活动，因此是契约社会发展的基础（费孝通，2016）。

[②] 有关调查结果显示，现阶段居民最信任的人群依然是家人与好友（王俊秀，2016）。

农村居民在地域和工作上的频繁流动,导致农村的社会结构和农户的社会资本特征都发生了显著的变化(Lin,2001)。其一,社会交往的方式与范围日趋脱域化。所谓的脱域(Disembedding),指的是社会关系从彼此互动的地域性关联中,从通过对不确定的时间的无限穿越而被重构的关联中脱离出来(Giddens,2013)。因此,受信息化、网络化的影响,以及伴随社会流动性的增强,农民的社会交往逐渐摆脱地域的限制,交往的方式和空间得到大幅延展。其二,社会资本的类型与结构日益多元化。社会关系的脱域属性使得农村传统的"差序格局"状态出现松动,也深刻改变了农村居民的社会资本形态。随着现代社会脱域机制的日臻完善,脱域型社会资本将逐渐成为农户社会资本的主要形式(兰亚春,2013)。

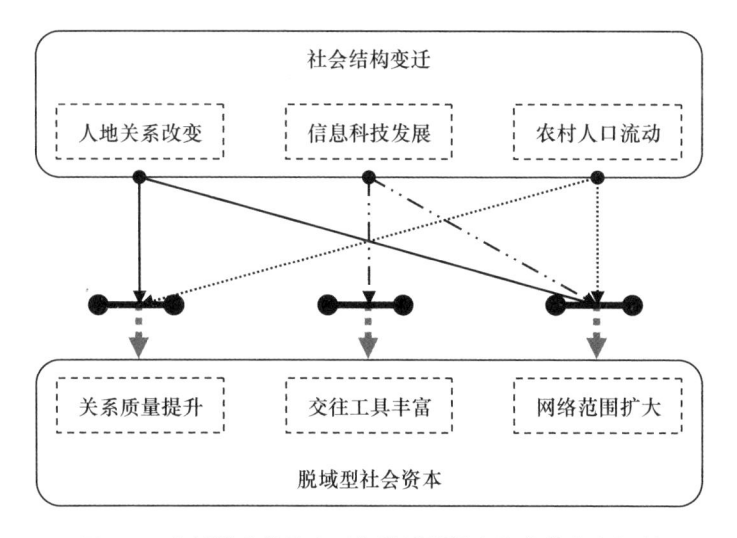

图 3.5　农村社会结构变迁与脱域型社会资本的产生机制

资料来源:笔者整理。

20世纪90年代以来,中国农村地区的社会变迁趋势日益明显,不仅曾经稳定的乡村社区结构和传统的农村社会文化受到现代化的冲击,而且,农村居民的社会关系特征与结构也呈现出分化和异质性的倾向。因此,在现代性的语境中,社会资本不再仅仅是对人们的社会关系网络的简单概括与抽象,而是更多表现出显著的文化与制度意蕴(Hsu,2005)。探讨农民社会资本的演进不能忽略农村社会结构变迁的规律。根据美国学者 P. B. Nelson 提出的三力作用模型,人地关系的改变、信息科技的发展与农村人口的流动是农村社会变迁的内在作用机制（Nelson，2001）。而这三种"力"的合力又会强化社会关系网络的脱域机制，从而深刻改变农民之间的交往方式，进而影响到农户社会资本的形态，成为乡土中国中传统的"差序格局"现代性演变的主要助推力量。

农村社会结构变迁对脱域型社会资本具体的作用过程可以概括为三个方面。

其一，由人地关系改变驱动的农民社会关系质量的提升与范围的扩大为脱域型社会资本的形成奠定基础与条件。在传统的中国农村地区，人们的社会交往大多被拘囿在相对封闭的狭小社区，导致农民的社会关系具有非常明显的同质性（Homophily）①（DiMaggio，Garip，2011）。社会交往的同质性与户籍制度的壁垒，导致农民的社会资本不仅存量欠缺，而且质量偏低。因此，在中国典型的二元经济社会结构条件下，如果农民能够通过社会网络动员不同地域、不同类型的社会资源，将是其社会资本质的跳跃（边燕杰等，2012）。究其原因，社会网络的异质性更能体现社会资本的质量（边燕杰，2004），并能够为农户带来更多的经济回报（叶静怡、周晔馨，2010；王春超等，2017）。所以，当人地关系的改变使得农民能够从土地上解放出来时，理性的农民会选择脱离原有封闭性、同质性的社会网络，而积极扩展开放性、异质性的网络关系，从而提升社会资本的数量与质量。

其二，以信息化为主要特征的科技发展客观上更新了可供农村居民社会交往的工具选择。信息技术、通信技术、网络技术等信息科技的发展是近年来农村变革的突出表现（Nelson，2001）。在乡土文化中，农村居民的人际交往主要以面对面（Face-to-Face）的直接交流为主，这样的人际传播方式具有低效、单一、封闭的特征。然而，在信息化的社会背景下，随着手机、网络、媒体等传播媒介的不断普及，社会互动需亲身在场的常态逐渐被打破，农民之间的社会交往与互动模式不再局限于传统的面对面形式，而是更多依赖于信息网络技术的间接交流方式。信息科技的发展不断丰富着农民之间的交往工具。交往工具的多样化不仅降低了农村劳动力获取外界信息的交易成本，而且为农民突破空间距离的限制与重构新的人

---

① 社会资本的同质性假说最早由 McPherson 等提出，指人们倾向于和自己的特征（教育程度、经济地位、宗教信仰等）更加接近的人结交朋友或产生联系，即所谓的物以类聚、人以群分。

际关系网络提供便利，从而加快了农民的脱域进程与融入速度。

其三，农村人口的跨区域流动导致的农民社会网络在广度与深度上的延展加速了脱域型社会资本的积累。伴随中国农村地区社会结构变迁进程的加速推进，中国正经历着人类和平历史上规模最为庞大的农村劳动力迁移过程（蔡昉、王美艳，2009）。① 可以说，农村人口的跨区域流动是近年来中国农村地区社会结构变革最显著的特征（蔡昉，2010）。社会流动性的增强不仅有助于扩大农村居民的社会交往半径，并从中获取更多的异质性网络资源，从而加宽了农民社会资本的广度；更为重要的是，农村劳动力的转移过程在本质上就是职业流动的过程（Gerber，Mayorova，2010），流动经历的增加有助于提升农民的人力资本存量和社会网络资源，提高农村劳动力与工作的匹配度，并产生基于业缘的新型社会资本形态（叶静怡、周晔馨，2010），从而加深农民社会资本的深度。农户社会网络广度和深度的延伸又会深刻改变农村的社会关系结构，使得农村社会从基于伦理与人情的"熟人社会"向基于信任与契约的"市场社会"转变，从乡土中国的"差序格局"向人际关系的"理性倾向"迈进。

因此，中国农村的社会结构变迁促进了脱域型社会资本的形成。与农村传统的地域型社会资本相比，农户新型的脱域型社会资本是在劳动力流动过程中以新型的业缘关系与广阔的就业空间为基础、以间接交流为主要手段而积累起的异质性社会资源，具有质量高、边界开放、融合性强等特征。因此，脱域型社会资本主要涵盖了空间流动、职业转换、业缘关系三个重要的维度。其中，农民空间上的流动打破了社会网络的地域限制，拓展了农民社会网络的广度；农民由传统的农业劳动者向非农就业者的职业转换，客观上加速了现代工业社会的市场规范向传统农业社会的伦理规范的渗透；与基于血缘关系与地缘关系的"差序格局"相比，基于业缘关系的社会信任具有更加明显的理性化倾向。

3. 社会资本转换的概念模型

前文分别分析了地域型社会资本与脱域型社会资本的理论内涵，现将两者的特征汇总为表3.3。

---

① 国家统计局于2016年4月发布的《2015年农民工监测调查报告》显示，2015年全国农民工总量达到27747万人，比2014年增长1.3%。其中，外出农民工规模为16884万人，占农民工总量的60.8%；流入地级以上城市的农民工规模达到了11190万人，占农民工总量的40.3%；跨省流动的农民工规模为7745万人，占农民工总量的27.9%。

表 3.3　　　　　地域型社会资本与脱域型社会资本的特征比较

	地域型社会资本	脱域型社会资本
社会网络	相对封闭性、同质性	开放性、异质性
社会规范	伦理规范	市场规范
社会信任	血缘、地缘	业缘

资料来源：笔者整理。

从社会网络维度来看，地域型社会资本的社会网络局限在相对封闭的、狭小的农村社区，而脱域型社会资本的流动性特征弱化了行动者的空间束缚，使得行动者能够在更广阔的空间扩展其开放性、异质性的社会网络资源；从社会规范维度来看，地域型社会资本蕴含的是乡土社会中传统的伦理规范，而脱域型社会资本蕴含的是构建在信任与契约基础上的市场规范；从社会信任维度来看，地域型社会资本的信任结构是基于血缘与地缘的"差序格局"，而脱域型社会资本的信任结构是建立在业缘基础上的，具有明显的理性化倾向。综上所述，地域型社会资本与脱域型社会资本在社会网络、规范和信任等方面存在显著差异，是社会资本在现代社会中演进的两种不同表现形态。

基于以上分析，本书基于社会结构变迁视角对社会资本与社会资本转换等概念的界定如下。

本书认为，社会资本指的是嵌入社会结构中的社会网络、规范与信任等资源，具有突出的生产效应、收入效应与财富效应；社会资本转换在社会结构变迁的基础上产生并发展，在本质上是地域型社会资本向脱域型社会资本转变的过程，而且，伴随农村社会结构变迁进程的推进，脱域型社会资本将逐渐成为农户社会资本的主要形式。其中，地域型社会资本指的是基于血缘、地缘关系而产生的具有同质性与相对封闭性特征的社会资源；脱域型社会资本指的是在劳动力流动过程中以新型的业缘关系和广阔的就业空间为基础、以间接交流为主要手段而形成的异质性社会资源，具有质量高、边界开放、融合性强等特征，主要涵盖空间流动、职业转换、业缘关系等维度。

三　农户收入差距

（一）已有文献对农户收入差距概念的界定

收入差距（Income Inequality）是与收入均等相对应的一个概念，指

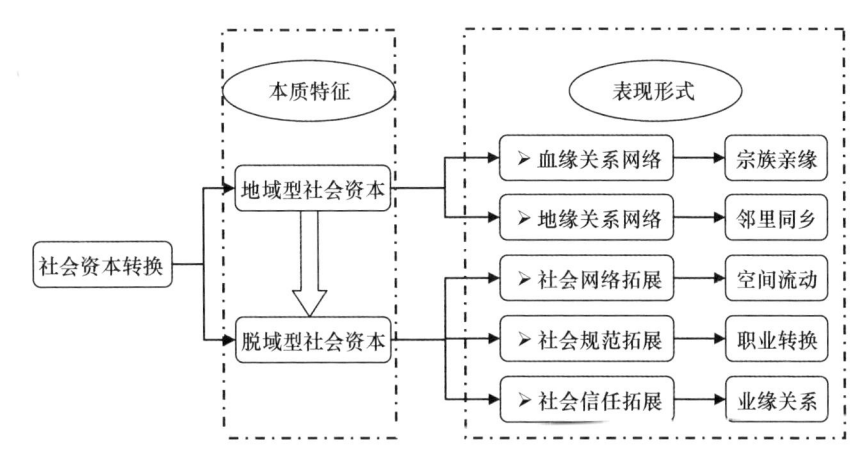

图 3.6　"社会资本转换"的概念模型

资料来源：笔者整理。

的是对收入分配的状态或结果等现象的一种描述，即经过初次收入分配、再次收入分配、第三次收入分配等收入分配过程之后，人们之间的收入会产生差异或不平等的状况。

与收入差距比较接近的一个概念就是贫富差距（Gap between the Wealthy and Poor）。但是，这两个概念也存在一定差异。首先，收入差距是一个流量概念，而贫富差距是一个存量概念，是收入差距累积的结果。其次，收入差距是一种度量，其本身并不包含对人们收入差别合理性与公正度的价值判断，而贫富差距隐喻着人们在获取收入的方式与占有财富的程度等方面存在的不确定性。一般而言，贫富差距涵盖了收入差距、财富差距与生活水平差距等内容。其中，收入差距是贫富差距的核心问题。最后，收入差距与贫富差距之间能够实现相互转化：收入差距长期积累的后果就是产生贫富差距，贫富差距的增值就是当期的收入差距。由于贫富差距更加倾向于一个社会问题，而且，贫富差距在量化方面尚且存在诸多争议，因此，经济学中更关注的是收入差距问题。

收入差距具有不同的类型。其一，根据收入差距表现形式的不同，可以将收入差距划分为绝对收入差距与相对收入差距两种类型。其中，绝对收入差距指的是不同阶层、群体或个人之间在用实物或货币等形式表示的收入方面表现出的绝对差额，相对收入差距指的是用收入的相对份额来表现出的收入差异。在分析收入差距的研究中通常采用的是相对收入差距概念。其二，根据收入差距比较对象的不同，可以将收入差距划分为地区收入差距、城镇居民收入差距、农村居民收入差距、城乡居民收入差距、行业收入差距、所有制收入差距等。本书的研究对象——农户收入差距实际上指的就是农村居民收入差距。

选择合适的指标来量化收入差距是研究居民收入分布状况及其演化趋势的重要基础。学术界提出了多种量化收入差距的指标，其中，基尼系数是国际上度量收入差距最常用的指标。基尼系数最早由意大利经济学家 Gini 于 1912 年根据洛伦兹曲线[①]提出。其基本的理论思想如下：

假设 $X = (x_1, x_2, \cdots, x_i, \cdots, x_n)$ 为一组收入向量。其中，x_i 代表的是第 i 个人的收入，且满足：

$$x_1 \leqslant x_2 \leqslant \cdots \leqslant x_i \leqslant \cdots \leqslant x_n \tag{3.1.1}$$

假设 $f(x_i)$ 代表的是收入的密度函数，用 $f(x_i)dx$ 表示收入落在 (x, xdx) 区间内的人口数量。那么，收入的分布函数 $P(x)$ 可以表示为：

$$P(x) = \int_0^x f(t)dt \tag{3.1.2}$$

在式（3.1.2）的基础上，可以进一步构造出整个社会中收入低于 x 的人的收入函数 $y(x)$，以及这些人所获得的收入占社会总收入的比重 $m(x)$，其函数形式可以分别表示如下：

$$y(x) = \int_0^x tf(t)dt \tag{3.1.3}$$

$$m(x) = \frac{y(x)}{y_0(x)} = \frac{1}{y_0}\int_0^x tf(t)dt \tag{3.1.4}$$

其中，式（3.1.4）中的 $y_0(x)$ 指的是整个社会的平均收入水平，其计算方法如下：

$$y_0(x) = \int_0^\infty xf(x)dx \tag{3.1.5}$$

下面引入洛伦兹曲线，如图 3.7 所示。

---

① 洛伦兹曲线最早由美国经济统计学家 M. O. Lorenz 于 1907 年提出。洛伦兹曲线指的是将一国人口从最贫穷的人开始算起，一直到最富有的人进行排队，以收入累积比例作为纵轴，以相应的人口累积比例作为横轴，而得到的由收入累积百分比与相应的人口累积百分比所组成的一条曲线。也就是说，洛伦兹曲线实质上刻画的是国民收入在国民人口之间的分布状况。

第三章 理论机制与分析框架

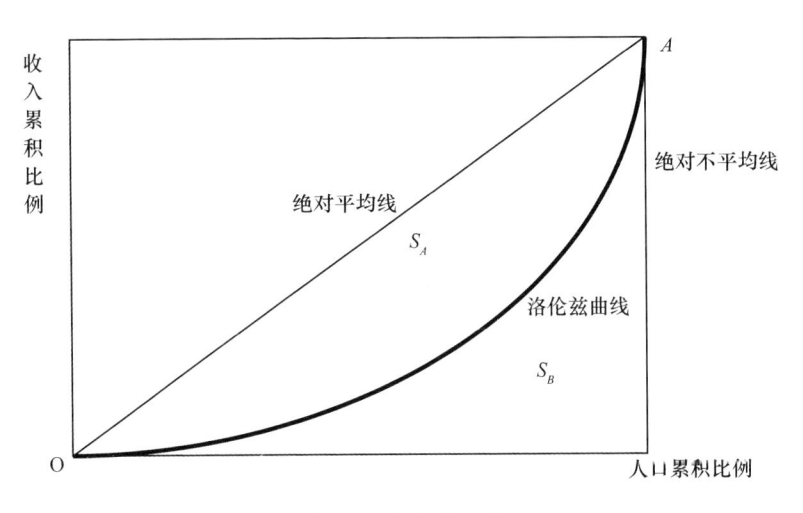

图 3.7 洛伦兹曲线

资料来源：笔者根据文献（Lorenz，1905）绘制。

在图 3.7 中，横轴代表的是人口累积百分比，纵轴代表的是相应的收入累积百分比。对角线 OA 指的是绝对平均线，即国民收入在国民之间平均分配；直角线 OA 指的是绝对不平均线，即国民收入完全集中于某一个人身上；处于绝对平均线与绝对不平均线之间的弧线 OA 指的就是洛伦兹曲线。由洛伦兹曲线与绝对平均线所围成的区域的面积 S_A 表示的就是居民收入分配的不平等程度，而绝对平均线与绝对不平均线所围成的区域的面积 $S_A + S_B$ 表示的是国民总收入水平。因此，基尼系数的标准计算公式如下：

$$Gini = \frac{S_A}{S_A + S_B} \tag{3.1.6}$$

显然，基尼系数的取值范围介于 0—1。基尼系数越大，代表的是收入差距越大。

将式 (3.1.6) 用积分形式表示：

$$Gini = \frac{1}{2} - \int_0^1 f(x)\,dx \tag{3.1.7}$$

从式 (3.1.7) 可以看出，只要知道了收入的密度函数 $f(x)$，就能够计算出收入分配的基尼系数。

(二) 本书对农户收入差距概念的界定

通过前文对收入差距概念的解读可以发现，居民的收入水平是与其所拥有的各种资源息息相关的。居民所拥有的各种资源的数量与质量、对资源使用的强度与效率、资源的价格与稀缺性最终决定了人们的收入水平。也就是说,居民收入可以理解为人们将各种资源转化为市场价值的能力。这也就意味着,在资源价格不变的情况下,居民的收入差距主要来源于两方面:其一,人们所拥有的资源的数量与质量上的差异;其二,人们对资源使用的强度与效率上的差异。本书认为,前者可以界定为资源获取能力差异,后者可以界定为资源整合能力差异。需要指出的是,这里所说的资源不仅包括新古典经济学所强调的人们本身所拥有的物质资本与人力资本等,还包括需要从行动主体的社会关系中所调动的社会资本。这是因为,社会资本在本质上也是能够为人们带来收入效应与财富效应的社会资源。此外,在分析中国农村居民收入差距时,将农村家庭即农户而非农民个体作为研究对象是一个比较适宜的选择(周晔馨,2013)。正如 Becker 所指出的,家庭经济行为的研究恰恰是现代经济学所忽视的(Becker,1988)。

基于以上分析,本书基于能力视角对农户收入与农户收入差距等概念的界定如下。

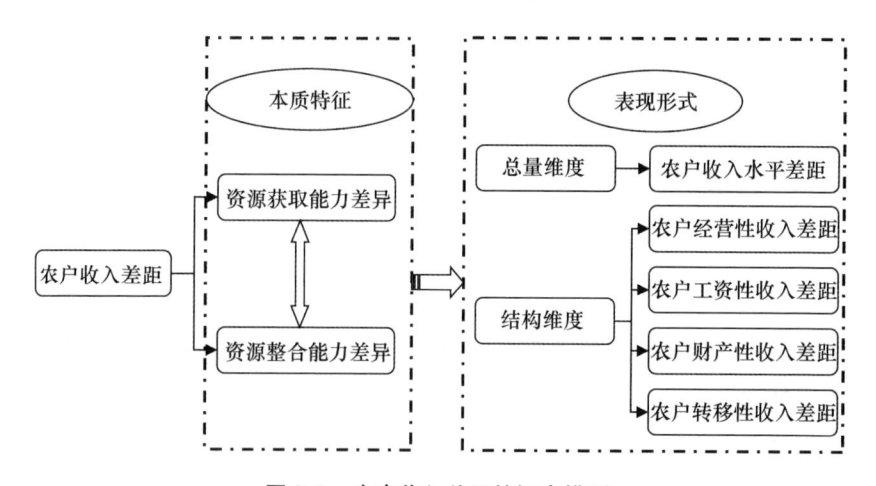

图 3.8　农户收入差距的概念模型

资料来源:笔者整理。

本书认为,农户收入指的是农村家庭将其所拥有的各种资源(包括直接拥有的和间接调动的)转化为市场价值的能力;农户收入差距在本质上反映的是在资源价格不变的前提下,农户在资源获取能力与资源整合能力等方面存在的差异。其中,资源获取能力差异指的是农户所拥有的资源的数量与质量方面的差异,资源整合能力差异指的是农户对资源使用的强度与效率方面的差异。农户收入差距的表现形式主要包括总量维度与结构维度。其中,总量维度反映的是农户在总收入水平上的差距,结构维度反映的是农户各项收入来源上的差距。

第二节 社会结构变迁与社会资本转换的形成机制

农村居民社会资本转换发生在中国农村地区深刻的社会结构变迁过程中。根据前文对核心概念的界定,社会结构变迁在本质上体现的是由市场经济体制加速了农村地区出现的产业结构分化与劳动分工深化的趋势,突出表现出土地结构变迁、科技结构变迁、人口结构变迁等特征;社会资本转换在社会结构变迁的基础上产生并发展,在本质上是地域型社会资本向脱域型社会资本转变的过程,而且,伴随农村社会结构变迁进程的推进,脱域型社会资本将逐渐成为农民社会资本的主要形式。其中,地域型社会资本指的是基于血缘、地缘关系而产生的具有同质性与相对封闭性特征的社会资源;脱域型社会资本指的是在劳动力流动过程中以新型的业缘关系和广阔的就业空间为基础、以间接交流为主要手段而形成的异质性社会资源,具有质量高、边界开放、融合性强等特征,主要涵盖空间流动、职业转换、业缘关系等维度。因此,探讨社会结构变迁背景下的社会资本转换的形成机制,可以转化为研究农村地区社会结构变迁对农村居民脱域型社会资本形成与演化的作用,即考察对空间流动、职业转换、业缘关系的影响。其中,农村居民空间上的流动打破了社会网络的地域界限,进而拓展了农民社会网络的广度,即空间流动对应的是社会网络转换;农村居民由传统的农业劳动者向非农就业者的职业转换,客观上加速了现代工业社会的市场规范向传统农业社会的伦理规范的渗透与改造,即职业转换对应的是社会规范转换;与乡土社会中基于血缘与地缘的"差序格局"相比,基于业缘关系的社会信任具有更为明显的理性化倾向,即业缘关系对应的是社会信任转换(如图3.9所示)。

后文将分别探讨农村社会结构变迁对农村居民空间流动、职业转换、业缘关系的影响机制。

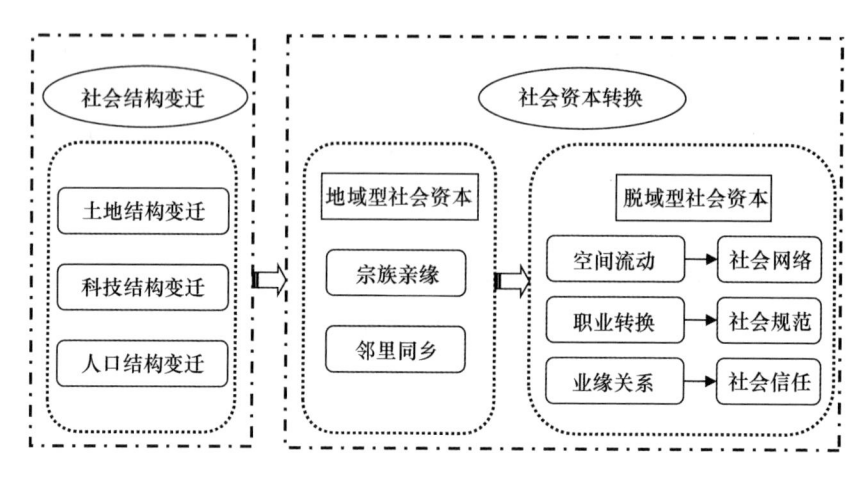

图 3.9　社会结构变迁与社会资本转换的形成机制

资料来源：笔者整理。

一　社会结构变迁与空间流动的自主性

费孝通先生在《乡土中国》一书中描绘了一幅中国传统农村社会的基本面貌：乡土本色。也就是说，中国传统的农村社会具有浓厚的乡土气息。其中，乡土中的土字的基本含义是泥土、土地（费孝通，2016）。换句话说，在中国传统的乡土社会中，农村居民离不开其世代生活的土地，传统的农业生产是其最普通、最重要的谋生手段。在农村地区，土地是农民的命根子，以农为生注定了世代定居的常态性。因此，在传统的以农业为主导的自然经济体系中，人们的决策受到土地的强烈束缚，导致农村居民普遍缺乏流动性，就像植物一般在一个地方深深地扎下了根。所以说，农村居民的不流动性是乡土社会的特性之一（费孝通，2016）。

20 世纪 90 年代以来，中国农村地区的社会变迁趋势日益明显，导致曾经稳定的乡村社区结构和传统的农村社会文化受到现代化的猛烈冲击。农村居民的空间流动是这场社会变革中最为显著的表现特征。20 世纪 90 年代以来不断涌现的"民工潮"等现象深刻折射出农村劳动力空间流动的客观性与必然性。而且，进入 21 世纪以来，伴随城镇化、工业化、市场化进程的加快推进，中国农村地区剩余劳动力的空间流动已经成为一个关乎全局的问题。根据国家统计局发布的《2015 年农民工监测调查报告》的数据，2015 年全国农民工总量达到 27747 万人，比 2014 年增长 1.3%。

其中，外出农民工规模为16884万人，占农民工总量的60.8%；流入地级以上城市的农民工规模为11190万人，占农民工总量的40.3%；跨省流动的农民工规模为7745万人，占农民工总量的27.9%。另外，根据原国家卫计委流动人口司发布的《中国流动人口发展报告2016》的数据，2015年全国流动人口总量达到2.47亿人，占当年人口总规模的近18%；预计到2020年中国仍有2亿以上的流动人口。正如蔡昉和王美艳所指出的，中国正在经历着人类和平历史上规模最为庞大的农村劳动力流动过程（蔡昉、王美艳，2009）。农村居民空间流动性的增强日益引起学术界的普遍关注。

人口学中的推拉理论（Push and Pull Theory）深刻演绎了农村居民空间流动的动因及机制。推拉理论最早可以追溯至19世纪末期。英国人口统计学家E. G. Ravenstein在《人口迁移之规律》（"The Laws of Migration"）一文中最早提出人口迁移的推拉理论的思想。Ravenstein指出，人口的流动并非盲目无序地行动，而是遵循着一定的规律与法则。Ravenstein首次基于理性人假设研究了人口流动的方向、规模及其内在动因，为后人的系统研究奠定重要基础。在此基础上，美国著名人口统计学D. J. Bogue在《国内移民》（"Internal Migration"）一文中首次提出推拉理论。Bogue认为，人们的流动行为是根据人口迁离地与人口迁入地的信息进行综合考虑而做出的理性决策，是迁离地的推力因素与迁入地的拉力因素共同作用的结果。一般而言，产生推力的因素主要包括迁离地恶劣的自然和生活环境与堪忧的就业和收入前景等，产生拉力的因素主要包括迁入地较高的工资水平与较多的就业机会等。随后，美国学者E. S. Lee在《移民人口学之理论》（"A Theory of Migration"）一文中进一步地丰富了推拉理论。在Bogue提出推力与拉力的概念之后，Lee主要基于两个方面对推拉理论进行了修正：其一，人口迁离地与人口迁入地实际上均存在推力因素与拉力因素；其二，除了推力因素与拉力因素之外，还存在第三种影响人口流动的因素，即中间障碍因素。一般而言，产生中间障碍的因素主要涵盖距离、语言与文化差异等。Lee认为，人口流动实际上是推力、拉力、中间障碍综合作用的结果。

根据推拉理论，人口的空间流动行为是综合考虑人口迁离地与人口迁入地存在的推力因素和拉力因素，以及迁移过程中存在的中间障碍因素而做出的理性决策。因此，农村居民的空间流动不再仅仅是为了满足生计多

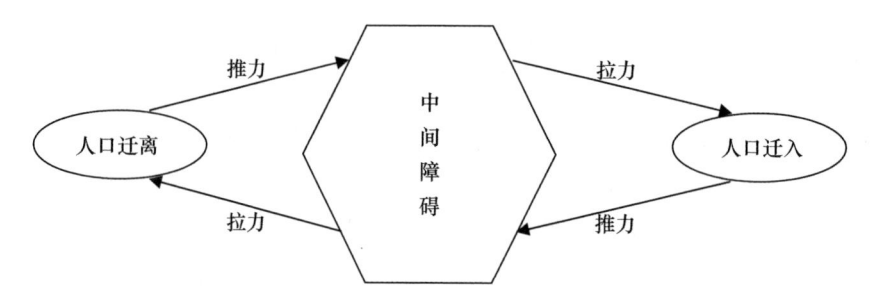

图 3.10 人口空间流动的"推拉理论"

资料来源：笔者根据文献（Lee，1966）绘制。

样性而产生的个体偏好，而是由日益复杂的外部环境与内部因素共同作用的结果（欧璟华等，2015）。也就是说，在探讨中国农村居民的空间流动时必须将推力、拉力、中间障碍等进行综合考虑。从中国农村改革的实践来看，近年来，发生在中国农村地区的社会结构变迁深刻改变了农村人口流动的推力、拉力、中间障碍等因素，进而影响农村居民空间流动的方向与规模。

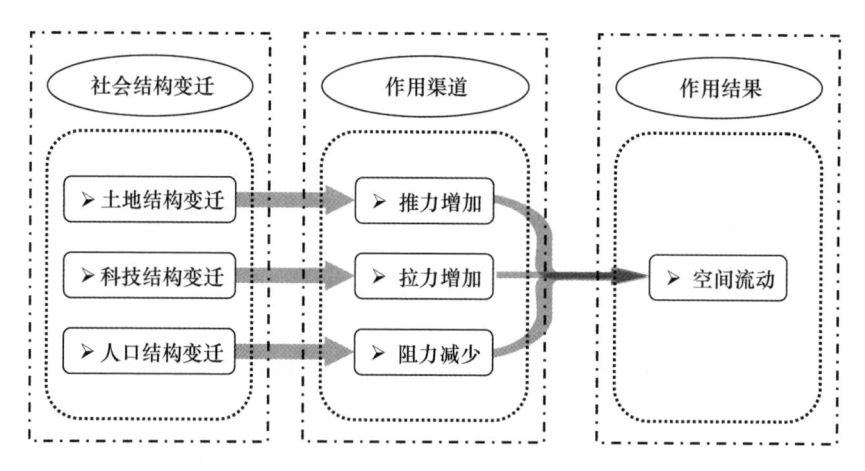

图 3.11 社会结构变迁对农村居民空间流动自主性的作用机制

资料来源：笔者整理。

具体而言，社会结构变迁对农村居民空间流动自主性的作用机制主要包括三个方面。

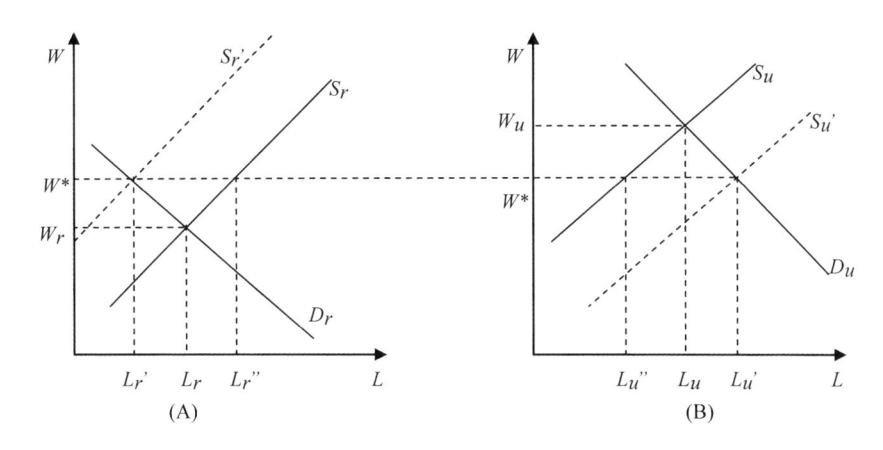

图 3.12　城乡工资差距与农村劳动力的空间流动

资料来源：笔者根据文献（段均、杨俊，2011）绘制。

其一，土地结构变迁强化了农村居民空间流动的推力因素。传统的乡土中国是以农业生产为主导的自然经济状态。其中，人与土地的紧密结合是这一生产体系最鲜明的特点。由于土地是无法流动的，农民生于土地、长于土地，并终于土地（费孝通，2016）。这也是费孝通先生将传统的中国社会称为"乡土中国"的重要原因。正因为如此，中国传统的农村社会在本质上具有显著的封闭性与不流动性特征。近年来，农村地区土地结构的变迁突出表现为人地关系的改变，即农村居民对土地的依赖程度降低。农村居民突破传统的土地枷锁的诱因主要包括：一方面，城镇地区的高工资水平与就业机会对农民从事非农生产活动产生强烈的吸引和激励（陈飞、翟伟娟，2015）；另一方面，伴随工资性收入比重的上升，土地对农民收入的作用日益模糊，甚至成为农民增收的障碍（骆永民、樊丽明，2015）。[①] 其基本的理论逻辑如图 3.12 所示。左图（A）代表的是农村劳动力市场，右图（B）代表的是城镇劳动力市场，横轴代表的是劳动力数量，纵轴代表的是工资水平。在不考虑技术进步的情况下，农村劳动力市场的需求曲线 D_r 与城镇劳动力市场的需求曲线 D_u 均保持不变。因

---

① 骆永民和樊丽明基于随机动态一般均衡模型的数值模拟结果显示，农村土地在保障农村居民获取农业收入的同时阻碍了农民工资性收入的增长，从而导致农村土地对农村居民总收入的增长并不存在显著的促进作用（骆永民、樊丽明．2015）。另外，基于中国省际面板数据的实证结果进一步支持这一理论假设。据此，骆永民和樊丽明提出，应该进一步增强土地的规模化经营，如此才能有效发挥农村土地对农村居民收入增长的保障作用。

此，劳动力市场的均衡最终取决于劳动力供给曲线的变动情况。在城乡工资存在差距的情况下，农村劳动力大量涌进城镇地区，导致农村劳动力市场中的劳动力供给曲线 S_r 不断向左移动，而城镇劳动力市场中的劳动力供给曲线 S_u 不断向右移动。当城乡两个劳动力市场的工资水平相等时，两个市场达到均衡状态。此时，均衡的工资水平为 W^*，农村劳动力市场中原有的就业量由最初的 L_r 上升到 L''_r，城镇劳动力市场中原有的就业量由最初的 L_u 下降到 L''_u。也就是说，城镇劳动力市场存在较大的劳动力需求缺口。因此，农村劳动力将向城镇流动以弥补城镇劳动力市场的需求缺口。当城镇劳动力市场能够完全吸收来自农村的流动劳动力时，农村地区的就业量将由 L''_r 下降到 L'_r，城镇地区的就业量将由 L''_u 上升到了 L'_u，且存在 $L'_r L''_r = L''_u L'_u$。

其二，科技结构变迁增加了农村居民空间流动的拉力因素。在乡土社会中，农村居民的人际交往主要以面对面的直接交流为主，这样的信息传播方式具有明显的低效性、单一性与封闭性的特征。随着以信息科技发展为主要驱动因素的农村科技结构的变迁，信息技术、通信技术、网络技术等在农村地区的普及是近年来农村变革的突出表现之一（Nelson，2001）。在信息化的社会中，随着手机、网络、媒体等新型传播媒介的发展，农村居民之间的交往与互动模式不再局限于简单的面对面形式，而是更多依赖于信息网络技术构建起的间接交流方式。有关调查数据显示，"80后"的新生代农民工拥有手机的比例近72.90%，去过网吧的比例约为62.59%（梁辉，2013）。截至2016年年底，中国农村互联网普及率已达到33.1%，也就是说，将近1/3的农村居民已经顺利接入了互联网。[①] 信息科技以其独特的虚拟性与易携带性不断丰富着农村居民的交往工具。交往工具的多样化不仅有助于降低农村居民获取外界信息的交易成本，而且能够促使农村居民打破空间的界限，为其在更广阔的空间重构新的人际关系网络提供便利，进而加快了农村居民的空间流动与融入速度。此外，与中国的移动互联网快速崛起相伴生的是中国转型社会中价值理念与生活方式的快速更替（王迪、王汉生，2016）。随着农村居民通过信息网络技术与外界联系的增加，城镇居民现代化的价值观念与生活模式将不断侵蚀乡土社会原有

---

① 数据来源于中国互联网络信息中心（CNNIC）于2017年1月发布的第39次《中国互联网络发展状况统计报告》。

的社会规范，增强农村居民对现代城市文化的社会认同（Social Identity），从而激励农村居民脱离世代聚居地而进入城镇劳动力市场。

其三，人口结构变迁弱化了农村居民空间流动的阻力因素。在自给自足的自然经济状态下，中国的传统农村社会具有突出的封闭性与稳定性特征，这也正是俗语中所说的"鸡犬之声相闻、老死不相往来"。因此，在乡土中国，农村居民在主观上进行空间流动的意愿是非常低的。再者，改革开放前中国的劳动力市场并非一个统一的完全竞争性市场，而是地区差异与行业差异并存的双重分割属性（齐亚强、梁童心，2016）。中国劳动力市场的分割进而引发了农村劳动力流动过程中的"省际边界壁垒"（Provincial Boundary Barrier）现象，该壁垒导致全国潜在跨省流动人口的规模减少27.74%—43.84%（巫强等，2016）。然而，伴随城镇化、工业化进程的加速，农村劳动力迁移已经成为现阶段农村地区人口结构变迁最突出的特征。"民工潮""春运潮"等社会现象深刻凸显了中国农村居民流动规模之大、之广。近年来，发生在中国农村地区的人口迁移浪潮正步入新的发展阶段，即农村人口迁移正在由劳动力迁移模式①日益让位于家庭迁移模式②（欧璟华等，2015）。也就是说，农村居民空间流动日益呈现出家庭化的发展趋势（李代、张春泥，2016）。这种趋势可以从官方的统计数据资料中得到佐证。原国家卫计委流动人口司2016年10月发布的《中国流动人口发展报告2016》显示，中国目前家庭迁移模式的趋势逐渐强化，2015年中国流动人口在流入地的家庭成员数量为2.61人，比2013年增加了0.11人。

二 社会结构变迁与职业转换的灵活性

农村劳动力的空间流动的过程在本质上也是农民职业发生转换的过程（Gerber，Mayorova，2010）。这主要是因为，农村劳动力空间流动经历的增加客观上更新了农民的人力资本存量与社会关系资源，从而有助于提高农村劳动力与工作的匹配程度，尤其是农村劳动力与非农工作的契合度，从而为农村劳动力从传统的农业部门转移到现代的非农产业部门提供必要

---

① 劳动力迁移模式指的是由一名或多名家庭成员（通常是成年的男性或未婚的女性）迁离原来居住地但整个家庭尚固定在原住地的迁移模式，这是发生在乡土社会中比较传统的迁移模式。
② 家庭迁移模式指的是整个家庭迁离原来居住地的迁移模式，这是现阶段中国农村人口迁移模式的重要发展趋势。

条件。因此，农民职业转换的过程实际上就是农村劳动力跨部门流动的过程。事实上，中国具有较为典型的劳动力剩余型二元经济结构的特征，农村剩余劳动力由农业向非农产业的流动是实现中国现代化的必经阶段（段均、杨俊，2011）。归纳起来，农村劳动力职业的非农转换主要包括两种途径：其一，农村劳动力就地转移进入非农产业部门，这得益于近年来农村工业化的崛起与发展；其二，农村劳动力跨区域转移到城镇地区尤其是沿海发达地区的非农产业部门，这得益于城镇化进程的加速以及户籍制度的改革。[①]

近年来，发生在中国农村地区的社会结构变迁深刻改变了农村地区的产业结构与劳动分工，而产业结构的分化将最终带来居民职业结构的变迁，即进一步影响到了农村劳动力的跨部门流动与配置过程，即发生了农村居民的职业转换现象。伴随传统产业逐渐让位于现代产业，农村劳动力将不断地从农业部门中释放出来并转移到非农部门，从而实现农民职业上的转换。随着农村经济的发展与产业结构的分化，转移到非农产业的农村劳动力数量将逐渐增多。这也是中国农村地区社会结构变迁的重要标志之一。

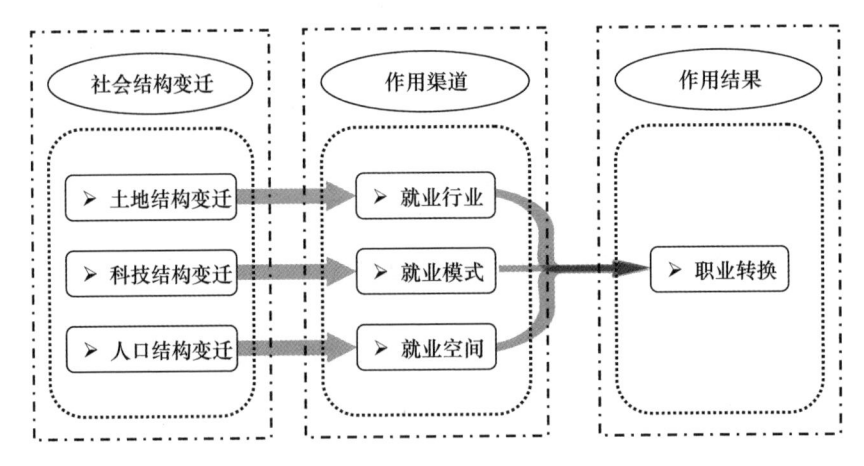

图 3.13　社会结构变迁对农村居民职业转换灵活性的作用机制

资料来源：笔者整理。

[①] 国家统计局公布的数据显示，第一产业就业人数占就业人员总数的比例由1978年的近70.5%下降到2015年的约28.3%，农村人口占总人口的比例由1978年的近82.1%降低到2016年的约42.65%。

具体而言，社会结构变迁对农村居民职业转换灵活性的作用机制主要包括以下三个方面。

其一，土地结构变迁延展了农村居民的就业行业选择。长期以来，由于中国的城镇化与工业化无法容纳过多的农村剩余劳动力，大量的农村劳动力被束缚在狭小的土地上。因此，农村地区人多地少的矛盾长期存在，这也是中国最基本的国情之一。而且，近年来中国人均耕地面积呈现明显的下降趋势。官方统计数据显示，中国人均耕地面积由 1996 年的 1.59 亩降低到 2014 年的 1.48 亩，[①] 不足世界平均水平的一半。国土资源部于 2016 年 4 月发布的《2015 中国国土资源公报》显示，截至 2015 年年底，中国的耕地面积约为 20.25 亿亩，比 2014 年缩减 99 万亩。中国的农村居民具有典型的小富即安心态（廖永松，2014），这与乡土中国传统的农耕文明是相适宜的。但是，改革开放以来中国农村土地的"资本化"倾向日益明显，尤其是伴随城镇建设用地市场化的连锁效应而引发的农村土地价格的节节攀升，对农村土地的征收、征用与流转成为近年来发生在中国农村地区的一次重大变革（朱静辉，2016）。在这一过程中，中国农村地区的人地关系发生了深刻的变化，即农村居民对土地的依赖程度不断降低，大量的农村居民开始逐渐突破传统的土地枷锁。因此，农村土地结构的变迁将激励农村居民不断转移到非农行业之中。

其二，科技结构变迁丰富了农村居民的就业模式选择。农村居民实现职业上的转换很大程度上取决于其是否能够掌握足够的有效信息。在传统的乡土社会中，农村居民的信息来源主要局限于基于血缘与狭小的地缘而构建起来的关系网络，这一网络所能够提供的信息大多是同质的、低效的。近年来，以移动互联网崛起为显著特征的信息科技结构变迁正深刻改变着人们的社会交往方式与经济决策行为，并不断催生出新的职业选择模式。伴随移动互联网的兴起与发展，由网络社会所引发的社会结构变迁将迈入新的发展阶段：移动互联网打破了原本的时—空边界与人际关系模式，在微观层面上重塑着人们的社会交往与社会生活（王迪、王汉生，2016）。移动互联网并非完全复制居民的现实社交圈，而是会通过构建新的纽带来重构人们的社会关系网络。也就是说，在网络社会中，血缘与地缘关系已不再是人们社会交往所依赖的全部社会基础，更多的人开始依托

[①] 1996 年的人均耕地面积数据来源于第二次全国土地调查，2014 年的人均耕地面积数据来源于《中国环境统计年鉴（2015）》。

互联网搭建起的"虚拟社区"(Virtual Community)或"半熟社会"(Semi-Acquaintance Society)与陌生人取得联系,并从中获得异质性的信息资源。而且,网络社会的发展也为农村居民参与非农产业活动提供了必要的条件与机会。Suri 和 Jack 发表于《科学》(Science)的题为"移动支付对贫困和性别问题的长期影响"("The Long-Run Poverty and Gender Impacts of Mobile Money")的文章中以肯尼亚的移动货币支付系统 M-PESA 为例的研究发现,这种新型的金融交易方式有助于提升居民的储蓄率与财务弹性,同时,为妇女提供了更多由原来农业生产投身到工商业活动的机会。此外,这种就业模式的转变使得大约2%的农户家庭摆脱了长期贫穷的困扰(Suri,Jack,2016)。

其三,人口结构变迁拓宽了农村居民的就业空间选择。近年来,伴随农村地区人口结构的变迁,割裂城乡居民流动的户籍制度开始出现松动。以 2014 年 7 月国务院正式发布《关于进一步推进户籍制度改革的意见》(以下简称《意见》)为标志,中国的城乡户籍制度改革步入新的阶段。[①] 随着户籍制度改革进程的推进,传统的城乡二元户籍制度将逐步过渡为城乡统一的户籍制度,从而导致横跨在城乡居民流动之间的高墙逐渐被推翻。户籍制度的松动引起了城乡居民人口流动性的提升,尤其是大量的农村居民以农民工的身份进入城镇劳动力市场,并促进了农民向工人阶层的转换。随着城镇化与工业化水平的提升,农村居民迁移后能够接触到的异质性信息大幅增加,不仅有力打破了农村居民原有的狭隘性与封闭性,也提高了农民由农业生产转移到工商业活动的概率。

三 社会结构变迁与业缘关系的普遍性

与乡土社会中传统的血缘关系与地缘关系不同的是,业缘关系是基于社会分工而产生的新型社会关系。这种社会关系主要以职业(Occupation)为纽带,包括同业关系、师徒关系等(何一民,2004)。伴随农村地区第二产业与第三产业的发展,农村的社会分工呈现出越来越细密化的趋势,导致中国的农村地区形成庞大而复杂的职业网络。而且,农村居民社会流动性的增强也在一定程度上拓展了这一职业网络的空间范围。依托

---

① 《意见》明确提出要建立城乡统一的户口登记制度的目标要求。也就是说,中国实施了近半个世纪的农业户口与非农业户口分离的二元户籍制度将逐渐退出历史舞台。各个地方正在加快探索适宜的户籍制度改革路径。

于由职业网络所构筑的联系纽带与交往渠道，农村居民的业缘关系得以确立与发展。从某种程度上讲，农村居民的业缘关系是伴随现代市场经济向农村地区的渗透与改造而形成的，体现出的是农民融入现代主流社会的能力与程度。需要指出的是，新型的业缘关系与传统的血缘关系、地缘关系在农村地区交织共存，使得这种新型的业缘关系在现代社会中变得更为复杂。随着业缘关系在农村地区的扩散，农村居民的社会关系不再仅仅拘囿于传统的宗族血缘与狭小地缘范围，而是得以在更广阔的空间扩展。总之，现代社会中传统的亲缘关系与地缘关系不断呈现出疏离与异化的趋势，而新型的业缘关系在现代市场经济向农村地区的渗透过程中逐渐确立并发展。

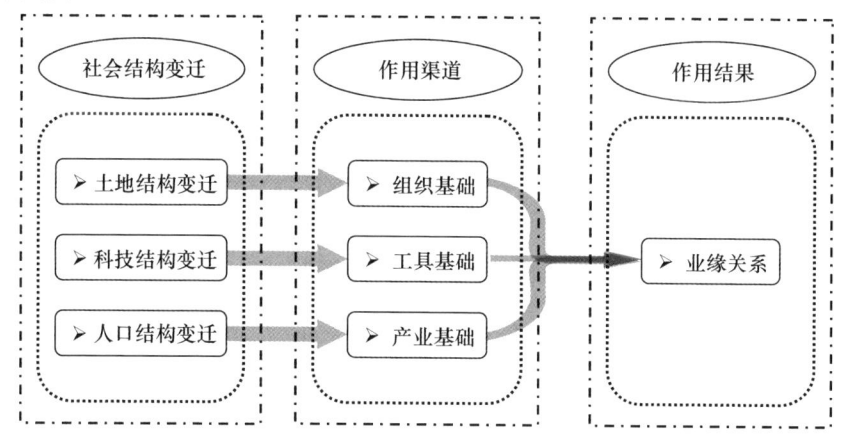

图 3.14　"社会结构变迁"对农村居民业缘关系普遍性的作用机制
资料来源：笔者整理。

具体而言，社会结构变迁对农村居民业缘关系普遍性的作用机制主要包括以下三个方面。

其一，由土地结构变迁引发的"资本下乡"为农村居民拓展其业缘关系奠定组织基础。农村土地结构变迁放松了农村居民对土地的依赖程度，使得地方政府有条件依托弹性的土地政策鼓励和引导城镇工商企业资本流向农村地区，即所谓的资本下乡。① 资本下乡为农村建设与农业生产

---

① 资本下乡是农业经济学界的一个重要概念，指的是城镇工商企业资本参与农产品加工与流通过程的模式（仝志辉、温铁军，2009）。近年来，随着中国农村改革的深入，城镇工商企业资本参与农村建设的深度与广度均发生重大变化，资本下乡概念的内涵已远远超越了其最初的范畴。

带来必要的资金、技术与先进经营模式，日益成为城镇"反哺"农村的重要力量。① 在农村劳动力大量流出与农村人口老龄化并存的背景下，引入城镇工商企业资本存在现实合理性（徐宗阳，2016）。更为重要的是，资本下乡实际上是经营城镇模式在广袤农村的自然延伸，即随着城镇工商资本在农村地区的不断渗透，农村传统的治理结构出现松动：由现代工商企业组建的新兴组织逐渐替代传统的家族与宗族网络成为农村基层治理的社会基础（焦长权、周飞舟，2016）。在乡土中国，家族与宗族长期是社会治理的基本单元。虽然新中国成立初期实行的集体化运动通过构建超越家族与宗族的生产队打破了这种格局，但是，由于这种集体组织形式的效率比较低下，20世纪80年代开始实施的家庭联产责任承包制又重新恢复了以家庭为基本单位的生产模式。在农村改革的初期，村委会在维持农村社会秩序方面仍然发挥着重要作用。然而，随着市场经济向农村地区的不断渗透，大量超越家族与宗族的新型经济组织开始如雨后春笋般在广袤的农村地区遍地开花，导致传统的家族与宗族的影响力出现逐渐衰落的迹象。在乡土中国中曾经无比牢固的家庭结构正在市场机制力量的侵蚀下逐渐瓦解（石金群，2016；王跃生，2016）。中国农村地区正经历着前所未有的结构性重组过程。而且，在这一进程中，农村地区的产业结构逐渐呈现出了分化的演变趋势，原本以农业生产为主导的单一自然经济状态逐渐让位于以第二产业与第三产业占主体的产业结构形态。不仅农村产业结构的分化为农村居民提供了新的就业机会与选择，农村工商业的发展也为农村居民拓展其业缘关系提供了重要的渠道与条件。

其二，由科技结构变迁引发的信息渗透为农村居民拓展其业缘关系奠定了工具基础。传统社会中的社会交往与社会关系普遍受到时间与空间的限制，使得农村居民长期处于边缘化的境地，无法真正融入现代主流社会，导致业缘关系在农村地区缺乏生长的肥沃土壤。随着信息科技的发展，现代性逐渐虚化了时间与空间的边界而制造出缺场（Absence）的现象，使得人们越来越置身于脱域（Disembedding）的社会关系网络之中（Giddens，2013）。在网络化社会，缺场交往不仅突破了活动场域的边界，

---

① 应该注意到，城镇工商业资本相对于农村的本土性资源而言具有外来性特征，导致资本下乡过程中这些外来资本与乡土社会的互动不畅（徐宗阳，2016）。因此，资本下乡功能的发挥更倾向于是一个与乡土社会长期互动与形塑的渐近过程。

也超越了社会空间的限制（刘少杰，2012）。在这样一个超越熟人共同体（Acquaintance Community）的现代社会中，信息科学技术日益成为现代社会关系的沟通媒介与实践工具。信息科学技术犹如德国著名社会学家、哲学家 G. Simmel 在《货币哲学》（*The Philosophy of Money*）一书中所提到的货币（Money）概念——充当的是现代社会关系与社会交往的载体和表征符号（Simmel，2011）。尤其是现代媒体在农村地区的普遍使用，客观上促使农村居民能够以更快的速度接触到新的信息与价值理念。农村信息科技的发展实际上是国家向农村地区进行的信息渗透，[①] 深刻改变了农村居民社会交往的方式与渠道，促进业缘关系在农村地区的扩展与普及。一方面，伴随现代信息科学与技术向农村地区的扩散与传播，农村地区传统的产业结构与就业模式发生了深刻的改变，从事非农产业的农村劳动力的规模逐渐膨胀；另一方面，现代信息科技在农村地区的传输过程中一定程度上也为农村居民带来了新的现代知识与现代风尚，进而对农村传统的社会风俗与社会风气产生了巨大冲击，为业缘关系这种新型的社会关系在农村地区的兴起与传播扫除障碍。

其三，由人口结构变迁引发的劳动分工为农村居民拓展其业缘关系奠定了产业基础。在 20 世纪 80 年代的农村改革之前，农村居民中能够迁移到外地尤其是城镇地区的规模非常有限。能够与外界联系比较紧密的那部分农村居民最先凭借农村改革的东风富裕起来，并在随后的发展过程中逐渐转化为工人阶层与企业家阶层。农村居民的空间流动在一定程度上拉长了农民社会交往的半径，从而更新了农民的社会关系网络的数量与质量。伴随农村居民社会流动性的增强，农村的社会分工逐渐产生分化与深化的发展态势，从而深刻改变了农民的收入来源结构与增收方式。在劳动分工深化的过程中，传统的农业经营方式已经远远无法满足提升农村家庭经济社会地位的需要。能否获取到工商业的生产技艺与经营模式日益成为农民增收的关键。在这一过程中，越来越多的农民开始与陌生人尤其是来自非农产业的人发生社会交往，从而导致乡土社会的封闭性关系网络逐渐被打破，弱化了传统的非正式约束的效力。从某种程度上讲，农村劳动力流动性的增强打破了城乡的界限，促使城镇居民的思维方式与经营理念开始向农村地区扩散。事实上，农村外出劳动力中真正从事农业的人微乎其微，大量

[①] 王雨磊将信息技术在农村扶贫开发中的应用概括为数字下乡（王雨磊，2016）。

的农村劳动力流入第二产业与第三产业。国家统计局发布的《2015年农民工监测调查报告》显示，2015年从事第二产业的农民工比例为55.1%，从事第三产业的农民工比例为44.5%，只有0.4%的农民工继续从事第一产业。此外，流动经历的增加有助于拓展农村居民的视野与眼界，增加其与非农经营理念接触的机会，并在流动过程中有助于积累一定的资本、技术与管理经验等，从而提升农村居民返乡创业的概率，实现从务工阶层向企业家阶层的跨越。农村流动人口在城镇地区工作与生活期间难免会受到现代城市文明潜移默化的影响，一部分农民接受并逐渐融入城市生活。一方面，城镇地区现代经济社会环境在一定程度上拓展了农村居民的生存空间与精神空间；另一方面，随着现代城市文明对农村流动人口的辐射，农民逐渐抛弃了其原来具有浓厚乡土气息的生活方式与思维模式。流动经历对农民的观念、心理与行为等产生积极影响，促使农村居民日益由传统性潜移默化地走向现代性。在此转变过程中，农村居民同城镇居民的接触日益加深，并不断获得有关非农产业的新知识与新技艺，从而促使农民更易接受业缘关系这种新型的社会信任形式。

第三节 社会资本转换对农户收入差距的作用机制

农户收入差距不仅是经济学问题，也是社会性问题。随着现代经济社会的发展，社会资本日益表现出突出的生产效应、收入效应与财富效应等综合效应。因此，基于社会资本视角能够更准确地把握中国农村居民收入差距形成的机制。需要引起高度重视的是，中国农村地区社会结构变迁进程的加速一定程度上加剧了农村居民社会资本的分化与异质性倾向，进而导致农村社会资本出现了新的特征与趋势，即产生了社会资本转换。在新形势下需要着重考察社会资本转换特征对农户收入差距的影响。

根据前文对核心概念的界定，社会资本转换在社会结构变迁的基础上产生并发展，本质上是地域型社会资本向脱域型社会资本转变的过程。伴随农村社会结构变迁进程的推进，脱域型社会资本将逐渐成为农民社会资本的主要形式。其中，地域型社会资本指的是基于血缘、地缘关系而产生的具有同质性与相对封闭性特征的社会资源；脱域型社会资本指的是在劳动力流动过程中以新型的业缘关系和广阔的就业空间为基础、以间接交流为主要手段而形成的异质性社会资源，具有质量高、边界开放、融合性强等特征，主要涵盖空间流动、职业转换、业缘关系等维度。农户收入差距本质上反映的是在资源价格不变的前提下，农户在资源获取能力与资源整合能力等方面存在的差异。其中，资源获取能力差异指的是农户所拥有的资源的数量与质量方面的差异，资源整合能力差异指的是农户对资源使用的强度与效率方面的差异。

需要指出的是，农村居民的社会流动不仅仅表现为人口在空间上的转移，也不单单是劳动方式的简单转换，而是体现出两种文化的激烈碰撞，即由传统性向现代性的过渡（陈波，2015）。在这一过程中，现代的社会关系与社会规范逐渐渗透并改造农村传统的社会形态，进而导致农村居民的生产经营行为、职业选择行为与资产配置行为等都发生显著的改变，从而进一步使农村居民的收入水平出现分化。

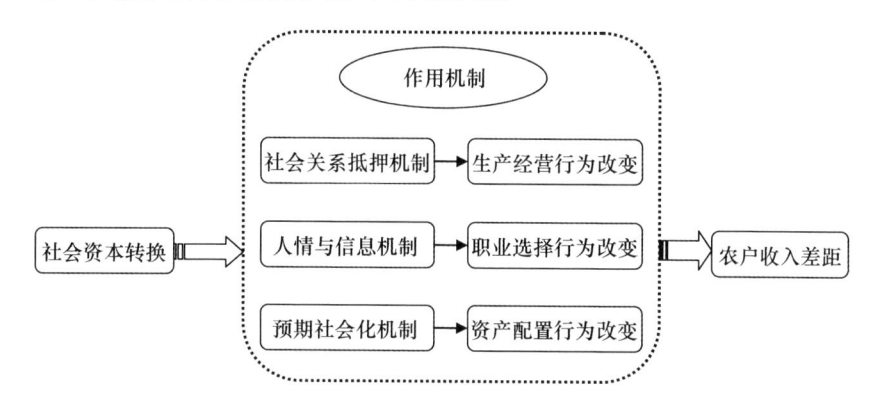

图 3.15 "社会资本转换"对农户收入差距的作用机制

资料来源：笔者整理。

后文将分别探讨农村居民社会资本转换对农民生产经营行为改变、职业选择行为改变、资产配置行为改变的影响机制。

一 社会资本转换与生产经营行为改变

长期以来，乡土社会遵循的是以农业生产为主导的单一的自然经济模式，导致农村居民往往将有限的资源投向农业生产活动，而农村的第二产业与第三产业长期处于发展滞后的状态。伴随农村居民社会流动性的增强，这种传统的生产经营状况在新的形势下出现了松动的迹象。其中，农民工的返乡创业是这波潮流中最突出的现象（Lin，Lasserre，2015）。① 农村居民流动经历的增加不仅拓宽了农民的视野与眼界，也增加了其与非农经营理念接触的机会，并在流动过程中积累了一定的资本、技术与管理经验等，从而提升农村居民返乡创业的概率，实现从务工阶层向企业家阶层的跨越。在农民工返乡创业过程中，潜在企业家的社会经济地位与政治特征对创业活动至关重要（Mai et al.，2015）。其中，社会资本的数量与质量直接关系到创业能否成功。东北师范大学发布的《中国大学生就业创业发展报告·2015—2016》显示，参与调查的大学生创业者普遍将人脉关系视为影响创业成功最主要的客观因素。

农村居民的社会资本转换对农民生产经营行为改变的影响及作用机制可以用以下的理论模型进行演绎。

（一）前提假设条件

在进行理论模型的推导之前，先对本书的五个前提假设条件进行说明。

前提条件一（社会结构假定）：假设农村地区存在两种不同类型的农户，一是消费受不确定性影响的农户，记为 h_1；二是消费不受不确定性影响的农户，记为 h_2。农户分属这两种家庭类型的概率分别记为 π 与 $1-\pi$。另外，假设每一类农户的生命周期为 2 期，且农户在每一期当中的效用均由社会资本存量 q 与消费量 x 决定。

前提条件二（社会资本假定）：假设农户的社会资本存量 q 包括地域型社会资本 S_1 与脱域型社会资本 S_2 两种。此外，农户拥有脱域型社会资本 S_2 的概率记为 θ，所要付出的机会成本记为 P；农户拥有地域型社会资本 S_1 的概率为 $1-\theta$，所要付出的机会成本为 R。

前提条件三（流动性约束假定）：研究表明，在缺乏抵押品的情况下，社会资本能够在社会网络中发挥社会关系抵押的作用（Madajewicz，2010）。基于此，本书将农户所拥有的社会资本的状态作为农户家庭流动性约束的代理变量，即拥有脱域型社会资本 S_2 的农户所遭受的流动性约束要低于拥有地域型社会资本 S_1 的农户。

---

① 人社部原副部长杨志明在 2017 年全国"两会"期间接受采访时指出，2016 年中国有近 200 万人的农民工最终选择了返乡创业，经济新常态逐渐催生出一个新的社会群体——"城归"群体。

由前提条件二和前提条件三可以得到，对于拥有脱域型社会资本 S_2 概率越高的农户而言，其所面临的流动性约束就越低，也就是说，该农户的边际消费倾向越大，即：

$$\frac{\partial x_{h_i}}{\partial \theta} > 0 \quad (3.3.1)$$

其中，$i = 1, 2$。

前提条件四（创业选择假定）：假设农户进行创业的概率记为 φ，那么，该农户继续从事之前工作的概率为 $1 - \varphi$。由于创业投资会对当期消费量产生挤出效应，则：

$$\frac{\partial x_{h_i}}{\partial \varphi} < 0 \quad (3.3.2)$$

其中，$i = 1, 2$。

前提条件五（创业收入假定）：借鉴 Evans 和 Jovanovic 的设定方法，假设农户的创业收入方程为：

$$y_e = ek^\alpha \quad (3.3.3)$$

其中，e 代表的是企业家能力，k 代表的是创业投资支出规模，α 代表的是创业支出弹性，且满足 $\alpha \in (0, 1)$。

（二）最优融资规模

在五个前提假设条件的基础上，进一步推导出农户创业者的最优融资规模。

假设拥有脱域型社会资本 S_2 的代表性农户选择创业，该农户所拥有的流动资产规模记为 z，脱域型社会资本的折现资产记为 Pq，该代表农户以这些资产作为抵押可以获得的融资规模记为 b。那么，该代表性农户的预期效用函数可以表示为：

$$\max E(U) = \pi U(q, x)_{h_1} + (1 - \pi) U(q, x)_{h_2}$$
$$\text{s.t.} \quad x = y_e - Pq - rb, \quad b = \lambda(Pq + z), \quad y_e = ek^\alpha, \quad k = z + b \quad (3.3.4)$$

其中，r 代表的是贷款利率，λ 代表的是资产借贷系数。

式（3.3.4）所对应的最优化一阶条件为：

$$[e\alpha(z+b)^{\alpha-1} - r][\pi(U_x)_{h_1} + (1-\pi)(U_x)_{h_2}] = 0 \quad (3.3.5)$$

由于式（3.3.5）中的第二项非零，可以得到其成立的充分必要条件为：

$$e\alpha(z+b)^{\alpha-1} - r = 0 \quad (3.3.6)$$

由式（3.3.6）可以得到该农户创业者的最优融资规模为：

$$b^* = \left(\frac{r}{e\alpha}\right)^{\frac{1}{\alpha-1}} - z \qquad (3.3.7)$$

上述推导过程可以进一步拓展：由于农户拥有脱域型社会资本 S_2 的概率为 $0 \leq \theta \leq 1$，那么，对于拥有脱域型社会资本 S_2 概率越低的农户而言，其创业融资能力也就越低，导致该类农户面临更强的流动性约束，即有：

$$b = \lambda(\theta Pq + z) \leq b^* \qquad (3.3.8)$$

（三）农民创业选择

在前文分析的基础上，可以进一步推导出社会资本与融资约束对农户创业选择的影响。

根据前提条件一和前提条件四，农户的生命周期都为两期，且在每一期农户均有两种职业选择，即在创业与不创业中做出选择。

下面将分别探讨社会资本、流动性约束对农户在第一期与第二期中的创业选择的影响。

1. 第一期的农民创业选择

根据前文的分析，代表性农户的预期效用最大化问题可以表示为：

$$\max E(U) = \pi U(q,x)_{h_1} + (1-\pi)U(q,x)_{h_2}$$

$$\begin{aligned}
\text{s.t. } x_{h_1} &= \varphi[y_e - \theta Pq - (1-\theta)Rq - rb] \\
&\quad + (1-\varphi)[y_{w_1} - \theta Pq - (1-\theta)Rq - s] \\
x_{h_2} &= \varphi[y_e - \theta Pq - (1-\theta)Rq - rb] \\
&\quad + (1-\varphi)[y_{w_2} - \theta Pq - (1-\theta)Rq - s] \\
b &= \lambda(\theta Pq + z) \\
y_e &= ek^\alpha \\
k &= z + b
\end{aligned} \qquad (3.3.9)$$

其中，s 代表的是农户的储蓄额，且满足 $s > z$。

式（3.3.9）所对应的一阶和二阶条件分别为：

$$\begin{aligned}
E_\varphi &= \pi[(y_e - y_{w_1} - rb - s)U_x]_{h_1} \\
&\quad + (1-\pi)[(y_e - y_{w_2} - rb - s)U_x]_{h_2} \\
&= 0
\end{aligned} \qquad (3.3.10)$$

$$E_{\varphi\varphi} = \pi\left[(y_e - y_{w_1} - rb - s)^2 U_{xx}\right]_{h_1}$$
$$+ (1 - \pi)\left[(y_e - y_{w_2} - rb - s)^2 U_{xx}\right]_{h_2} \quad (3.3.11)$$
$$< 0$$

对式 (3.3.10) 进行全微分，可以得到：

$$d\varphi = -E_{\varphi\varphi}^{-1}\{[\pi(A\lambda\theta PU_x$$
$$+ \beta_1((\varphi A\lambda\theta P - \theta P - (1-\theta)R)U_{xx} + U_{xq}))_{h_1}$$
$$+ (1-\pi)(A\lambda\theta PU_x$$
$$+ \beta_2((\varphi A\lambda\theta P - \theta P - (1-\theta)R)U_{xx} + U_{xq}))_{h_2}]dq \quad (3.3.12)$$
$$+ [(\beta_1 U_x)_{h_1} - (\beta_2 U_x)_{h_2}]d\pi$$
$$+ [\pi(A\lambda PqU_x + \beta_1(A\varphi\lambda Pq - Pq + Rq)U_{xx})_{h_1}$$
$$+ (1-\pi)(A\lambda PqU_x$$
$$+ \beta_2(A\varphi\lambda Pq - Pq + Rq)U_{xx})_{h_2}]d\theta\}$$

其中，$A = e\alpha(z + \lambda(\theta Pq + z))^{\alpha-1} - r$，$\beta_i = y_e - y_{w_i} - rb - s$，$i = 1, 2$。

由式 (3.3.12) 可以得到 θ 与 φ 之间的关系：

$$\frac{\partial \varphi}{\partial \theta} = -E_{\varphi\varphi}^{-1}[\pi(A\lambda PqU_x + \beta_1(A\varphi\lambda Pq - Pq + Rq)U_{xx})_{h_1}$$
$$+ (1-\pi)(A\lambda PqU_x \quad (3.3.13)$$
$$+ \beta_2(A\varphi\lambda Pq - Pq + Rq)U_{xx})_{h_2}]$$

由式 (3.3.1) 可以得到：

$$A\varphi\lambda Pq - Pq + Rq > 0 \quad (3.3.14)$$

由式 (3.3.14) 可以推出 A 满足：

$$A > \frac{Pq - Rq}{\varphi\lambda Pq} > 0 \quad (3.3.15)$$

同理，由式 (3.3.2) 可以得到：

$$\beta_i = y_e - y_{w_i} - rb - s < 0 \quad (3.3.16)$$

其中，$i = 1, 2$。

由式 (3.3.15) 和式 (3.3.16) 可知，式 (3.3.13) 的符号为正，即有下面的命题成立。

命题一：若上述的前提假设条件得到满足，则有 $\frac{\partial \varphi}{\partial \theta} > 0$ 成立。

命题一所反映的经济学含义：拥有脱域型社会资本的农户更易发挥

"社会关系抵押"机制,导致该类农户所面临的流动性约束要明显低于只拥有地域型社会资本的农户,从而促进该类农户选择创业。而且,不同农户拥有脱域型社会资本的概率存在差异,因此,随着农户获取脱域型社会资本概率的不断提高,其所遭受的流动性约束得到纾解,从而该类农户进行创业的概率得到提升。

2. 第二期的农民创业选择

农户在第二期将再次面临职业选择问题,即在创业与不创业之间做抉择。下面将对这两种情况分别进行探讨。

(1) 对于在第一期中选择不创业的农户

对于在第一期中选择不创业的农户而言,其在第二期中的职业选择仍然有两种,即创业(概率为 φ)和不创业(概率为 $1-\varphi$)。该类农户在第二期中的社会资本约束条件为 $\theta(1+\eta)Pq$,储蓄额变为 $s'=(1+r)s$,进行创业的信贷约束条件为 $b'=\lambda(\theta(1+\eta)Pq+s)$。因此,该类农户的预期效用最大化问题为:

$$\max E(U) = \pi U(q,x)_{h_1} + (1-\pi)U(q,x)_{h_2}$$

$$\text{s.t. } x_{h_1} = \varphi[y_e + \theta P'q - (1-\theta)Rq - rb']$$
$$+ (1-\varphi)[y_{w_1} + \theta P'q - (1-\theta)Rq + s']$$

$$x_{h_2} = \varphi[y_e + \theta P'q$$
$$- (1-\theta)Rq - rb']$$
$$+ (1-\varphi)[y_{w_2} + \theta P'q \quad (3.3.17)$$
$$- (1-\theta)Rq + s']$$

$$y_e = ek^\alpha$$

$$k = s + b'$$

$$P' = (1+\eta)P$$

与式(3.3.13)的推导过程相类似,可以得到 θ 与 φ 之间的关系:

$$\frac{\partial \varphi}{\partial \theta} = -E_{\varphi\varphi}^{-1}\{\pi[A'\lambda P'qU_x$$
$$+ \beta_1'(A'\varphi\lambda P'q + P'q + Rq)U_{xx}]_{h_1} \quad (3.3.18)$$
$$+ (1-\pi)[A'\lambda P'qU_x + \beta_2'(A'\varphi\lambda P'q + P'q + Rq)U_{xx}]_{h_2}\}$$

同式(3.3.13)符号判断的方法相类似,可知式(3.3.18)的符号为正,由此可以得到命题二。

第三章 理论机制与分析框架

命题二：若上述的前提假设条件得到满足，则有 $\dfrac{\partial \varphi}{\partial \theta} > 0$ 成立。

命题二所反映出的经济学含义：对于那些在过去未选择创业的农户而言，脱域型社会资本的积累仍然能够弱化其面临的流动性约束。而且，该类农户在过去获得脱域型社会资本的概率越高，其遭受的流动性约束越弱，从而提升该类农户在未来选择创业的概率。换句话说，脱域型社会资本的积累对于农户未来的创业行为依然具有明显的正向促进效应。

（2）对于在第一期中选择创业的农户

对于在第一期中选择创业的代表性农户而言，其在第二期中的职业选择仍然有两种，即创业（概率为 φ）与不创业（概率为 $1-\varphi$）。该代表性农户在第一期中所获得的创业利润 r' 将转化为在第二期中的创业投资或储蓄。假设该类农户在第二期初始阶段的流动资产记为 $z'' = (1+r')z + r'\theta Pq$，这类农户进行再次创业时的信贷约束条件为 $b'' = \lambda(\theta P'q + z'')$，而选择不创业时的储蓄额可记为 $s'' = (1+r)z''$。因此，该类代表性农户的预期效用最大化问题可以转化为：

$$\max E(U) = \pi U(q,x)_{h_1} + (1-\pi)U(q,x)_{h_2}$$

$$\text{s.t.} \ x_{h_1} = \varphi[y_e + \theta P'q - (1-\theta)Rq - rb'']$$
$$+ (1-\varphi)[y_{w_1} + \theta P'q - (1-\theta)Rq + s'']$$

$$x_{h_2} = \varphi[y_e + \theta P'q - (1-\theta)Rq - rb''] \tag{3.3.19}$$
$$+ (1-\varphi)[y_{w_2} + \theta P'q - (1-\theta)Rq + s'']$$

$$y_e = ek^\alpha$$

$$k = z'' + b''$$

与前文的分析过程相类似，可以得到 θ 与 φ 之间的关系：

$$\begin{aligned}
\dfrac{\partial \varphi}{\partial \theta} = -E_{\varphi\varphi}^{-1}\big[& \pi((A_\theta'' - B_\theta - C_\theta)U_x \\
& + \beta_1''(A_\theta'' - \varphi B_\theta + P'q + Rq \\
& + (1-\theta)C_\theta)U_{xx})_{h_1} \\
& + (1-\pi)((A_\theta'' - B_\theta - C_\theta)U_x \\
& + \beta_2''(A_\theta'' - \varphi B_\theta + P'q + Rq \\
& + (1-\varphi)C_\theta)U_{xx})_{h_2} \big]
\end{aligned} \tag{3.3.20}$$

与式（3.3.13）符号的判断方法相类似，可知式（3.3.20）的符号为正,由此得到命题三。

命题三:若上述的前提假设条件得到满足,则有 $\frac{\partial \varphi}{\partial \theta} > 0$ 成立。

命题三所反映出的经济学含义:对于那些在过去进行了创业的农户而言,脱域型社会资本的积累弱化其流动性约束的积极效应具有持续性的特征。该类农户在过去获得脱域型社会资本的概率越高,其遭受的流动性约束越弱,从而提升该类农户在未来继续选择创业的概率。换句话说,脱域型社会资本的积累对农户的创业行为具有明显的动态促进效应。

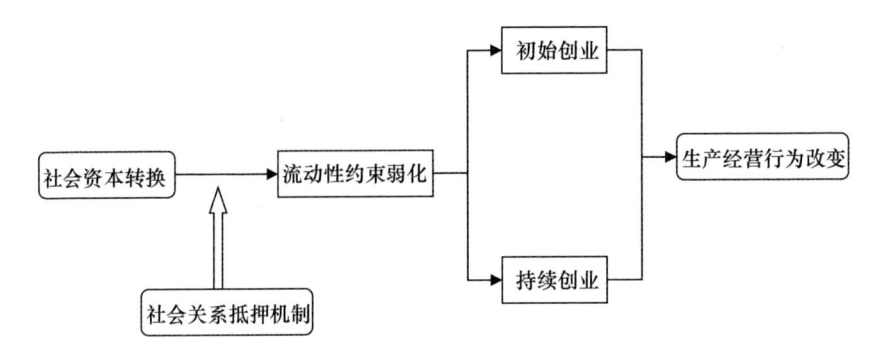

图 3.16 "社会资本转换"对"生产经营行为改变"的作用机制

资料来源:笔者整理。

二 社会资本转换与职业选择行为改变

中国长期实施的户籍制度及其衍生出的劳动力市场的地区壁垒与行业壁垒不仅阻碍了农村居民的空间流动,也一定程度上限制了农村居民的职业流动,导致乡土社会中的农民大多被限定在传统的第一产业。因此,工作行业或地点在某种程度上异化成为社会地位的一种象征(边燕杰等,2006)。近年来,随着发生在中国农村地区的社会结构变迁趋势的蔓延,农村居民的社会流动性得到明显增强。空间流动成本降低,大量的农村劳动力开始向城镇地区转移,这也是中国现阶段经济社会转型发展过程中最显著的特征(Tombe, Zhu, 2015)。从本质上来讲,农村劳动力空间流动的过程实际上也是农民职业发生转换的过程(Gerber, Mayorova, 2010)。农村劳动力空间流动经历的增加客观上更新了农民的人力资本存量与社会关系资源,从而有助于提高农村劳动力与工作的匹配程度,尤其是农村劳动力与非农工作的契合度,从而为农村劳动力从传统的农业部门转移到现代的非农产业部门提供了必要条件。因此，农村居民社会流动性的提升不仅强化了农户社会资本的脱域属性，还通过重塑农民的就业行业、就业模式、就业空间等渠道深刻改变农村居民的职业选择行为。

职业（Occupation）是反映社会分化与流动的综合性地位指标，而求职过程是研究居民如何获得这一综合地位最根本的视角（边燕杰等，2012）。农村居民求职过程的突出表现是，由原来的农业生产者向非农从业者的转变，在过程上包括初职获得与职业流动。农村居民的社会资本转换对农民职业选择行为改变的作用机制主要包括两个方面：其一，由地域型社会资本发挥的人情机制；其二，由脱域型社会资本发挥的信息机制。

（一）地域型社会资本与职业选择的人情机制

前文的概念界定表明，农村居民的地域型社会资本产生于传统的血缘关系与地缘关系。也就是说，地域型社会资本具有彼此熟识且互动频繁的强关系特征，并由此产生了职业选择中的人情机制。

在中国社会中，人情是行动者影响家庭以外其他人的重要手段。在前文提到的，人情在中国社会情境中大体包含三种不同的含义，本书在此所论述的人情指的是第二种含义，即人情蕴含的是一种资源，这种资源在农村居民的求职过程中能够发挥重要的作用。因此，由地域型社会资本所发挥的人情机制指的是农村居民在职业选择过程中通过其拥有的强关系网络而获得的人情资源。

在现实中的人们的行动总是嵌入其所处的社会结构之中（Granovetter，1985），导致雇主在招聘过程中不可避免地受到社会关系的影响，从而难以以完全理性的态度来选择合适的劳动力。也就是说，雇主本身也是社会人，雇主在劳动力市场招聘适宜劳动力过程中实际上无法完全排除人情的干扰，导致雇主的招聘抉择往往会受制于来自朋友或同事的推荐。特别是当推荐人的地位较高或权势较大时，这种人情机制将更为明显，即雇主会对被推荐人产生所谓的人情偏好（Rees，1966）。而且，雇主对被推荐人的这种人情偏好随着关系网络嵌入性（Embeddedness）的增强而强化（Bian，1997）。农村居民在职业选择过程中也会有意使用地域型社会资本的人情机制。近年来，随着人们对社会资本的认可度的提升，使用社会关系进行职业选择的劳动者规模日益膨胀。据有关学者的统计，使用社会关系谋职的劳动者比重由20世纪70年代的约20%一路飙升至2009年的近80%（程诚、边燕杰，2014），而且，近年来这种趋势还在继续延续。使用地域型社会资本的人情机制也确实在一定程度上为农村劳动者带来了经济利益。即便社会关系的人情机制并不必然能够为受助人提供高收入行业的职位（陈云松等，2013），但是，当推荐人的社会地位或权威性较高时，人情机制依然能够显著改善受推荐人的经济状况（边燕杰等，2012）。当然，在市场经济条件下，一些人通过社会关系的人情机制不公平地获取稀缺资源的同时必定排斥了其他人的公平竞争，这就是社会资本对外人的排斥效应（Portes，1998）。

此外，由于中国具有独特的同乡抱团的文化传统（戴亦一等，2016），由地域型社会资本所驱动的人情机制容易引起农民职业选择中的同乡聚集（Localistic Enclave）现象。根据经典的分割同化理论（Segmented Assimilation Theory），① 同乡聚集或种族聚集客观上为流动劳动力提供了重要的缓冲与保护机制，从而能够促进流动人口与迁入地社会和文化相互融合（Portes，Shafer，2007）。社会学中的聚集命题（Enclave Thesis）的理论观点认为，这种基于血缘或地缘而构建起的农村居民在社会交往与就业空间上的聚集现象，客观上具有改善移民经济状况的功能（Xie，Gough，2011）。基于中国微观数据的实证结果也基本支持了这一理论判断，即同乡聚集在农村居民职业选择中发挥积极作用，并改善了农民工的收入状况（Zhang，Xie，2016；魏万青，2016）。因此，以血缘与地缘为关系纽带而构建的同乡聚集为农村居民的流动提供必要的缓冲地带，从而对农民的职业选择及结果产生重要影响。

（二）脱域型社会资本与职业选择的信息机制

根据前文的概念界定，农村居民的脱域型社会资本产生于农民的空间流动、职业转换与业缘关系等。也就是说，脱域型社会资本具有亲密程度较弱且交往频率较低的弱关系特征，并由此产生了职业选择中的信息机制。由脱域型社会资本所发挥的信息机制指的是农村居民在职业选择过程中通过其拥有的弱关系网络而获得的信息资源。

经济学中经典的均衡工资理论认为，劳动者的工资水平是其生产能力

---

① 分割同化理论是对传统的线性同化理论（Straight-Line Assimilation Theory）的拓展。经典的线性同化理论认为，同化（Assimilation）只存在两种结果：其一，向上同化，即移民向上融入主流的中产阶级社会；其二，向下同化，即移民向下融入当地的底层社会。在此基础上，分割同化理论进一步提出了同化的第三种结果，即选择性同化，指的是移民在保持其原有的种族文化特征的基础上获得经济上的成就（Portes，Zhou，1993）。

的函数，只有达到预期生产率的劳动者才能获得劳动力市场的均衡工资（Jovanovic，1979）。由于生产能力是劳动者自身的潜在素质，雇主通常难以直接观测到劳动者真正的生产能力。因此，雇主在对求职者的考察中往往借助间接的手段。在这一过程中，社会资本的信息效应显得尤为重要。这其中的机制在于：雇主可以通过其社会关系网络间接获得关于劳动者生产能力的信息，从而决定是否录用（Granovetter，1981）。从雇主的角度来讲，其通过社会网络获得的信息的重复性程度越低，说明其得到的信息的质量越高，此时雇主更易对劳动者的生产能力做出理性的判断（Granovetter，1973）。从求职者的角度来看，其拥有的弱关系越多，说明其社会网络能够释放的异质性信息越多，此时求职者更易获得差异化的信息资源而找到合适的职业。一方面，由于强关系具有同质性的社会交往原则，因此，劳动者通过弱关系更可能与经济社会地位较高的人取得联系，从而能够获得更为丰富、优质的职位信息（Lin，2001）；另一方面，能够与经济社会地位较高的人取得联系本身也是劳动者能力的一种反映，从而向雇主传递出更多有关劳动者生产能力的信号（Liu，2003；Li et al.，2007）。

此外，脱域型社会资本发挥的信息机制与地域型社会资本发挥的人情机制之间存在着替代关系。在农村劳动力流动过程中，同乡聚集虽然短期内能够为移民带来好处，[①] 但从长期来看其实是一种阻碍移民发展的因素（Xie，Gough，2011）。究其原因，基于血缘或地缘构建起的社会网络实际上也是社会隔离的一种体现。同乡聚集甚至降低了人力资本的收入回报率（Zhang，Xie，2013）。从某种程度上讲，住在高贫困率地区的低收入家庭如果有机会逃离其黯淡的生活环境而迁移到低贫困率地区，对其家庭的长期发展而言实际上是非常有利的（Chetty et al.，2016）。与"第二邻居"（即"朋友的朋友"）的社会交往模式决定了个体社会资本的更新速度（Lambiotte et al.，2016）。这也说明，农村劳动力在流动过程中需要打破传统的强关系的枷锁而积极拓展其弱关系性质的社会网络。另外，区分文化融入（Cultural Integration）与文化同化（Cultural Assimilation）也是非常有必要的（Constant，Zimmermann，2008）。一项基于德国社会经济面板数据（German Socio-Economic Panel）的经验研究表明，与简单的

---

① 李维安和孙林研究发现，同乡关系在省属国企负责人的职位晋升过程中发挥了显著的促进作用（李维安、孙林，2017）。

文化融入相比，文化同化更能显著提升移民的效用水平（Angelini et al.，2015）。其中，文化融入指的是移民在保持其原有文化传统的基础上实现与迁入地文化的融合，文化同化系指移民在融入迁入地文化过程中不断丧失其原本的文化传统与文化认同。

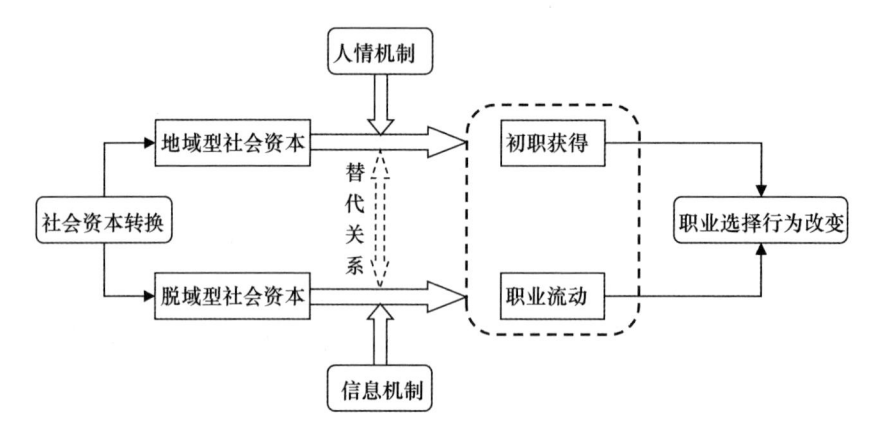

图 3.17　社会资本转换对"职业选择行为改变"的作用机制

资料来源：笔者整理。

三　社会资本转换与资产配置行为改变

家庭参与金融市场投资活动是将财产转化为财产性收入的重要前提条件（宁光杰，2014）。标准资产组合理论指出，只要资产溢价为正，所有家庭都应至少参与一种金融投资，尤其是持有风险资产（Campbell，2006）。得益于金融市场发展所带来的家庭投资观念的变革，中国家庭金融资产投资收益占财产性收入的比重达到了近 21%，已经取代利息成为仅次于租金收入的第二大财产性收入来源（宁光杰等，2016）。但是，现实中有相当数量的家庭并未配置任何金融资产。[①] 与发达国家相比，中国家庭的金融市场参与无论在深度上还是广度上都处于较低水平，成为居民财产性收入增长的主要钳制因素。[②]

---

① 这种理论与现实的冲突在学术界也被称为金融市场的"有限参与之谜"（Non-Participation Puzzle）（Guiso，Jappelli，2005）。

② 根据中国家庭金融调查与研究中心的估算，中国家庭的金融市场参与率仅约为 11.5%，股票市场参与率仅为 8.8%，基金市场参与率更是低至 4.2%（尹志超等，2014）。而且，中国的金融市场是典型的散户市场，而散户交易更容易发生投资损失（Barber et al.，2009）。

预期（Expectation）作为微观主体行为的事先约束，构成了影响家庭投资决策与结果的关键性内生变量（Bénabou，Tirole，2012）。由单纯的行为层面发展到心理和认知层面是近年来家庭金融研究领域发生的重要转向（Delgado et al.，2008；Rabin，2013）。行为金融学认为，家庭的投资决策是一个非常复杂的过程，常常受到各种行为偏差的影响。因此，投资者在多数情况下并非完全理性。并且，市场经济的发展也为经济主体面临的决策环境增添更多的变数，加剧了家庭决策的非理性成分。在非理性情境下，对未来的预期成为影响家庭投资决策的核心变量（Schmeling，Schrimpf，2011）。中国历史上多次发生的抢购事件、2008年国际金融危机爆发前国内股市的过度繁荣，以及2015年发生的史无前例的"股灾"等，深刻折射出居民预期的不稳定给经济带来的扰动与风险。基于此，强调对居民预期进行管控在学术界达成共识。尽管学术界与决策层高度重视居民预期问题，并将预期管理视为调控政策的重要工具，但是公众预期的不可观测性与复杂性导致居民预期的形成机制在理论上仍为黑匣子（Lamla，Lein，2014）。事实上，家庭投资决策的制定与结果不仅受政策的调控与激励，更取决于微观主体对调控政策及其未来绩效的预期。由于缺乏对微观家庭反应的考虑，当投资者的预期发生明显改变时，调控政策将出现不足或过度（Reis，2009；郭豫媚等，2016）。因此，解决居民预期的形成及传导机制问题是实现预期管理目标的必要前提。

需要引起高度重视的是，随着社会化和信息化程度的提升，居民预期具有越来越明显的社会属性。Granovetter曾明确指出，任何个体的经济行为总是嵌入其生活的社会关系之中，也必然会受到诸如社会网络、社会规范、社会信任等社会资本潜移默化的影响。微观主体的经济行为并非完全孤立，而是在相互作用过程中不断演化与发展。正是这种相互影响使得居民预期不再局限为个人心理活动，而是更多地受到社会环境的影响（Alm，Bourdeaux，2013）。此外，居民预期的形成是一个典型的学习过程（李拉亚，2011），大多数投资者是在社会互动中通过观察、学习他人的行为而更新个人预期（Thaler，Sunstein，2003）。通过与社会网络成员的交流与学习有助于更新行动主体最初的先验知识（Prior）（Moretti，2011）。因此，居民预期的形成机制与传递渠道分析既要考虑个体的风险态度、个人偏好等因素，也要考虑个体所在群体对个人预期的影响。正是由不同群体间的互动、交流与学习而产生的预期社会化（Expectation Socialization），决定了家庭投资决策的最终生成过程与演变结果。

下面将详细探讨农村居民社会资本转换对农民资产配置行为改变的影响及作用机制。

（一）社会资本转换与预期社会化的形成机制

预期的形成机制是金融经济学重要的研究话题。其中，基于 Muth 提出的理性预期（Rational Expectation）概念而发展起来的理性预期均衡模型是早期研究中应用最为广泛的模型之一。随着学术界对预期研究的深入，大量经验研究证伪了理性预期的适用性，即人们的投资行为在更多情况下是非理性的，特别是家庭的金融投资决策并不满足理性预期的前提假设条件。无论是个体还是专家，其预期结果均呈现出不同程度的有偏性（Zhong，Turvey，2011；Andrade，Le Bihan，2013）。理性预期以及与此相关的有效市场假说难以有效诠释金融市场与房地产市场的周期性变化（Schindler，2013）。正如 Evans 和 Honkapohja 所指出的，大多数理性预期模型都存在明显的"锋刃"特性，导致推导结果可能出现多重均衡，而到底出现哪种均衡结果具有一定的任意性（Evans，Honkapohja，2008）。基于此，有学者开始尝试在有限理性（Bounded Rationality）的框架下探索家庭的投资行为与资产配置问题（Doepke et al.，2008；Pfajfar，Santoro，2013；Lei et al.，2015；Reid，2015）。

在有限理性体系下，一方面，居民不再仅仅是信息的接收者，而是会根据自身的风险感知或投资经验做出判断（Dräger，2015）；另一方面，居民预期也不再是简单的静态预期，而是呈现出越来越明显的社会化特征（Heimer，2016）。Kahneman 和 Tversky 最早提出参照点（Reference Point）概念，用以界定投资者决策的依据或标准。其中，现状（Status Quo）是决策过程中主要的参照点。近年来，行为决策领域研究的重要进展，就是发现了风险决策过程中多种参照点的存在（Wang，Johnson，2012；Loveland et al.，2014）。社会比较理论认为，作为社会人，在风险决策过程中投资者会主动与他人做比较，社会比较的结果决定了投资决策的社会效用（Social Utility），并最终决定风险决策的方向（Hill，Buss，2010；Linde，Sonnemans，2012）。社会比较与社会互动构成了个体对决策对象的深层感知（King，Sheffrin，2002；Fortin et al.，2007）。社会比较的结果同样可以成为一种参考点而作用于预期的形成过程（谢晓非、陆静怡，2014）。伴随农村居民社会流动性的增强，农民的社会化程度不断提高，投资者的预期不再局限为个体的一种心理活动，而是个体的社会活动的产物，具有越来越明显的社会属性，即形成预期社会化。

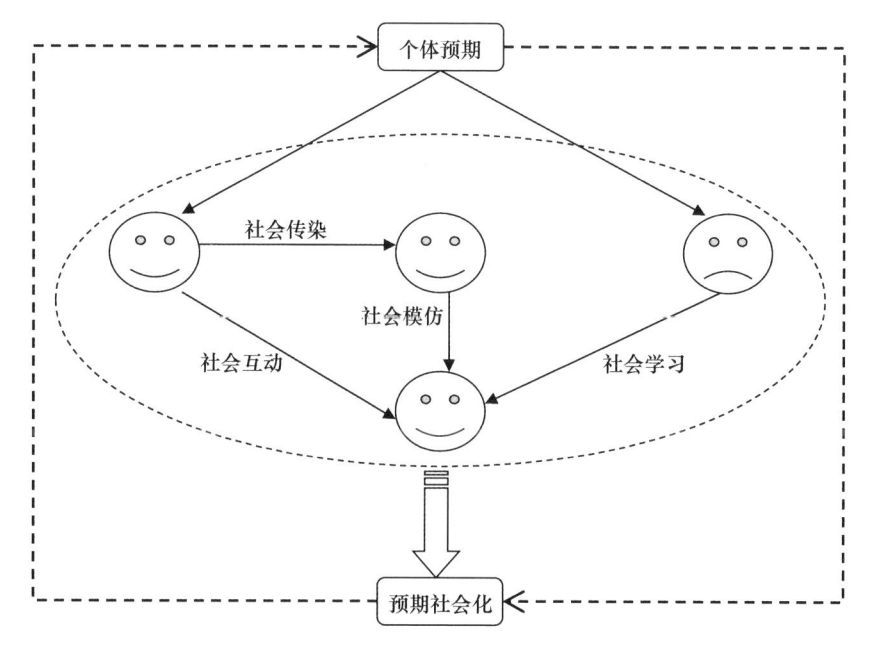

图 3.18 "预期社会化"的形成机制

资料来源：笔者整理。

具体而言，社会资本转换对预期社会化的影响机制主要包括以下三个方面。

其一，异质性的个体预期是居民预期社会化形成的前提。不同微观主体的预期具有明显的异质性特征（张成思、党超，2015）。现有研究多将大众预期视为同质化预期，从而得到预期对居民投资行为的平均化效应。一方面，不同经济主体在形成预期时所采用的信息集、预测模型等存在系统的差异（Gnan et al., 2011）；另一方面，即使面临相同的信息集，个体之间也会由于信息处理能力的差异而产生异质性的预期（Branch，2007）。此外，现实中广泛存在的信息不对称与信息不完全问题也会加剧个体预期的分化（李仲飞等，2015）。在有限理性条件下，居民预期在统计上存在显著差异是一个不容忽视的事实。进一步地，正是这种异质性的个体预期导致了家庭资产配置行为的非理性以及金融市场的价格波动

(Burnside et al., 2012; Dieci, Westerhoff, 2012)。不同个体预期的差异为居民预期的学习与更新奠定前提条件,居民预期社会化的形成与演进正是建立在异质性的个体预期基础之上。

其二,个体预期对社会活动的嵌入是居民预期社会化形成的主要过程。在有限理性与异质性预期框架下,投资者不仅根据自身的经验或教训形成个体预期,更会通过社会化活动修正原有的个体预期。个体预期对社会活动的嵌入机制主要涵盖以下四个过程。

首先,社会传染过程(Social Contagion)。与专家相比,通常大众的信息更新速度、信息处理能力与预测模型精度都比较低下,导致大众预期具有显著的黏性(Sticky)特征(Reid, 2015)。因此,普通大众普遍通过专家的预期来更新自身的预期。Carroll 构建的流行病学模型(Epidemiology Model)深刻演绎了预期从专家向大众的传染过程以及居民预期的动态形成机制。另外,在预期的社会传染过程中,媒体报道发挥了至关重要的作用(Badarinza, Buchmann, 2009; Lamla, Lein, 2014)。由于存在信息获取成本,居民往往主要通过新闻媒体获取外部信息,尤其是专家、机构等专业预测者的观点,进而形成并修正自己的预期(Engelberg, Parsons, 2011; Griffin et al., 2011)。

其次,社会模仿过程(Social Imitation)。经济心理学理论认为,希望自己成为群体中最强者的心理是普遍存在的,导致微观主体的经济决策通常遵循模仿最强者行为的规则。因此,投资者的预期及行为能够为市场中的其他参与者的预期产生一定的引导与示范效应。此外,一部分投资者由于存在信息劣势(缺乏充足信息或无法获得准确信息等),其预期的形成依赖于市场中其他经济主体(个人或机构)的预期与行为,通过模仿社会上他人的行为来制定投资决策,从而产生投资市场的羊群效应(Li et al., 2015)。

再次,社会互动过程(Social Interaction)。个体的投资预期或动机具有明显的社会属性(李涛, 2006),大多数投资者是在社会互动过程中通过观察、学习他人的行为而更新个人预期(Thaler, Sunstein, 2003)。正如社会互动理论所强调的,个体的行为并非完全孤立,居民的预期受到他与社会群体中的其他成员社会互动程度的影响(Manski, 2000)。一方面,社会互动是信息扩散的主要动力。投资者之间的信息传递渠道既包含机械性的信息传播,又包括社会网络中的互动行为(Banerjee et al., 2013)。

通过与社会成员的交流，或根据社会成员的行为进行推断而获得的相关信息，是投资者形成预期的重要依据。另一方面，不同投资者之间的社会互动能够改变投资者的偏好与风险态度，增强投资者对风险投资的乐观预期（Hong et al.，2004；Brown，Taylor，2010；Heimer，Simon，2015）。

最后，社会学习过程（Social Learning）。居民预期的形成是一个典型的学习过程（李拉亚，2011）。事实上，学习型预期提供了模拟主观预期形成的一种方式（Milani，2005）。经济运行的动态性以及公众认知的有限性，决定了投资者不仅仅依托某种预测模型或自身经验进行自我学习，而是更多采用相互的观测、学习等方式更新预期。通过对社会中其他人行为与结果的学习，投资者能够获得更多的经验与教训，从而有利于家庭决策更趋理性。此外，投资者的学习能力决定了预期的收敛速度（Gaspar et al.，2007），因此，利用社会网络间的相互学习机制有利于居民做出比仅依靠市场信息更为准确的预期。

其三，预期社会化能够实现对个体预期的反馈与修正。虽然预期社会化并不通过个体预期作用于投资决策，但是个体预期与预期社会化之间存在着复杂的互动机制。公众预期具有自我实现与自我强化的机制（Clarida et al.，2000）。因此，个体通过社会化过程形成了预期社会化；反过来，预期社会化的反馈机制会进一步修正最初的个体预期。尽管两者具有不同的性质，但是，个体预期与预期社会化同时存在于风险决策过程中，投资者对两者具有相似的心理感受与行为倾向。因此，个体预期与预期社会化将共同决定决策者最终的行为偏好与投资选择（谢晓非、陆静怡，2014）。也就是说，家庭的投资活动将依赖于所谓的高阶预期（Higher Order Expectations）。换句话说，投资决策者不仅关心个体的预期，还要关注对他人预期的预期（Woodford，2001；Bacchetta，Van Wincoop，2008）。

综上所述，预期社会化（Expectation Socialization）指的是行动主体通过社会化过程使得其个体预期逐渐向社会预期收敛的倾向或趋势，其核心在于个体心理活动通过信息传播与相互学习等机制逐渐嵌入于社会活动之中。与个体预期的非稳定性与周期性波动特征相比，预期社会化具有相对稳定与可控的属性。由于社会是"聪明的"（Wise）（Golub，Jackson，2010），因此，与传统的个体预期相比，预期社会化将更加接近真实状态，对家庭资产配置行为发挥更为显著的影响。

(二) 预期社会化与资产配置行为改变

现代经济学理论研究的发展历程以及宏观经济政策的实践经验表明，缺乏心理与行为基础的简约化范式越来越难以满足经济学研究的需要（Rabin，2013）。因此，必须加强对人的心理活动与行为倾向的研究，才能帮助投资者制定更优的决策，从而提升家庭的福利水平（Kling et al.，2011）。事实上，微观主体的投资决策主要决定于投资者的主观预期（唐寿宁等，2002）。也就是说，主观预期相同而客观特质不同的投资者，一般能够取得一致的投资决策。基于此，本书在界定预期社会化形成机制的基础上，进一步构建了"心理（预期社会化）→行为（资产配置行为改变）"的理论分析框架，探讨预期社会化对家庭资产配置行为改变的作用机制。由前文的分析可知，预期社会化是个体心理活动与社会活动的有机结合，其内涵包括社会化信息传播与社会化学习能力，并通过影响投资决策者的风险态度、认知能力、金融知识、投资经验等，进而决定了家庭资产配置的倾向（如图3.19所示）。

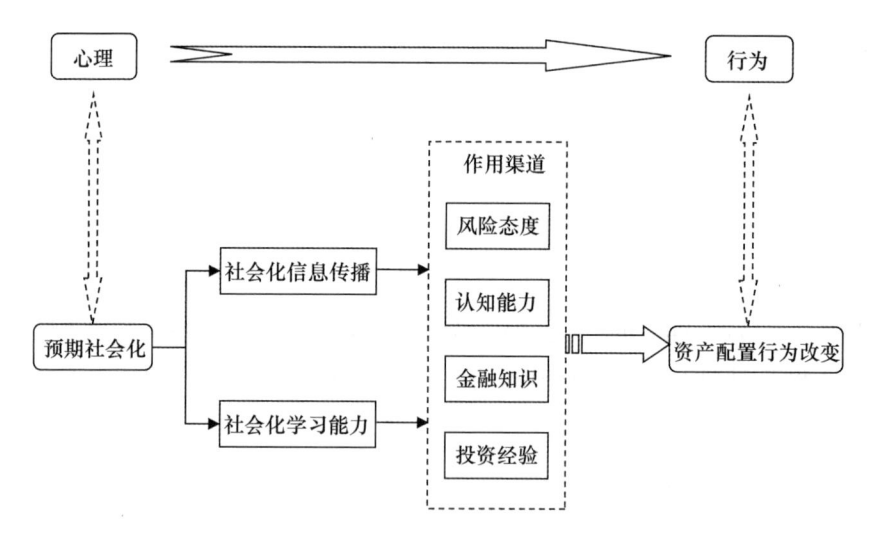

图3.19 "预期社会化"对"资产配置行为改变"的作用机制
资料来源：笔者整理。

具体而言，预期社会化对居民资产配置行为改变的作用机制主要包括以下四个方面。

其一，预期社会化能够弱化行动者的风险规避倾向，进而激励家庭参与金融投资。经典的资产组合理论指出，人们的投资行为取决于对风险投资收益的预期以及对风险的偏好程度。在有限理性与非完全市场框架下，投资者难以准确预测投资收益的统计性信息，此时，投资者的风险态度将是影响家庭资产选择行为的关键因素（Guiso et al.，2008）。根据 Kahneman 和 Tversky 提出的前景理论（Prospect Theory），损失规避（Loss Aversion）是投资者进行风险决策过程中的主要特征。也就是说，对风险的厌恶使得人们从投资失败中获得的痛苦程度要远远大于由投资成功所带来的愉悦程度（Apergis，Miller，2006；Case et al.，2013）。因此，投资者较高的风险规避程度是限制家庭参与金融市场的一大诱因。预期社会化的形成过程包含了对风险规避的弱化机制。一方面，投资者通过社会化信息系统、社会网络的信息传播功能等形成对风险资产的合理预期，有助于降低对风险资产的厌恶程度，从而增加家庭对风险资产的配置规模（Agarwal et al.，2011）；另一方面，个体与社会群体间的互动与学习能够弱化个体投资者对风险的主观感知程度（李涛、郭杰，2009），从而强化投资者对决策的自信，进而提升家庭参与冒险投资的动机。

其二，预期社会化能够提升行动者的风险认知能力，进而优化家庭的资产配置结构。投资者对风险的认知能力是家庭金融参与的重要影响因素（Christelis et al.，2010），而认知能力的提升主要得益于对信息的收集与处理。虽然越丰富的信息越能够帮助投资者做出更加合理的决策，但是人的认知容量（Cognitive Capacity）是有限的，导致过量的信息反而加重了投资者的处理负担，甚至会出现信息超负荷现象，进而妨碍投资者的理性决策（Anand，Sternthal，1990）。作为一种稀缺的认知资源，投资者的注意力并不是被完全平均分配，而是表现出明显的鸵鸟效应（Ostrich Effect）（Karlsson et al.，2009）。社会关系网络是信息扩散的主要渠道，对于重塑投资者的认知至关重要。因此，通过社会化信息传导与学习机制进行注意力分配，有利于降低投资者获取与处理信息的成本，成为投资者进行风险认知的有效捷径。另外，行动者的投资活动通常具有不确定性规避的偏好（Epstein，Schneider，2010）。从经济学的机制上讲，不确定性模糊了投资者对非流动性资产收益与风险的预期，从而迫使行动主体采取更加稳健的资产配置策略（高金窑，2013）。由于预期社会化更接近经济运行的真实状况，因此，预期社会化有助于弱化投资者的预期不确定性，进而促进家庭在金融资产上的配置比例。

其三，预期社会化能够提升行动者的金融知识水平，进而影响家庭的资产配置行为。金融知识在对家庭资产选择的信息筛选与分析过程中扮演着重要作用（Van Rooij et al.，2012；Lusardi，Mitchell，2014）。金融知识的积累促进了家庭对金融市场的参与，并增加了家庭在风险资产上的配置（尹志超等，2014）。但是，家庭金融知识的缺乏是一个非常普遍的现象。① 金融知识储备不足以及金融信息匮乏被认为是影响家庭投资能力的核心变量（Van Rooij et al.，2012）。一般而言，金融解读能力低下的人群缺乏投资于金融市场的动机（Bucher-Koenen，Ziegelmeyer，2011）。行动者之间基于信号传递与相互学习机制有助于提升投资者的金融知识水平，进而影响家庭的资产选择与投资绩效。一方面，互联网等技术的运用拓展了居民收集金融知识的渠道，从而减少家庭投资于金融市场的障碍；另一方面，投资者的社会化学习过程有助于加深个体对金融资产收益与风险特征的理解，从而降低决策者进行风险投资的参与成本。

其四，预期社会化能够丰富行动者的投资经验，进而影响家庭的投资决策。随着投资者自身参与金融市场而获得直接经验，或者通过观察与学习社会群体中其他成员的金融投资行为而获得间接经验，家庭能够积累丰富的投资经验。进一步地，投资经验的增加一方面有助于促使个体的行为更加趋于理性（List，Millimet，2005；Koudijs，Voth，2016）；另一方面，投资经验的累积有助于降低投资者的预期偏差与非理性程度，进而提升其选股能力与择时能力，从而改善家庭的金融投资回报状况（谭松涛、陈玉宇，2012）。此外，投资经验容易形成家庭投资惯性，而投资惯性是影响家庭金融投资决策的重要变量（Paiella，2009）。个体的金融投资决策呈现出参与惯性（Participation Inertia）的特征，即投资者具有维持已有投资选择的倾向（李涛，2007），导致家庭过去的金融参与经验对家庭当前的金融投资决策具有显著的正向影响（Vissing-Jorgensen，2002）。据Brunnermeier 和 Nagel 针对美国家庭资产配置行为的研究表明，美国家庭投资组合的变化呈现出一定的惯性（Inertia）特征，这与家庭的财富等客观属性关系不大，而主要取决于投资者自身的主观预期水平。

---

① 金融知识不足不仅存在于美国家庭（Lusardi，Mitchell，2014），中国家庭的金融知识储备状况也非常令人担忧。标普全球 FinLit 调研数据显示，无法正确理解通胀、风险、复利等重要金融概念的中国成年人比例高达 72%；能够获得正规信贷的中国成年人中，有将近 2/3 的成年人并不具备金融常识。

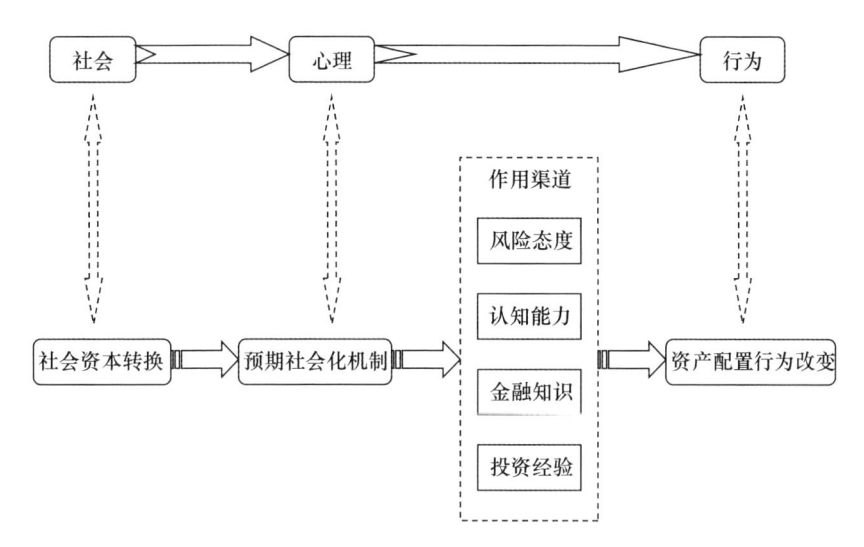

图 3.20　社会资本转换对"资产配置行为改变"的作用机制

资料来源：笔者整理。

第四节　分析框架与研究假设

前文基于经济学视角对社会结构变迁、社会资本转换、农户收入差距等核心概念的理论内涵进行了科学界定，构建了相应的概念模型，并从理论上探讨了社会结构变迁背景下的社会资本转换的形成机制，以及社会资本转换对农户收入差距的作用机制。本节将在此基础上进一步构建本书的理论分析框架，并提出本书的研究假设，为后文的实证研究提供理论与假设支撑，这也是本章的最终落脚点。

一　分析框架的构建

本小节的目标在于构建社会资本转换影响农户收入差距的理论分析框架。

关于社会资本理论的整体架构，美国杜克大学社会学教授林南（Lin Nan）在《社会资本：关于社会结构与行动的理论》（*Social Capital: A Theory of Social Structure and Action*）一书中进行了比较经典的论述。Lin 指出，一个完整的社会资本模型应该涵盖三个方面：其一，社会资本的投资（Investment）；其二，社会资本的获取与动员（Accessibility and Mobility);其三,社会资本的回报(Return)。

如图 3.21 所示,社会资本理论模型中主要包括三组变量:其一,社会资本的投资,主要由信任、规范等集体财产以及社会结构与行动者在社会结构中所处的位置决定,这也是社会资本产生的先决条件;其二,社会资本的要素,主要包括行动者能够获取和动员的社会资源,这也是社会资源资本化的过程;其三,社会资本的结果,主要涵盖社会资本可能产生的各种回报。Lin 认为,社会资本回报的类型主要有两种:其一,工具性回报(Instrumental Return),即由行动者通过采取工具性行动(Instrumental Action)而获得的回报,其目的在于获取自己所没有的社会资源,主要包括经济回报(Economic Return)[1]、政治回报(Political Return)[2]与社会回报(Social Return)[3]等;其二,情感性回报(Expressive Return),即由行动者通过采取情感性行动(Expressive Action)而获得的回报,其目的在于维持已经拥有的社会资源,主要包括身体健康(Physical Health)[4]、心理健康(Mental Health)[5]与生活满意(Life Satisfaction)[6]等。由于本书的研究对象是农户收入差距,因此,本书侧重于分析社会资本的工具性回报。

从图 3.21 中可以看到社会资本影响收入差距的两个过程,即资本欠缺与回报欠缺。其中,资本欠缺指的是不同行动者所拥有的社会资本的数量与质量存在差异,也就是说,资本欠缺关注的是社会资本获取上的差异;回报欠缺指的是一定数量的社会资本在不同的行动者之间产生了差异化的收入回报,也就是说,回报欠缺关注的是社会资本使用上的差异。

后文将对社会资本影响收入差距的两个作用过程进行详细探讨,即资本欠缺过程与回报欠缺过程。

其一,从社会资本的投资到社会资本的资本化过程中产生了社会资本的资本欠缺。一方面,不同的行动者采取了差异化的社会资本投资策略,即不同的个体在社会结构中占据着不同的位置,导致不同个体之间的社会

---

[1] 经济回报指的是关于收入、财产等财富方面的回报。
[2] 政治回报指的是关于在集体中的等级位置(即权力)方面的回报。
[3] 社会回报指的是关于名声方面的回报。其中,名声指的是集体对某一个人的评价。
[4] 身体健康指的是身体正常机能的维持以及抵御外界伤害的能力。
[5] 心理健康指的是抗压能力以及维持认知与情绪稳定的能力。
[6] 生活满意指的是个体对其生活领域的乐观情绪与满足程度。

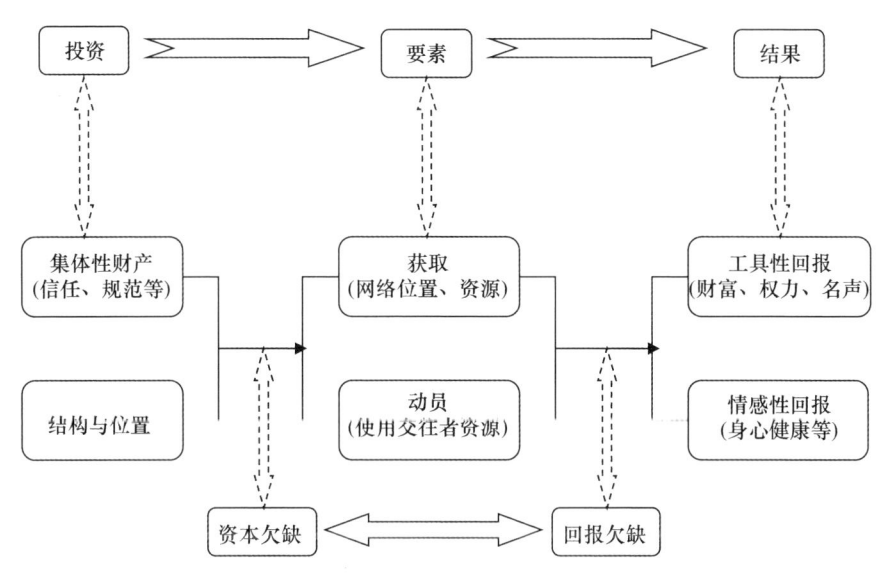

图 3.21　社会资本不平等效应的产生过程

资料来源：笔者根据文献（Lin，2001）绘制。

资本投资存在差异。例如，如果农村家庭预期男性能够从劳动力市场中获得比女性更高的收入回报，那么，理性的农户往往将有限的资源投资给儿子而非女儿，以提高儿子在未来劳动力市场中的竞争力（Kvist，2015）。这样，与女性相比，男性在社会资本的获取方面更具优势。另一方面，不同的行动者在发展社会资本的机会方面存在差异，即结构要素与位置要素影响到行动者维持与建构社会资本的机会，导致社会资本在行动者之间进行了不均等的分配。例如，主流的社会结构与社会文化鼓励男性去积极构建更加广泛的异质性社会关系纽带，而限制了女性发展社会资本的潜力。综上所述，正是不同的行动者在社会资本的投资策略与发展机会等方面的差别，导致了不同个体所拥有的社会资本的数量与质量方面存在较大差异。社会资本在本质上是一种具有生产效应的社会资源。因此，资本欠缺描述了不同农户在资源获取能力上的差异。

其二，从社会资本的资本化到社会资本的结果过程中产生了社会资本的回报欠缺。首先，由于认知能力欠缺或动员意愿不足，一部分行动者无法使用或动员最合适的社会资本。例如，女性在劳动力市场中往往并未利用自己最好的社会资本，这既可能是因为女性无法甄别出哪些是最合适的社会资本，也可能是因为女性感到缺乏回报这些社会关系的能力，从而导致其在动员社会资源过程中产生了犹豫。其次，即便动员了最合适的社会资本，由于这些社会资本的中间代理人的努力程度不够，也会限制行动者能够获得的收入回报。中间代理人提供社会资本投资也是理性考虑的结果。如果中间代理人对需要投资的候选人的能力或未来产生怀疑时，理性的中间代理人将会降低对该候选人的投资激励与努力程度。最后，即使拥有相似的社会资本存量，组织或制度也可能会对不同的行动主体产生有差别的回应。这可能来自社会环境中所共享的偏见、价值与规则等。例如，城镇劳动力市场中对农村流动劳动力的歧视等（吴贾等，2015）。综上所述，正是行动者对社会资本的动员策略、中间代理人的努力程度以及社会环境的制度性反应等方面的差别，导致了一定数量的社会资本在不同的行动者之间产生了差异化的收入回报。因此，回报欠缺描述了不同农户在资源整合能力上的差异。

Lin 基于资本视角提出的社会资本影响收入差距的"资本欠缺—回报欠缺"分析框架得到了学术界的认可。基于 Lin 提出的框架，周晔馨采用中国家庭收入调查数据的实证结果表明，高收入农户社会资本的拥有量与回报率均要显著高于低收入农户，从而证伪了 Grootaert 关于"社会资本是穷人的资本"的假说，即社会资本倾向于扩大农户收入差距。另外，程诚和边燕杰采用相类似的研究框架发现，与城市职工相比，农民工在社会资本存量与讨价还价能力方面均处于明显劣势，这是导致农民工相对于城市工人收入偏低的重要微观机制。

二 研究假设的提出

本小节的目标在于提出社会资本转换影响农户收入差距的两个研究假设。

根据前文对核心概念的界定，本书将农村居民社会资本的类型分为脱域型社会资本与地域型社会资本两种；而社会资本转换是在社会结构变迁的基础上产生并发展的，在本质上是地域型社会资本不断向脱域型社会资本转变的趋势或过程，而且，伴随农村社会结构变迁进程的推进，脱域型社会资本将逐渐成为农户社会资本的主要形式。因此，下面将分别探讨脱域型社会资本和地域型社会资本这两种不同的社会资本形式对农户收入差距的影响机制与路径，并据此提出不同层次的社会资本作用于农户收入差

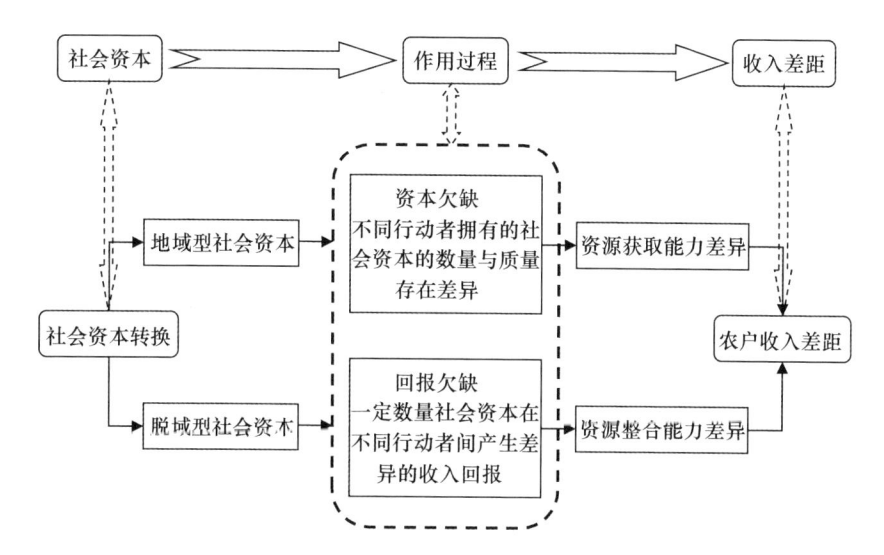

图 3.22　社会资本转换影响农户收入差距的理论分析框架

资料来源：笔者整理。

距的研究假设。

（一）脱域型社会资本影响农户收入差距的研究假设

归纳起来，脱域型社会资本影响农户收入差距的渠道主要包括信息获取、知识分享、教育机会、金融参与等。因此，脱域型社会资本对农户收入差距的作用机制可以绘制为图 3.23。

具体而言，脱域型社会资本对农户收入差距的作用机制主要包括以下四个方面。

其一，脱域型社会资本增加了农户信息获取的手段。随着市场经济渗透到农村社会变迁的过程中，农村劳动力通过外出务工谋求收入来源的多样化成为农户家庭的主要生计方式。而且，农村劳动力空间流动的过程在本质上也是农民职业发生转换的过程（Gerber, Mayorova, 2010）。因此，能否获取到有关非农工作的有效信息是农民能否谋求到职业以及获得的务工收入多寡的一个重要因素。近年来，使用人际关系网络谋职成为一种风尚。① 这是因为：一方面，随着农村劳动力的外出迁移，农民的社会网络

---

① 据有关学者的统计，使用社会关系谋职的劳动者比重由 20 世纪 70 年代的大约 20%一路飙升至 2009 年的近 80%（程诚、边燕杰，2014）。而且，近年来这种趋势还在继续延续。

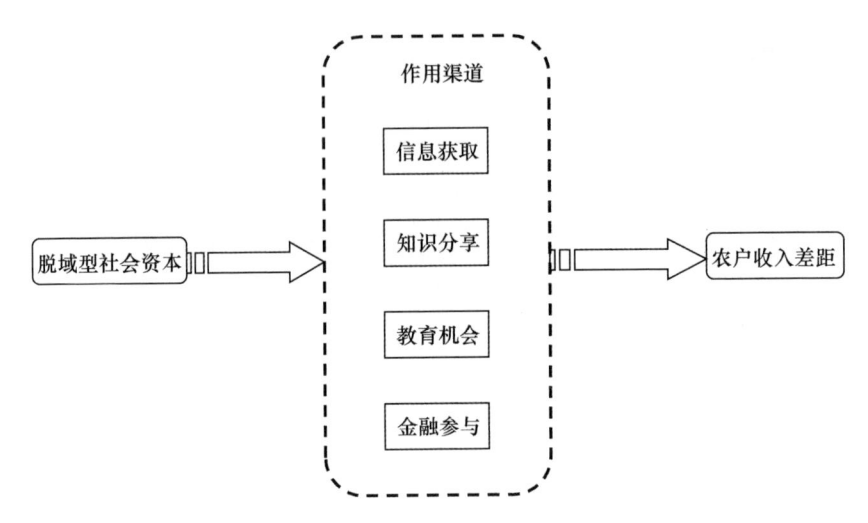

图 3.23 脱域型社会资本对农户收入差距的作用机制

资料来源：笔者整理。

在地域外得到拓展，可供其操控的资源运作空间与创收空间也更为宽广，从而增加外出农民找到合适工作的机会；另一方面，拥有脱域型社会资本的农民通过与来自不同社会网络的成员进行信息交流，不但节省职业搜寻成本，而且能够增加可获得的信息量，从而促使其找到收入相对更高的工作（章元、陆铭，2009）;① 此外，异质性社会资本本身也是传递个体能力信息的一种有效工具（Liu，2003；Li et al.，2007），并能够影响个体对信息的甄别能力与处理过程（Jia et al.，2015），因此，即使面对相同的信息，拥有脱域型社会资本的农民往往能够做出更快捷、更精确的反应。

其二，脱域型社会资本提高了农户知识分享的程度。知识和技能是影响职位获得与职业流动的关键性要素（吴愈晓，2011）。社会资本通过促使群体内、群体间的相互学习，共同分享知识与技能信息，从而有利于农村劳动者人力资本的提升（Hasan，Bagde，2013；叶静怡等，2012）。值得注意的是，伴随农村居民在城镇地区的学习与再社会化过程，一方面，这部分农民得以扩展他们的弱关系网络，从而获得更多的就业渠道与就业

---

① 申宇等的研究表明，依托校友关系网络构建起的社会关系能够为行动者带来更多的私有信息，从而促进其采取更为积极的主动投资和隐性交易（申宇等，2016）。

机会；另一方面，在同效率更高的人进行知识与技能交流时，他们也能提升自己的知识与技术含量（Lucas，2015），特别是在大城市工作能够学习到更多知识（De la Roca，Puga，2017），从而增强与高收入回报工作的契合度。此外，基于工作岗位而构建起来的职场交往网络也是农村劳动者社会资本的重要来源之一。而且，来自单位外部成员的社会交往对劳动者收入的促进效应要明显高于来自单位内部的社会交往（刘伟峰等，2016）。因此，脱域型社会资本的开放性、异质性等特征能够为其运作者带来与传统的地域型社会资本相异的知识与技能信息，使得他们的收入水平倾向于向上流动。

其三，脱域型社会资本促进了农户教育机会的获取。区域间不平等的教育机会是导致职业与收入差距的重要原因（吴晓刚、张卓妮，2014）。优质的教育已经成为人们相互竞争的稀缺资源，社会中越演越烈的"学区房""择校费"等现象是其最现实的写照。在教育机会的获取过程中，家庭的社会资本状况是一个不容忽视的影响因素（Huang et al.，2009；赵延东、洪岩璧，2012）。不同阶层的家庭占有的社会资本的数量与质量都存在较大差异，相应地，在能够获得的教育机会上也会存在明显差距（Ream，Palardy，2008）。尤其对于拥有脱域型社会资本的农村居民而言，一方面，跨地区的社会流动为其选择更优质的教育资源提供了渠道与空间；另一方面，在与城市当地居民的交流过程中能够接触到更先进、更科学的教育理念，增加其对高质量教育的需求，从而促使其增加教育投入。教育数量与质量的不同又会通过生产率差异（Serra，Poli，2015）、创新能力差异（Akçomak，Ter Weel，2009）等渠道扩大群体间的收入差距。

其四，脱域型社会资本提升了农户金融参与的能力。金融是增加农村居民收入的重要因素，同时也是家庭在遭受外界不利冲击时的主要平滑手段。金融交易的结果既依赖于借款者的还款能力，更与其社会资本的数量与质量息息相关。与乡土中国的农村居民相比，脱域型社会资本的持有者在金融参与能力方面更具竞争优势。其原因在于：首先，脱域型社会资本的高质量属性为分散金融投资风险（Munshi，Rosenzweig，2009）、改变风险认知偏好（Weber，Morris，2010）、降低投资风险损失（Tanaka et al.，2010）等提供条件，从而显著弱化了农户面临的不确定性与风险变数；其次，社会网络半径的扩大不仅能够带来更多的非正规金融支持（马光荣、杨恩艳，2011），也提高了居民参与股市等金融市场的可能性

（王聪等，2015），增加了农民的财产性收入；最后，交往工具的多样化降低了获取金融信息的成本，增加了居民的金融知识储备，而金融知识不仅是参与正规金融交易的钥匙（尹志超等，2014；曾志耕等，2015），更是促进家庭主动创业的重要变量（尹志超等，2015）。

因此，脱域型社会资本通过信息优势、知识（技能）含量、教育质量、金融手段等渠道对农户收入差距产生影响。与限制在农村狭小地域的农村居民相比，脱域型社会资本的拥有者在收入向上流动过程中更具比较优势。因此，本书提出的第一个研究假设如下。

研究假设一：与传统的地域型社会资本相比，新型的脱域型社会资本更有利于农户收入水平的提升，进而刺激了农户收入差距的扩大。

（二）地域型社会资本影响农户收入差距的研究假设

Wetterberg曾明确指出，个体运用社会资源的能力不仅受到其可获得的社会资本的种类及数量的影响，更取决于在既定的环境中这些既有社会资本种类之间的相互关系。因此，为了明晰农户收入差距形成与扩大的社会资本机制，有必要进一步深入探讨在农村社会结构变迁进程中农民传统的地域型社会资本对农户收入差距的影响。

与脱域型社会资本不同，地域型社会资本主要建立在血缘关系与地缘关系的基础上，社会关系网络也局限于亲朋与邻里等，是一种具有交往频繁、互惠性强、情感深厚、相对封闭等特征的强关系网络。虽然这种同质性的社会资本具有"共患难"的功能（张春泥、谢宇，2013），最贫穷的人和最边缘化的人也可以借此来管理不确定性，但是，与脱域型社会资本相比，传统的地域型社会资本的资源重复且含金量偏低（叶静怡、周晔馨，2010），甚至还可能限制农民自由发展的空间（Portes，1995）。

在乡土社会，通过传统的地域型社会资本构建起的互惠机制保障了农村社会的秩序稳固与公序良俗。但是，现阶段中国农村的这种传统的互惠机制正面临着市场化与城镇化的双重蚕食。一方面，中国的市场化是一种社会资本嵌入式的发展过程（王晶，2013）。因此，市场化进程也会改变农村居民原有的地域型社会资本的作用空间。随着市场化机制在农村地区的扩张，原本稳定、紧密的社会联结遭到了破坏（Gagnon，Goyal，2017）。市场经济的盛行对居民社会责任的履行产生了显著的挤出效应（Bartling et al.，2015）。此外，由市场机制引发的社会两极分化趋势容易导致农村居民的心理失衡，从而使得农民之间的相互信任变得越来越困难。另一方面，在城镇化进程中，伴随农村居民的大规模迁移，曾经联系紧密的家族与宗族型农村社区开始呈现出空心化与荒漠化的发展趋势，导致留守成员之间通过相互观察与模仿的学习机制难以继续发挥作用，从而限制了农村居民人力资本的投资和收入增长的空间（程昆等，2006）；同时，迁移农民候鸟式的生活方式导致农村原有的基于血缘关系与地缘关系的地域型社会资本结构只能间歇式地存在于春节这个短时期内（陈波，2015），而难以形成常态化。因此，在由市场化与城镇化诱导并加剧的农村社会结构变迁过程之中，农村居民传统的地域型社会资本对穷人收入的保障作用将会被显著弱化。陆铭等的研究表明，在市场化进程中，中国农村居民运用传统的社会资本来抵御自然灾害与社会风险的功能被明显削弱了（陆铭等，2010）。所以，对于缺乏新型脱域型社会资本的农村居民而言，由于其掌握的社会资源具有高度的同质性、封闭性等特征，并且其社会网络在市场机制深化过程中逐渐被某种社会共识取代（Stiglitz，2000），从而弱化了地域型社会资本化解农户收入差距矛盾的能力。[①] 因此，本书提出第二个研究假设。

研究假设二：传统的地域型社会资本并未明显影响农户收入差距。

第五节　本章小结

通过对社会结构变迁、社会资本转换与农户收入差距的理论内涵及其内在机制的揭示，本章的主要内容及发现可以归纳为如下五个方面。

其一，以市场为导向的中国农村改革，通过产业结构分化与劳动分工深化，加速了农村社会结构的变迁，突出表现出土地结构变迁、科技结构变迁、人口结构变迁等特征。

其二，农村社会结构变迁助推农村居民社会资本由同质性向异质性转换，社会资本逐渐分化为地域型社会资本与脱域型社会资本。地域型社会资本指的是基于血缘、地缘关系而产生的具有同质性与相对封闭性特征的社会资源；脱域型社会资本指的是在劳动力流动过程中以新型的业缘关系和广阔的就业空间为基础、以间接交流为主要手段而形成的异质性社会资源，具有质量高、边界开放、融合性强等特征，主要涵盖空间流动、职业

[①] 例如，来自海外移民的汇款日益成为受款家庭的重要保障（Yang，Choi，2007）。

转换、业缘关系等维度。

其三,农民社会资本影响农户的资源获取能力与资源整合能力,并通过改变农村家庭的生产经营行为、职业选择行为与资产配置行为而影响农户的收入水平。农民社会资本的分化加剧农户收入差距的扩大。农户收入差距的表现形式主要包括总量维度与结构维度。其中,总量维度反映的是农户在总收入水平上的差距,结构维度反映的是农户各项收入来源上的差距。

其四,构建了社会资本转换影响农户收入差距的理论分析框架。社会资本影响农户收入差距的作用过程包括资本欠缺与回报欠缺。其中,资本欠缺指的是不同行动者所拥有的社会资本的数量与质量存在差异,即资本欠缺关注的是社会资本获取上的差异,影响的是农户收入差距的资源获取能力差异;回报欠缺指的是一定数量的社会资本在不同的行动者之间产生了差异化的收入回报率,即回报欠缺关注的是社会资本使用上的差异,影响的是农户收入差距的资源整合能力差异。

其五,提出了社会资本转换影响农户收入差距的两个研究假设。研究假设一:与传统的地域型社会资本相比,新型的脱域型社会资本更有利于农户收入水平的提升,进而刺激了农户收入差距的扩大。研究假设二:传统的地域型社会资本并未明显影响农户收入差距。

第四章

描述性统计分析

前文对本书的三个核心概念——社会结构变迁、社会资本转换、农户收入差距的理论内涵进行了科学界定,并从理论上探讨了这些变量之间的内在机制与作用机制。本章将在此基础上,结合宏观统计资料与微观调查数据进一步分析社会结构变迁、社会资本转换、农户收入差距的分布特征及其发展趋势,从而加深对中国农村经济社会发展状况与演化趋势的理解。通过对社会结构变迁、社会资本转换与农户收入差距等现象的总体特征与发展趋势的描述,初步探索这些变量之间的统计关系,为后文进一步的实证研究与统计推断提供重要的客观依据。

第一节 农村社会结构变迁的特征与趋势

根据前文对社会结构变迁概念内涵的界定,中国农村地区的社会结构变迁涵盖了农村土地结构的变迁、农村科技结构的变迁与农村人口结构的变迁三个方面。因此,本书将在后文分别从农村土地结构变迁、农村科技结构变迁、农村人口结构变迁三个维度探讨中国农村地区社会结构变迁的总体特征及演化趋势。

一 农村土地结构变迁的特征与趋势

中国农村的土地结构变迁深刻反映出了现阶段农村地区人地关系的改变,即农村居民对土地的依赖程度降低。造成这一现象的驱动力量既有来自耕地矛盾加剧的因素,也有来自土地功能异化的因素。因此,下面将分别基于耕地矛盾与土地功能视角探讨现阶段中国农村地区土地结构变迁的总体特征与演变趋势。

(一) 耕地矛盾的加剧弱化农民对土地的依赖性

如前文所述,近年来人多地少的矛盾日益严峻,中国人均耕地面积呈现出明显的下降趋势。从各地区 2014 年的耕地面积情况来看(如表 4.1 所示),人均耕地面积最高的省份是黑龙江,达到 6.21 亩;而人均耕地面积最低的省份是上海,仅为 0.12 亩,不足黑龙江人均耕地面积的 2%。此外,人均耕地面积高于全国平均水平的省份达到 13 个,分别为山西(高 0.19 亩)、内蒙古(高 4.05 亩)、辽宁(高 0.22 亩)、吉林(高 2.34 亩)、黑龙江(高 4.73 亩)、贵州(高 0.46 亩)、云南(高 0.5 亩)、西藏(高 0.61 亩)、陕西(高 0.11 亩)、甘肃(高 1.63 亩)、青海(高 0.03 亩)、宁夏(高 1.43 亩)与新疆(高 1.89 亩);而人均耕地面积低于全国平均水平的省份达到了 18 个,分别为北京(低 1.33 亩)、天

表 4.1　　　　　　　　2014 年中国各地区的耕地面积情况　　　　(单位:公顷,亩)

	年末耕地面积	人均耕地面积		年末耕地面积	人均耕地面积
北京	219949	0.15	湖北	5261675	1.36
天津	437182	0.43	湖南	4149015	0.92
河北	6535476	1.33	广东	2623315	0.37
山西	4056836	1.67	广西	4410330	1.39
内蒙古	9230671	5.53	海南	725718	1.21
辽宁	4981676	1.70	重庆	2454645	1.23
吉林	7001364	3.82	四川	6734178	1.24
黑龙江	15859994	6.21	贵州	4540125	1.94
上海	188206	0.12	云南	6207445	1.98
江苏	4574238	0.86	西藏	442533	2.09
浙江	1976601	0.54	陕西	3994772	1.59
安徽	5872134	1.45	甘肃	5377869	3.11
福建	1336386	0.53	青海	585708	1.51
江西	3085354	1.02	宁夏	1285878	2.91
山东	7620647	1.17	新疆	5169502	3.37
河南	8117916	1.29	全国	135057339	1.48

资料来源:原始数据来源于《中国环境统计年鉴(2015)》;笔者根据原始数据绘制。

津（低 1.05 亩）、河北（低 0.15 亩）、上海（低 1.36 亩）、江苏（低 0.62 亩）、浙江（低 0.94 亩）、安徽（低 0.03 亩）、福建（低 0.95 亩）、江西（低 0.46 亩）、山东（低 0.31 亩）、河南（低 0.19 亩）、湖北（低 0.12 亩）、湖南（低 0.56 亩）、广东（低 1.11 亩）、广西（低 0.09 亩）、海南（低 0.27 亩）、重庆（低 0.25 亩）与四川（低 0.24 亩）。

中国农村地区耕地矛盾加剧的背后隐含的是耕地面积的不断减少。如表 4.2 所示，全国耕地规模呈现逐年下降的趋势，耕地面积由 1999 年的 12920 万公顷减少到 2008 年的 12171.6 万公顷，平均每年减少近 83.2 万公顷；全国耕地面积由 2009 年的 13538.46 万公顷减少到 2014 年的 13505.73 万公顷，平均每年减少约 6.5 万公顷。全国耕地面积占农用地面积的比例由 1999 年的 19.8% 降低到 2008 年的 18.5%，下降了 1.3 个百分点；2009—2014 年耕地面积占农用地面积的比例变化幅度不大，基本保持在 20.9% 左右。

表 4.2　　1999—2014 年中国耕地面积与农用地面积情况　　（单位：万公顷）

	耕地面积	农用地面积		耕地面积	农用地面积
1999 年	12920.0	65385.2	2007 年	12173.5	65702.1
2000 年	12826.7	65336.2	2008 年	12171.6	65687.6
2001 年	12760.0	65331.6	2009 年	13538.5	64777.5
2002 年	12593.3	65660.7	2010 年	13526.8	64728.0
2003 年	12340.0	65706.1	2011 年	13523.9	64686.5
2004 年	12244.4	65701.9	2012 年	13515.9	64646.6
2005 年	12208.3	65704.7	2013 年	13516.3	64616.8
2006 年	12177.6	65718.8	2014 年	13505.7	64574.1

注：2009—2014 年的耕地面积数据根据第二次全国土地调查数据进行调整，因此，2009 年前后的耕地面积数据不可比。

资料来源：原始数据来源于《中国环境统计年鉴（2015）》《中国国土资源公报》（2001—2015 年）；笔者根据原始数据绘制。

虽然国家通过土地整治、农田建设等多种渠道开展耕地保护，以缓解农村地区的耕地矛盾，但是，耕地增加的速度仍然无法弥补因建设占用与生态退耕等造成的耕地减少。如图 4.1 所示，2009—2014 年的大部分年份中耕地减少的规模都要远远大于耕地增加的面积。据统计，2009—2014年耕地增加的面积为196.81万公顷，与此形成鲜明对比的是，同期耕地减少的面积高达221.25万公顷，导致耕地面积净减少了24.44万公顷（合计366.6万亩）。

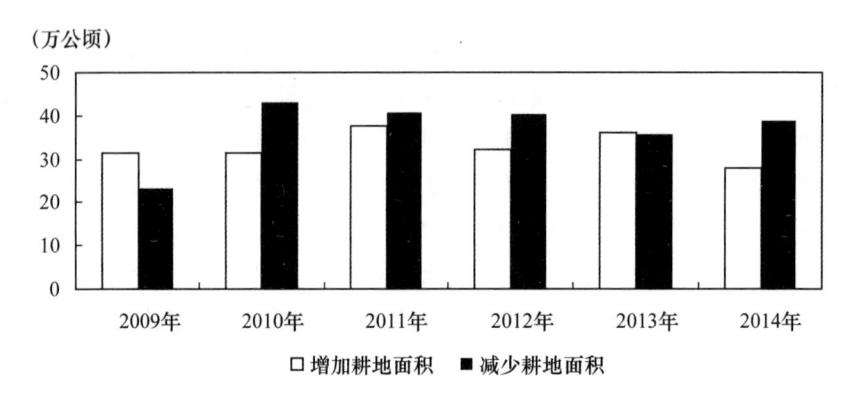

图4.1 2009—2014年中国耕地增减变化情况

资料来源：原始数据来源于《中国国土资源公报》（2009—2015年）；笔者根据原始数据绘制。

（二）土地功能的异化弱化农民对土地的依赖性

在乡土中国，土地对农村居民来讲意味着其生存的根本，农业生产属性是土地最根本的特征。改革开放以来，中国农村土地的资本化与非农化倾向日益明显，尤其是伴随城镇建设用地市场化的连锁效应而引发的农村土地价格的节节攀升，对农村土地的征收、征用与流转成为近年来发生在中国农村地区的一次重大变革（朱静辉，2016）。这样，农村土地的功能日益由原来的农业属性异化为资本属性与非农属性。

如图4.2所示，2009—2015年仅国有建设用地的出让规模就累计达到202.92万公顷，合计3043.8万亩；出让合同价款累计达到20.79万亿元，而2015年第一产业增加值也仅为6.1万亿元。[①] 平均而言，2009—2015年年均出让国有建设用地规模为28.99万公顷，合计434.85万亩；年均出让合同价款达到2.97万亿元。

---

① 2015年第一产业增加值数据来源于国家统计局发布的《2015年国民经济和社会发展统计公报》。

```
（万公顷）                                              （万亿元）
  40                                                    5
                              ╳
                    ╳    ╳        ╳
  30                                   ╳     ╳
            ╳                                           3
  20   ╳
                                                        2
  10
                                                        1
   0                                                    0
      2009年 2010年 2011年 2012年 2013年 2014年 2015年
              ▢ 出让面积   -╳- 出让价款（右）
```

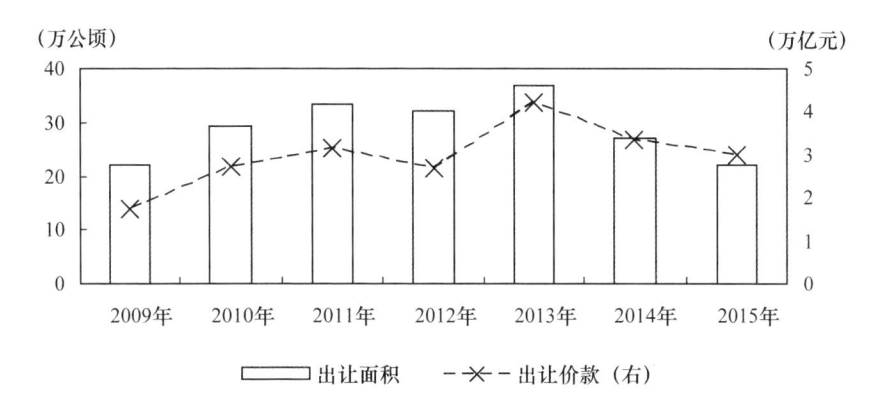

图 4.2　2009—2015 年中国国有建设用地出让面积与出让价款

资料来源：原始数据来源于《中国国土资源公报》（2009—2015 年）；笔者根据原始数据绘制。

耕地的违法开发与占用是农村土地功能向非农化转变的重要途径（程传兴等，2014）。虽然中国实施了严格的耕地保护制度，但是，近年来违法占有土地的现象屡见不鲜。如图 4.3 所示，2006—2015 年每年违法占有的土地规模均在 3 万公顷以上（年均 5.31 万公顷），违法占有的耕地规模均在 1 万公顷以上（年均 2.09 万公顷）。尤其在 2007 年，查处的违法用地案件所涉及的土地面积竟高达 10 万公顷，其中，违法占用的耕地面积达到了 4.37 万公顷。另外，根据程传兴等的统计，1993—2010 年违法占用的耕地面积占耕地开发总面积的比例达到了近 15.07%（程传兴等，2014）。其中，内蒙古的违法耕地情况最为严重，违法占有的耕地比重高达 50.10%，随后依次为新疆（36.14%）与贵州（25.4%）。尤其令人担忧的是，中国 13 个粮食主产区中已经有 8 个省份的耕地违法开发面积占耕地开发总面积的比例超过 10%，分别为内蒙古（50.10%）、山东（24.64%）、河南（21.07%）、河北（14.48%）、江苏（12.65%）、安徽（11.45%）、辽宁（10.38%）与湖北（10.06%）。

二　农村科技结构变迁的特征与趋势

中国农村的科技结构变迁深刻描绘了现代信息科技知识与技术向农村地区渗透与扩散的过程。随着以互联网为典型代表的信息科技向农村地区的传播，人们的生活环境、生活方式与交往渠道均发生了翻天覆地的变

(万公顷)

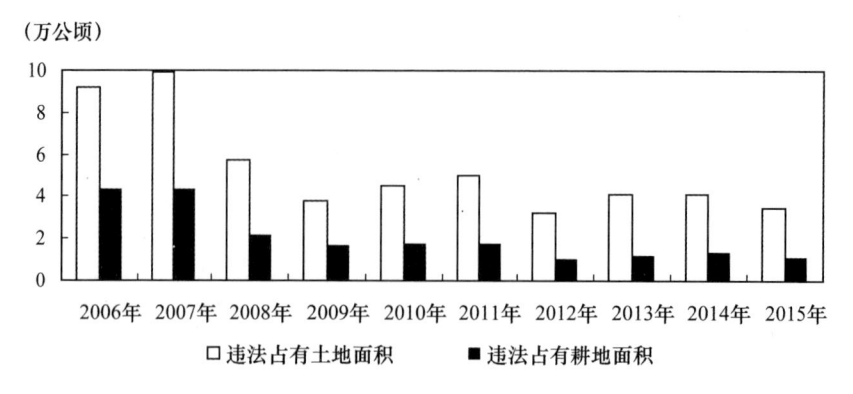

图 4.3　2006—2015 年中国违法用地案件涉及规模

资料来源：原始数据来源于《中国国土资源公报》（2009—2015 年）；笔者根据原始数据绘制。

化。在网络化时代，人与人之间、人与社会之间的联系变得更加具体和直接。正如 Lin 所指出的，现代社会正在经历着由互联网所代表的社会资本的革命性上升的时代（Lin，2001）。

随着信息科技的发展，互联网逐渐成为人们社会生活中必不可少的组成部分，突出表现为网民数量的激增与互联网的普及。中国互联网络信息中心（CNNIC）历年发布的《中国互联网络发展状况统计报告》显示，中国的网民规模呈现快速膨胀的发展趋势，中国网民数量由 1997 年 10 月[①]的 62 万人迅速增加到 2016 年 12 月的 7.3 亿人，年均增长 3845 万人；互联网普及率由 2002 年 6 月的 3.6% 上升到 2016 年 12 月的 53.2%，年均增长 3.5 个百分点（如表 4.3 所示）。从网民规模的发展趋势来看，中国网民规模在 2000 年 6 月首次突破了 1000 万人大关；到 2005 年 6 月首次突破 1 亿人大关；截至 2007 年年底已突破 2 亿人大关；仅仅用了不到一年半的时间即突破 3 亿人大关（2009 年 6 月网民规模达到 3.38 亿人）；截至 2016 年 6 月，中国的网民规模已突破 7 亿人大关，达到将近 7.1 亿人，位居全球第一。从互联网普及率的发展趋势来看，中国互联网普及率在 2006 年年底首次突破了 10%；两年之后即突破 20%（截至 2008 年 12 月中国互联网普及率达到 22.6%）；2015 年年底首次突破 50%，也就是

---

① 中国互联网络信息中心（CNNIC）发布的首份《中国互联网络发展状况统计报告》的统计数据，截至 1997 年 10 月 31 日。

说，超过半数的中国公民已接入互联网；截至2016年12月中国互联网普及率已达到53.2%。

表4.3　　　　1997—2016年中国网民规模与互联网普及率　（单位：万人,%）

	网民规模	互联网普及率		网民规模	互联网普及率
1997年10月	62	—	2007年12月	21000	16.0
1998年6月	117.5	—	2008年6月	25300	19.1
1998年12月	210	—	2008年12月	29800	22.6
1999年6月	400	—	2009年6月	33800	25.5
1999年12月	890	—	2009年12月	38400	28.9
2000年6月	1690	—	2010年6月	42000	31.8
2000年12月	2250	—	2010年12月	45730	34.3
2001年6月	2650	—	2011年6月	48500	36.2
2001年12月	3370	—	2011年12月	51310	38.3
2002年6月	4580	3.6	2012年6月	53760	39.9
2002年12月	5910	4.6	2012年12月	56400	42.1
2003年6月	6800	5.3	2013年6月	59056	44.1
2003年12月	7950	6.2	2013年12月	61758	45.8
2004年6月	8700	6.7	2014年6月	63200	46.9
2004年12月	9400	7.3	2014年12月	64875	47.9
2005年6月	10300	7.9	2015年6月	66769	48.8
2005年12月	11100	8.5	2015年12月	68826	50.3
2006年6月	12300	9.4	2016年6月	70958	51.7
2006年12月	13700	10.5	2016年12月	73125	53.2
2007年6月	16200	12.3	平均值	28029.4	26.9

注：网民指的是平均每周至少使用互联网1个小时的中国公民；互联网普及率指的是网民规模占总人口的比重；"—"指的是数据缺失。

资料来源：原始数据来源于《中国互联网络发展状况统计报告》（1997—2016年）；笔者根据原始数据绘制。

伴随信息科技的发展，互联网等现代信息技术逐渐向广袤的中国农村地区渗透，使得农村居民有更多的机会使用现代互联网技术。中国互联网络信息中心（CNNIC）历年发布的《农村互联网发展状况研究报告》显示，2005年中国农村地区的网民规模只有约1931万人，而到了2016年年底网民数量已达到2.01亿人，是2005年规模的近10倍；农村地区的互联网普及率由2005年的2.6%一路飙升至2016年的33.1%，年均增长近2.8个百分点（如表4.4所示）。从网民规模的发展趋势来看，中国农村地区网民数量在2007年首次突破5000万人大关；仅仅用了两年时间即突破1亿人大关，于2009年达到近1.07亿人；截至2015年年底，网民规模已达到了1.95亿人。从互联网普及率的发展趋势来看，中国农村地区的互联网普及率在2008年首次突破10%；到了2011年已突破20%大关，达到20.7%；截至2016年年底，农村互联网普及率已达到33.1%，也就是说，将近1/3的农村居民已经顺利接入了互联网。

表4.4　　2005—2016年中国农村网民规模与互联网普及率　　（单位：万人，%）

	网民规模	互联网普及率		网民规模	互联网普及率
2005年	1931	2.6	2011年	13579	20.7
2006年	2311	3.1	2012年	15566	24.2
2007年	5262	7.4	2013年	17662	28.1
2008年	8460	12.3	2014年	17846	28.8
2009年	10681	15.5	2015年	19540	31.6
2010年	12484	18.6	2016年	20066	33.1

资料来源：原始数据来源于《农村互联网发展状况研究报告》(2007—2015年)、《中国互联网络发展状况统计报告》(2016年)；笔者根据原始数据绘制。

随着通信技术的发展以及智能手机的普及，手机逐渐取代台式电脑与笔记本电脑成为农村居民最重要的上网设备，农村地区手机网民规模呈现出快速上涨的趋势。如图4.4所示，中国农村地区通过手机上网的用户规模由2007年的1210万人逐渐增长到2015年的1.7亿人，平均每年增加1975万人。同时，农村地区的手机网民数量占农村网民总规模的比例近年来基本维持在80%左右，截至2015年年底已经达到87.1%，而这一比例在2007年还不足23%。

虽然中国农村地区的信息科技得到了长足的发展，但是，由于中国典

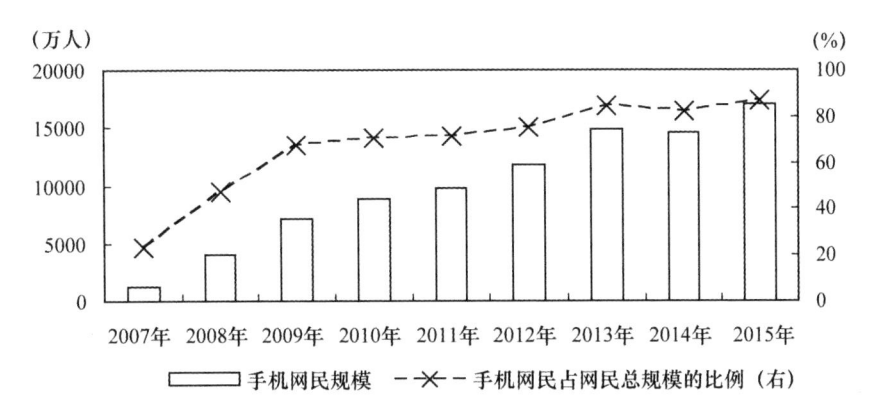

图 4.4　2007—2015 年中国农村手机网民规模情况

资料来源：原始数据来源于《农村互联网发展状况研究报告》（2007—2015 年）；笔者根据原始数据绘制。

型的城乡二元结构的存在，城乡居民在使用互联网的过程中表现出相异的行为特征。如表 4.5 所示，农村网民对各个网络应用的使用率水平都要明显低于城镇网民的水平。其中，差异最大的互联网应用类型是"旅行预订"（相差 19.2%），随后依次是"网络购物"（相差 17.8%）、"网上支付"（相差 17.8%）、"网上银行"（相差 17.1%）、"电子邮件"（相差 16.8%）与"团购"（相差 14.8%）；而差异最小的互联网应用类型是"即时通信"（相差 3.4%），随后依次是"网络游戏"（相差 4.7%）、"网上炒股"（相差 5.8%）、"网络新闻"（相差 5.9%）、"网络音乐"（相差 6.3%）与"搜索引擎"（相差 6.4%）。此外，在所有的互联网应用类型中，农村网民使用率最高的是"即时通信"（使用率为 88.2%），随后依次是"网络新闻"（使用率为 77.8%）、"搜索引擎"（使用率为 77.7%）、"网络音乐"（使用率为 68.3%）、"网络视频"（使用率为 66.9%）与"网络游戏"（使用率为 53.5%）；城镇网民使用率最高的是"即时通信"（使用率为 91.6%），随后依次是"搜索引擎"（使用率为 84.1%）、"网络新闻"（使用率为 83.7%）、"网络视频"（使用率为 75.7%）、"网络音乐"（使用率为 74.6%）与"网上支付"（使用率为 65.5%）。

表 4.5　　　2015 年中国城乡网民网络使用行为的差异　　（单位：万人,%）

应用类型		城镇网民		农村网民	
		规模	使用率	规模	使用率
信息获取类	网络新闻	41245	83.7	15196	77.8
	搜索引擎	41436	84.1	15187	77.7
交流沟通类	即时通信	45166	91.6	17243	88.2
	微博	18076	36.7	4969	25.4
	电子邮件	20859	42.3	4988	25.5
	论坛/BBS	9673	19.6	2228	11.4
网络娱乐类	网络音乐	36785	74.6	13352	68.3
	网络游戏	28690	58.2	10458	53.5
	网络视频	37313	75.7	13078	66.9
	网络文学	22320	45.3	7354	37.6
商务交易类	网络购物	32085	65.1	9239	47.3
	团购	14973	30.4	3049	15.6
	旅行预订	21268	43.2	4687	24.0
网络金融类	网上支付	32299	65.5	9320	47.7
	网上银行	26478	53.7	7161	36.6
	网上炒股	5042	10.2	851	4.4

资料来源：原始数据来源于《2015 年农村互联网发展状况研究报告》；笔者根据原始数据绘制。

虽然近年来我国的信息化发展水平得到大幅提升，但是与发达国家相比，我国的互联网信息技术还存在较大的差距。中国互联网络信息中心（CNNIC）发布的《国家信息化发展评价报告（2016）》显示，近年来中国的信息化发展取得了长足的进步，在全球 88 个国家的"国家信息化发展指数"排名中，中国的排名由 2012 年的第 36 位跃升至 2016 年的第 25 位，与 2012 年相比上升了 11 位（如表 4.6 所示）。但是，与美国、英国、日本、俄罗斯等大型经济体以及瑞典、芬兰等北欧发达国家相比，中国的信息化发展水平尚处于比较落后的位置，还存在较大的提升空间。

表4.6　2016年世界主要国家的"国家信息化发展指数"及其排名

	总指数	排名	排名变化		总指数	排名	排名变化
美国	84.1	1	↑5	冰岛	72.4	26	↓5
英国	82.7	2	↑6	马来西亚	71.4	27	↑5
日本	81.5	3	0	捷克	71.0	28	↓1
瑞典	81.4	4	↓3	立陶宛	70.7	29	↑6
韩国	81.0	5	↓1	卡塔尔	70.1	30	↑19
芬兰	80.4	6	↓4	意大利	70.1	31	↓6
荷兰	80.3	7	0	葡萄牙	70.0	32	↓6
新加坡	80.1	8	↑6	匈牙利	69.3	33	↓10
以色列	78.6	9	↓4	波兰	68.9	34	↓6
德国	78.5	10	↑2	智利	68.1	35	↓2
加拿大	78.3	11	0	罗马尼亚	67.9	36	↑1
挪威	77.9	12	↑4	沙特阿拉伯	67.7	37	↑7
爱沙尼亚	77.7	13	↑6	乌拉圭	67.1	38	↑8
爱尔兰	77.5	14	↑6	阿根廷	66.8	39	↑2
法国	77.0	15	↓6	克罗地亚	65.8	40	0
比利时	76.5	16	↑1	巴西	65.8	41	↓6
丹麦	76.5	17	↓6	科威特	65.7	42	↑6
澳大利亚	76.3	18	↑4	哥斯达黎加	65.6	43	↑8
新西兰	75.8	19	↓1	乌克兰	65.5	44	↓2
奥地利	75.5	20	↓7	希腊	65.0	45	↓16
瑞士	74.3	21	↓6	保加利亚	64.7	46	↓3
西班牙	73.7	22	↑3	哈萨克斯坦	64.3	47	↓1
俄罗斯	73.2	23	↑8	土耳其	62.2	48	↓10
卢森堡	73.1	24	↑6	巴拿马	62.2	49	↑4
中国	72.8	25	↑11	哥伦比亚	62.1	50	↑3

注：排名指的是各个国家在2016年的排名；排名变化指的是2016年的排名相对于2012年排名的变动情况。

资料来源：原始数据来源于《国家信息化发展评价报告（2016）》；笔者根据原始数据绘制。

同时，中国互联网发展呈现明显的区域差异，中西部地区的互联网建设要明显落后于东部发达地区。拉勾网发布的2016年《互联网职场生态白皮书》披露的数据显示（如表4.7所示），2016年中国互联网从业人数达到了1677.2万人。其中，仅北京、广东、浙江、上海、江苏五个东部发达省份的互联网从业人数就达到了1218.8万人，占全国总规模的七成以上（比例达到了72.7%）。与此形成鲜明对比的是，排名最靠后的十个省份（大部分位于中西部地区）的互联网从业人数仅为25.9万人，仅占全国总规模的不足2%（比例仅为1.54%）。

表4.7　　　　　中国互联网从业人员规模的区域分布　　　（单位：万人，%）

	人数	占比		人数	占比
北京	417.8	24.91	河北	15.3	0.91
广东	346.7	20.67	云南	10.0	0.60
浙江	193.3	11.53	江西	9.5	0.57
上海	132.1	7.88	广西	7.6	0.45
江苏	128.9	7.69	山西	6.5	0.39
四川	60.7	3.62	黑龙江	6.2	0.37
重庆	56.6	3.37	吉林	5.9	0.35
山东	47.3	2.82	贵州	3.1	0.18
福建	42.4	2.53	内蒙古	2.6	0.16
湖北	42.2	2.52	海南	2.5	0.15
辽宁	25.9	1.54	新疆	2.3	0.14
湖南	24.1	1.44	甘肃	1.8	0.11
河南	22.1	1.32	青海	0.6	0.04
天津	21.5	1.28	宁夏	0.5	0.03
安徽	20.7	1.23	西藏	0.4	0.02
陕西	20.2	1.20	全国	1677.2	100

资料来源：原始数据来源于2016年的《互联网职场生态白皮书》；笔者根据原始数据绘制。

三　农村人口结构变迁的特征与趋势

伴随中国城镇化、工业化、市场化进程的加速推进，农村劳动力迁移与流动已经成为现阶段农村地区人口结构变迁最突出的特征。正如蔡昉和王美艳所指出的,中国正在经历着人类社会和平历史上规模最庞大的农村劳动力流动进程(蔡昉、王美艳,2009)。农村居民社会流动性的增强日益引起学术界与决策层的普遍关注。

归纳起来,农村人口结构变迁的总体特征与演化趋势主要表现在以下四个方面。

首先,农村居民的迁移导致了农村地区常住人口的锐减。如表4.8所示,随着农村居民的迁移与流动,中国农村地区常住人口占总人口的比例由新中国成立之初的近90%降低到2016年的42.65%,平均每年下降约0.7个百分点。从农村常住人口比例的趋势来看,改革开放之前,农村常住人口占比均维持在80%以上的高位水平,这与这一时期实行的限制居民迁移与流动的政策有关;随着改革开放进程的推进,农村居民迁移的速度开始加快,表现为农村常住人口比例在1981年首次跌破80%,降到了79.8%;之后该比例逐年降低,从未再超过80%的水平线;截至1996年年底,农村常住人口占比首次跌破70%,降到了69.52%;截至2003年年底,农村常住人口占比首次跌破60%,降到了59.47%;截至2011年年底,农村常住人口占比首次跌破50%,降到了48.7%;截至2016年年底,农村常住人口占比进一步降到了42.65%。也就是说,现阶段有一半以上的中国公民已不再长期居住在农村地区。

其次,农村人口锐减的背后隐藏的是流动人口规模的快速膨胀。国家统计局发布的官方统计数据显示(如图4.5所示),近年来中国流动人口规模不断增长,人户分离的人口规模由2000年的1.44亿人增加到2010年的2.61亿人,近几年的规模将近3亿人;人户分离人口占总人口[①]的比例由2000年的11.4%上升到2010年的19.5%,之后的年份中该比例一直维持在20%以上的水平,2014年该比例达到21.8%,也就是说,近年来超过1/5的中国公民存在人户分离的现象。其中,流动人口规模由2000年的1.21亿人增长到2005年的1.47亿人,到2010年该规模已突破2亿大关,达到2.21亿人,近几年大致维持在2.5亿人;流动人口占总人口的比重由2000年的9.5%上升到2005年的11.2%,2010年进一步增长到16.5%,之后的年份中该比例大致处于18%左右的水平,也就是说,

---

① 中国历年的总人口规模数据来源于《中国统计年鉴(2016)》、《2016年国民经济和社会发展统计公报》,下同。

每六个中国公民中就会有一个流动人口。另外，根据《中国流动人口发展报告2016》，预计到2020年中国仍有2亿以上的流动人口。

表4.8　　　　1949—2016年中国农村常住人口占总人口的比例　　　（单位:%）

	比例		比例		比例		比例
1949年	89.36	1966年	82.14	1983年	78.38	2000年	63.78
1950年	88.82	1967年	82.26	1984年	76.99	2001年	62.34
1951年	88.22	1968年	82.38	1985年	76.29	2002年	60.91
1952年	87.54	1969年	82.50	1986年	75.48	2003年	59.47
1953年	86.69	1970年	82.62	1987年	74.68	2004年	58.24
1954年	86.31	1971年	82.74	1988年	74.19	2005年	57.01
1955年	86.52	1972年	82.87	1989年	73.79	2006年	56.10
1956年	85.38	1973年	82.80	1990年	73.59	2007年	55.06
1957年	84.61	1974年	82.84	1991年	73.06	2008年	54.32
1958年	83.75	1975年	82.66	1992年	72.54	2009年	51.66
1959年	81.59	1976年	82.56	1993年	72.01	2010年	50.05
1960年	80.25	1977年	82.45	1994年	71.49	2011年	48.73
1961年	80.71	1978年	82.08	1995年	70.96	2012年	47.43
1962年	82.67	1979年	81.04	1996年	69.52	2013年	46.27
1963年	83.16	1980年	80.61	1997年	68.09	2014年	45.23
1964年	81.63	1981年	79.84	1998年	66.65	2015年	43.90
1965年	82.02	1982年	78.87	1999年	65.22	2016年	42.65

资料来源：原始数据来源于（王文涛，2014）、《国民经济和社会发展统计公报》（2014—2016年）；笔者根据原始数据绘制。

再次，近年来发生在中国农村地区的人口迁移浪潮正步入新的发展阶段，即农村人口迁移正在由劳动力迁移模式[①]日益让位于家庭迁移模式[②]

---

① 劳动力迁移模式指的是由一名或多名家庭成员（通常是成年的男性或未婚的女性）迁离原来居住地，但整个家庭尚且固定在原住地的迁移模式。这是发生在乡土社会中比较传统的迁移模式。

② 家庭迁移模式指的是整个家庭迁离原来居住地的迁移模式。这是现阶段中国农村人口迁移模式的重要发展趋势。

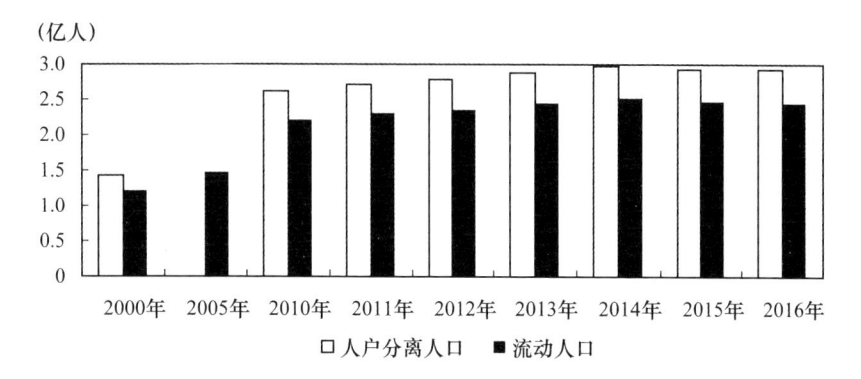

图 4.5　中国主要年份的流动人口规模

注：2000 年与 2010 年的数据为当年的人口普查数据；其余年份的数据为当年人口抽样调查推算得到的数据。

资料来源：原始数据来源于《中国统计年鉴（2016）》、《2016 年国民经济和社会发展统计公报》；笔者根据原始数据绘制。

（欧璟华等，2015）。这种趋势可以从官方的统计数据资料中得到佐证。国家统计局历年发布的《全国农民工监测调查报告》显示，中国举家外出农民工的绝对规模由 2008 年的 2859 万人增长到 2015 年的 3847 万人，平均每年增加将近 141 万人，年均增长率达到 4.3%；从举家外出农民工相对规模的变化趋势来看，中国举家外出农民工规模占农民工总量的比例从 2008 年的 12.7% 上升到 2015 年的近 13.9%，平均每年增长 0.2 个百分点（如图 4.6 所示）。同时，《中国流动人口发展报告 2016》披露的数据显示，中国目前流动人口中的家庭迁移模式逐渐得到强化，2015 年中国流动人口在流入地的家庭成员数量平均为 2.61 人，与 2013 年的均值（2.5 人）相比增加了 0.11 人，超过一半的流动家庭中有 3 人及以上的成员在同城居住。该报告的数据还表明，在省内流动的人口更加倾向于采用家庭迁移模式：2013 年省内流动人口在流入地的家庭成员数量平均值为 2.65 人，而同期跨省流动人口的这一规模为 2.43 人；2015 年的情况与 2013 年基本类似，即省内流动人口在流入地的家庭成员数量平均为 2.75 人，而同期跨省流动人口的这一数值约为 2.54 人。而且，居住时间越长的流动人口越倾向于采用家庭迁移模式：2015 年，流动人口在流入地的平均家庭成员数量由"居住 3 年以下"的 2.29 人增加到"居住 3—4 年"的 2.70 人，进一步增加到"居住 5 年及以上"的 2.95 人。

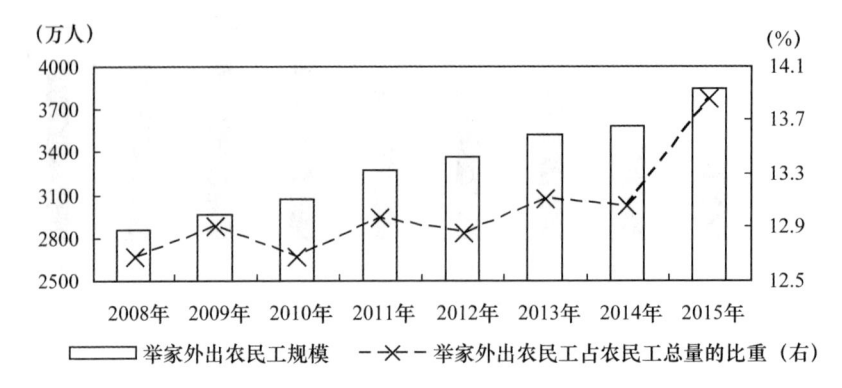

图 4.6　举家外出农民工规模变化情况

资料来源：原始数据来源于《全国农民工监测调查报告》（2008—2015 年）；笔者根据原始数据绘制。

最后，伴随中国农村地区人口结构的变迁，曾经割裂城乡居民流动的户籍制度开始出现松动的迹象。据官方统计（如表 4.9 所示），新中国成立以来，中国农业户籍人口占总人口的比例由 1949 年的 82.57% 下降到 2016 年的 58.8%，共降低了 23.77 个百分点，平均每年下降 0.35 个百分点。从农业户籍人口的发展趋势来看，中国农业户籍人口占总人口的比例经历了四个重要的发展阶段：其一，农业人口恢复阶段（1949—1952 年），表现为农业户籍人口占比由 1949 年的 82.57% 上升到 1952 年的 85.58%；其二，农业人口下降阶段（1953—1960 年），表现为农业户籍人口占比从 1952 年的 85.58% 下降到 1960 年的 79.26%；其三，农业人口缓慢上升阶段（1961—1977 年），表现为农业户籍人口占比由 1960 年的 79.26% 提高到 1977 年的 84.53%；其四，农业人口快速下降阶段（1978—2016 年），表现为农业户籍人口占比从 1977 年的 84.53% 下降到 2016 年的 58.8%。虽然改革开放之后中国农业户籍人口占总人口的比例呈现出明显的下降趋势，但是与农村常住人口占比的下降趋势相比，农业户籍人口比例的下降趋势要慢得多：农村常住人口占比早在 2011 年年底就已经首次跌破了 50%，而农业户籍人口占比到 2016 年年底仍维持在 58% 以上的高位水平；新中国成立以来，农村常住人口占比平均每年下降 0.7 个百分点，而农业户籍人口占比平均每年仅降低 0.35 个百分点。国家统计局披露的数据显示，2016 年中国常住人口城镇化率水平已达到了近57.35%,而户籍人口城镇化率水平仅为41.2%,两者之间仍存在大约16.15个百分点的差距。

表4.9　　　　1949—2016年中国农业户籍人口占总人口的比例　　（单位:%）

	比例		比例		比例		比例
1949年	82.57	1966年	83.45	1983年	82.16	2000年	74.36
1950年	83.45	1967年	83.45	1984年	81.14	2001年	73.79
1951年	84.59	1968年	84.01	1985年	80.11	2002年	72.61
1952年	85.58	1969年	84.63	1986年	80.56	2003年	70.84
1953年	85.02	1970年	84.75	1987年	80.25	2004年	69.89
1954年	84.69	1971年	84.34	1988年	79.69	2005年	68.55
1955年	84.81	1972年	84.36	1989年	79.26	2006年	67.83
1956年	84.16	1973年	84.32	1990年	79.11	2007年	67.40
1957年	83.58	1974年	84.50	1991年	78.92	2008年	66.89
1958年	81.50	1975年	84.55	1992年	78.41	2009年	66.26
1959年	79.81	1976年	84.51	1993年	78.00	2010年	65.72
1960年	79.26	1977年	84.53	1994年	77.21	2011年	65.07
1961年	81.16	1978年	84.18	1995年	76.42	2012年	64.67
1962年	83.25	1979年	83.41	1996年	76.19	2013年	64.07
1963年	83.25	1980年	83.44	1997年	75.82	2014年	63.37
1964年	83.19	1981年	83.08	1998年	75.58	2015年	60.10
1965年	83.29	1982年	81.96	1999年	75.16	2016年	58.80

资料来源:原始数据来源于(王文涛,2014)、国研网统计数据库、《国家新型城镇化报告(2015)》、《2016年国民经济和社会发展统计公报》;笔者根据原始数据绘制。

第二节　农民社会资本转换的特征与趋势

根据前文对社会资本转换概念内涵的界定,中国农村地区的社会资本转换在本质上是传统的地域型社会资本向新型的脱域型社会资本不断转变的过程,而且,伴随农村社会结构变迁进程的推进,脱域型社会资本将逐渐成为农民社会资本的主要形式。其中,脱域型社会资本主要涵盖了农村居民的空间流动、农村居民的职业转换与农村居民的业缘关系三个方面。因此,本书将在后文分别基于农村居民空间流动、农村居民职业转换、农村居民业缘关系三个维度探讨中国农村地区社会资本转换的总体特征及演化趋势。

一 宏观视角的农民社会资本转换的特征与趋势

本节采用宏观统计数据,分别从农村居民空间流动、农村居民职业转换、农村居民业缘关系三个维度探讨中国农村居民社会资本转换的总体特征与演化趋势。

(一) 农村居民空间流动的特征与趋势

农村居民的空间流动有助于打破乡土社会中社会网络的地域限制,从而在更大的空间范围拓展农民社会网络的广度。农村居民的空间流动不断催生出新的社会群体——农民工。20世纪90年代以来不断涌现的"民工潮""春运"等现象深刻折射出农村劳动力空间流动的客观性与必然性。进入21世纪以来,伴随城镇化、工业化、市场化进程的加速推进,中国农村地区剩余劳动力的空间流动已经成为一个关乎全局的问题。归纳起来,农村居民的空间流动呈现以下的特征与趋势。

其一,农村居民空间流动的整体规模日益膨胀。改革开放以来,中国农民工群体逐渐兴起并成为一支新型的劳动力大军。国家统计局披露的官方数据显示(如图4.7所示),中国农民工的绝对规模由2008年的2.25亿人逐渐增长到2016年的2.82亿人,平均每年增加近704万人,年均增长率达到2.8%。从农民工的相对规模来看,中国农民工占农村总人口的比例从2008年的32%一路飙升至2016年的近48%,[①] 平均每年增长近2个百分点。也就是说,现阶段有将近一半的农村居民投入农民工的大军之中。

其二,外出农民工是农村居民空间流动的主力军。据统计(如图4.8所示),中国外出农民工的绝对规模从2000年的大约7849万人一路飙升至2016年的将近1.7亿人,平均每年增长约568万人,年均增长率达到5.1%。从外出农民工绝对规模的发展趋势来看,中国外出农民工绝对规模在2002年首次突破1亿人大关;到了2010年已突破1.5亿人大关,达

[①] 2008—2016年中国农村人口总规模数据来源于《中国统计年鉴(2016)》、《2016年国民经济和社会发展统计公报》。

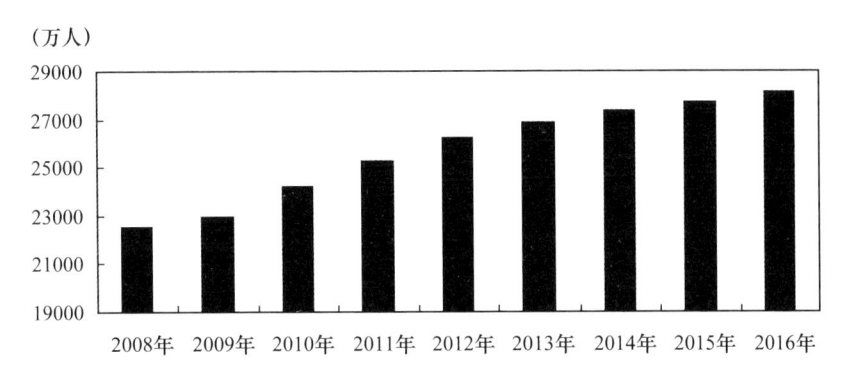

图 4.7　2008—2016 年中国农民工规模

资料来源：原始数据来源于《全国农民工监测调查报告》（2008—2015 年）、《2006 年国民经济和社会发展统计公报》；笔者根据原始数据绘制。

到 1.53 亿人；从 2012 年开始维持在 1.6 亿人以上的高位水平，而这一规模在 1983 年时还仅仅约为 200 万人。[①] 从外出农民工相对规模的变化趋势来看，中国外出农民工规模占农民工总量的比例在 2008 年为 62.3%，到 2010 年达到峰值 63.3%，之后年份中该比例略有下降，但到 2016 年依然维持在 60% 以上的高位水平（约为 60.1%）。

其三，农民工务工以流向东部地区为主，但近年来中西部地区吸纳农民工的能力在不断增强。如表 4.10 所示，从农民工就业的区域来看，选择在东部地区务工的农民工数量最多，2008—2015 年平均有 16203.5 万的农民工选择到东部地区就业，占农民工总量[②]的比例平均值为 64.2%。相比较而言，选择到中西部地区就业的农民工规模要小得多。其中，中部地区的农民工绝对规模的平均值仅为 4793.1 万人，占比均值为 18.8%；西部地区的农民工绝对规模的平均值仅为 4346.6 万人，占比均值为 17.1%。从农民工流动的区域选择的发展趋势来看，东部地区农民工数量的增速逐渐放缓，导致东部地区农民工规模占农民工总量的比例逐年下降，而中西部地区逐渐承接了从东部地区转移出来的农民工，尤其是近年

---

① 1983 年中国外出农民工绝对规模的数据来源于《我国农民工工作"十二五"发展规划纲要研究》课题组 2010 年的研究。

② 这里的"农民工总量"指的是选择在中国大陆 31 个省（自治区、直辖市）务工的农民工规模，不包括在港澳台就业的农民工。

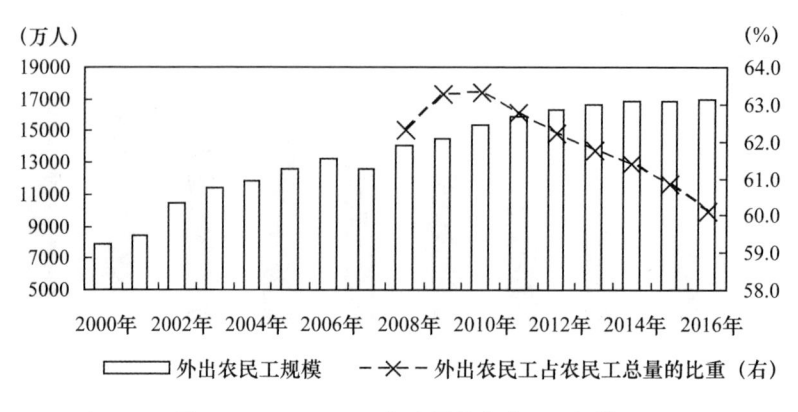

图 4.8　2000—2016 年中国外出农民工规模

资料来源：原始数据来源于（王永綦，2013）、《全国农民工监测调查报告》（2008—2015年）、《2016 年国民经济和社会发展统计公报》；笔者根据原始数据绘制。

来中西部地区吸纳农民工的能力不断强化。据统计，选择在东部地区务工的农民工总规模从 2008 年的 15243 万人增长到 2015 年的 16489 万人，平均每年增加 178 万人，占农民工总量的比例由 2008 年的 67.8% 降低到 2015 年的 59.6%，平均每年下降大约 1.2 个百分点；中部地区的农民工规模增长最快，选择在中部地区务工的农民工规模由 2008 年的 3797 万人增长到 2015 年的 5977 万人，平均每年增加近 311 万人，占农民工总量的比例由 2008 年的 16.9% 上升到 2015 年的 21.6%，平均每年增加 0.7 个百分点；选择在西部地区务工的农民工规模由 2008 年的 3449 万人增长到 2015 年的 5209 万人，平均每年增加 251 万人，占农民工总量的比例由 2008 年的 15.3% 上升到 2015 年的 18.8%，平均每年增加 0.5 个百分点。

其四，近年来外出农民工以省内流动为主。如图 4.9 所示，中国外出农民工中选择跨省流动的农民工规模基本维持在 7500 万人左右，由 2008 年的 7484 万人增长到 2015 年的 7745 万人，平均每年仅增加 37 万人，年均增长率仅为 0.5%。与此形成鲜明对比的是，外出农民工中选择省内流动的农民工规模逐年上升，由 2008 年的 6557 万人一路飙升至 2015 年的 9139 万人，平均每年增加 369 万人，年均增长率近 5%，几乎是跨省流动农民工增速的 10 倍。在 2011 年之前，外出农民工以跨省流动为主。外出农民工中选择在省外务工的比例由 2008 年的 53.3% 下降到 2009 年的 51.2%，到 2010 年进一步降低到 50.3%。2011 年在省内务工的农民工比例首次超过 50%，之后该比例逐年上升，至 2015 年已达到 54.1%。

表 4.10　　　2008—2015 年中国农民工流动的区域分布情况　（单位：万人，%）

	东部地区		中部地区		西部地区	
	规模	占比	规模	占比	规模	占比
2008 年	15243	67.8	3797	16.9	3449	15.3
2009 年	15568	67.9	3830	16.7	3519	15.4
2010 年	16212	67.1	4104	17.0	3846	15.9
2011 年	16537	65.6	4438	17.6	4215	16.7
2012 年	16980	64.9	4706	18.0	4479	17.1
2013 年	16174	60.3	5700	21.2	4951	18.5
2014 年	16425	60.1	5793	21.2	5105	18.7
2015 年	16489	59.6	5977	21.6	5209	18.8
平均值	16203.5	64.2	4793.1	18.8	4346.6	17.1

注："占比"指的是在该区域务工的农民工规模占农民工总量的比例。

资料来源：原始数据来源于《全国农民工监测调查报告》（2008—2015 年）；笔者根据原始数据绘制。

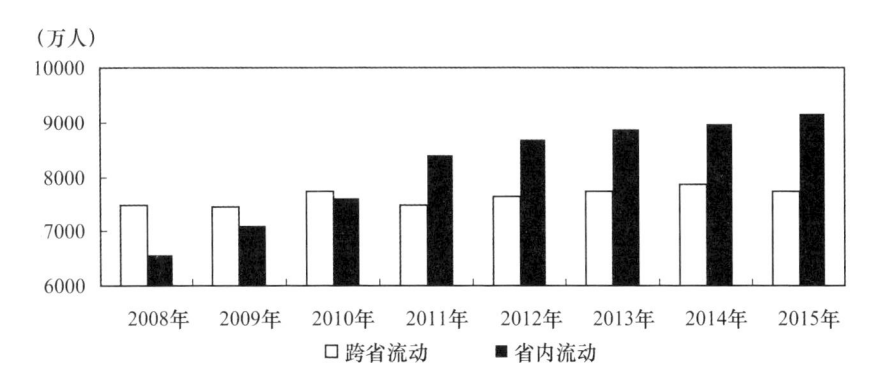

图 4.9　2008—2015 年中国外出农民工跨省流动与省内流动的分布情况

资料来源：原始数据来源于《全国农民工监测调查报告》（2008—2015 年）；笔者根据原始数据绘制。

其五，外出农民工主要流向地级以上的大中城市。据统计（如表4.11所示），外出农民工主要以流向地级以上大中型城市为主，流入地级以上城市的外出农民工占外出农民工总量的比例从2008年的63.6%上升到2015年的66.3%，平均每年增加0.4个百分点。其中，流入地级市的外出农民工比例最高，平均值①达到了34.4%；其次为流入省会的平均比例，为21%；流入直辖市的外出农民工比例最低，平均为9.1%。相比较而言，流入地级市以下的外出农民工比例由2008年的36.4%下降到2015年的33.7%。

表4.11　　　　按城市类型划分的外出农民工流向的分布情况　　　　（单位:%）

	直辖市	省会	地级市	地级市以下
2008年	—	—	—	36.4
2009年	9.1	19.8	34.4	36.7
2010年	8.8	19.4	34.8	37.0
2011年	10.3	20.5	33.9	35.3
2012年	10.0	20.1	34.9	35.0
2013年	8.5	22.0	33.4	36.1
2014年	8.1	22.4	34.2	35.3
2015年	8.6	22.6	35.1	33.7

注："—"指的是数据缺失。
资料来源：原始数据来源于《全国农民工监测调查报告》（2008—2015年）；笔者根据原始数据绘制。

(二) 农村居民职业转换的特征与趋势

农村居民职业转换的过程实际上就是农村劳动力跨部门流动的过程，也就是说，农村居民由传统的农业劳动者实现向非农就业者的职业转换。在这一过程中，农村居民不断接触并认同现代工业社会的市场规范，从而深刻改变了传统农业社会的伦理规范，即农村居民的职业转换引起了传统农村地区的社会规范转换。事实上，中国具有较为典型的劳动力剩余型二

---

① 由于缺失2008年流入直辖市、省会与地级市的外出农民工比例数据，因此，这里的平均值指的是2009—2015年的均值。

元经济结构的显著特征，农村剩余劳动力由农业向非农产业的流动也是实现中国现代化的必经阶段（段均、杨俊，2011）。

非农产业的发展是农村居民进行职业转换的必要前提。近年来，中国产业结构所发生的重大变革就在于第一产业的逐渐萎缩、第二产业与第三产业的不断膨胀。如图 4.10 所示，第一产业增加值占当年 GDP 的比重基本呈现逐年下降的变化趋势，该比例由新中国成立初期的 51%（1952 年数据）逐渐下降到 2016 年的 8.6%，而且，该比例从 2009 年开始均低于 10%，平均每年下降幅度将近 0.7 个百分点；第二产业增加值占当年 GDP 的比例大致呈现出倒"U"形的变化趋势，即由 1952 年的 20.9% 逐渐上升到 2008 年的 48.6%，国际金融危机后该比例开始逐渐下降，从 2008 年的 48.6% 降到 2009 年的 45.9%，该比例到 2016 年进一步下降为 39.8%；与此形成鲜明对比的是，第三产业增加值占当年 GDP 的比重大致呈现出"U"形的变动趋势，即从 1952 年的 28.2% 降低到 1980 年的 21.6%，在随后年份中该比例步入快速上升的通道，由 1981 年的 22% 一路飙升至 2016 年的近 51.6%，超过了第一产业与第二产业增加值之和。

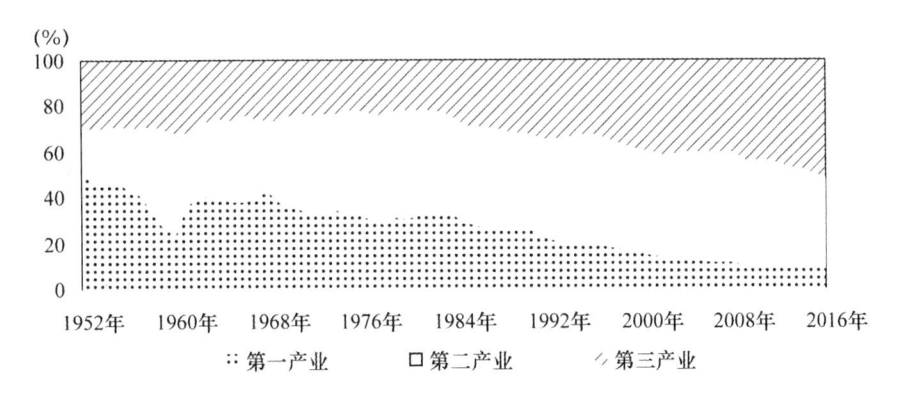

图 4.10 1952—2016 年按三次产业划分的中国 GDP 的构成

资料来源：原始数据来源于《新中国六十年统计资料汇编》、《中国统计年鉴》（2009—2016 年）、《2016 年国民经济和社会发展统计公报》；笔者根据原始数据绘制。

产业结构的分化将最终带来居民职业结构的变迁，即进一步影响农村劳动力的跨部门流动与配置过程。也就是说，非农产业的发展为居民的非农就业提供便利，即导致了就业结构的改变。如图 4.11 所示，新中国成立初期，居民就业以从事第一产业为绝对主体，第一产业就业人数占总就业人数的比例在1952年达到83.5%,而同期第二产业与第三产业就业人数占比分别为7.4%与9.1%,远低于第一产业就业人数比例。从三次产业就业人数占比的发展趋势来看,第一产业就业人数占总就业人数的比例呈现不断下降的趋势,到2003年该比例首次跌破50%,到2008年首次跌破40%,到2014年首次跌破30%,到2015年该比例已经低至28.3%,平均每年降低0.9个百分点。第二产业就业人数占比呈现出倒"U"形的变动趋势,即由1952年的7.4%不断上升到2012年的将近30.3%,在这个期间内(1952—2012年)该比例平均每年增加接近0.4个百分点;在之后的年份中该比例略有下降,2013年降为30.1%,2014年再次下降为29.9%,到2015年又进一步降低为29.3%,这段时间内(2013—2015年)该比例平均每年降低约0.4个百分点。第三产业就业人数占比在1976年之前基本维持在8%—10%,[①] 从1977年开始这一比例呈现出快速上升的发展趋势,即从1977年的10.7%一路飙升至2015年的42.4%,平均每年增加约0.8个百分点。

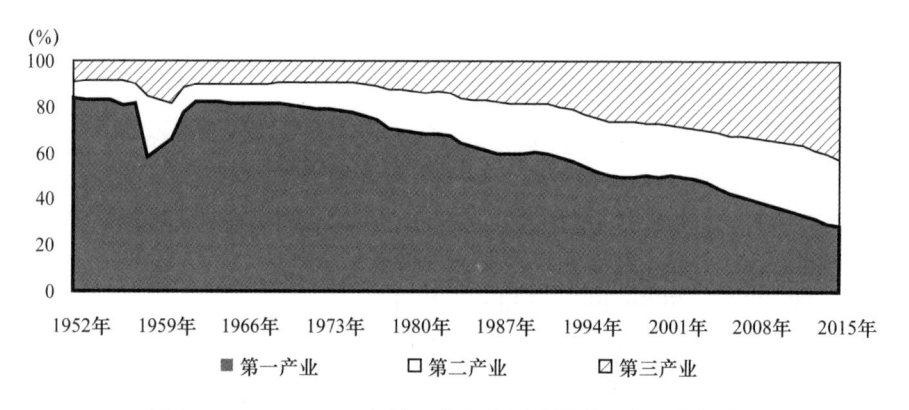

图4.11 1952—2015年按三次产业划分的中国就业的构成

资料来源:原始数据来源于《新中国六十年统计资料汇编》、《中国统计年鉴》(2009—2016年);笔者根据原始数据绘制。

伴随传统产业逐渐让位于现代产业,农村劳动力将不断从农业部门释放出来并转移到非农部门,从而实现农民职业的转换。而且,随着农

---

① 在这期间(1952—1976年),第三产业就业人数占总就业人数的比例在1958—1961年出现了一些反常的现象,这几年的第三产业就业占比:1958年为15.2%、1959年为17.2%、1960年为18.4%、1961年为11.7%。

村经济的发展与产业结构的分化，转移到非农产业的农村劳动力数量将逐渐增多。全国农村固定观察点的数据显示，中国农村居民中从事农业活动的劳动力规模占农村劳动力总量的比例由1995年的62.8%逐渐迅速下降到2013年的44.7%，平均每年降低约1个百分点；然而，外出务工的劳动力规模占农村劳动力总量的比例由1995年的10.9%一路飙升至2013年的31.8%，平均每年上升近1.2个百分点（宋洪远等，2015）。此外，乡镇企业的快速发展是中国农村地区经济腾飞与结构优化的重要标志。乡镇企业的异军突起为农村居民的非农就业提供了重要基础，从而加速了农村居民的职业转换。国家统计局人口和就业统计司提供的数据显示，改革开放以来，中国乡镇企业就业人员规模逐渐膨胀，由1978年的约2826.56万人增长到了2011年的1.6亿人，平均每年增加约405万人，年均增长率达到了6.3%。值得注意的是，在农林牧渔业乡镇企业就业的人员规模呈现出逐年下降的趋势，由1978年的608.42万人逐渐降到了2012年的约223.3万人，平均每年减少大约11万人，年均下降率为2.1%。同时，在农林牧渔业乡镇企业就业的人员数占乡镇企业就业总人数的比例也呈现出逐渐下降的趋势，从1978年的21.5%降低到1983年的不足10%，之后的年份中该比例进一步下降，到了2010年仅为1.1%。由于乡镇企业就业总规模在2012年出现了大幅下降，由2011年的16186.43万人锐减到2012年的10149.97万人，减少了6036.46万人，而同期在农林牧渔业乡镇企业就业的人员规模出现了小幅上涨，由2011年的201.22万人增长到2012年的223.3万人，增加了22.08万人，导致在农林牧渔业乡镇企业就业的人员数占乡镇企业就业总人数的比例从2011年的1.2%上升到2012年的2.2%，上涨近1个百分点。从趋势上来看，农村居民流向非农行业类乡镇企业的绝对规模与相对规模均呈现出明显的上扬态势。

随着农村劳动力不断流向非农产业，传统的农业经营活动出现了分化的趋势。全国农村固定观察点的数据显示，不从事农业的农户比例由1995年的5.2%增长到2013年的13.7%，平均每年上升大约0.5个百分点；与此形成鲜明对比的是，纯务农的农户比例从1995年的48.8%降低到2013年的38.7%，平均每年下降近0.6个百分点（宋洪远等，2015）。通过对农民工群体的分析能够更明显地刻画出农村居民非农就业的发展趋势。国家统计局历年发布的《全国农民工监测调查报告》披露的数据显示（如表4.12所示），农民工主要以从事制造业与建筑业为主，分别占农民工总量的平均比例为34.4%与18.4%；其次为从事居民服务和其他服务业的农民工，占农民工总量的平均比例为11.7%。相比较而言，从事农业的农民工规模要小得多。2014年从事第一产业的农民工比例只有约0.5%，该比例到2015年更是低至0.4%。

表4.12　　　　　　　　农民工就业的行业分布情况　　　　　　　（单位：%）

	制造业	建筑业	交通运输、仓储和邮政业	批发零售业	住宿餐饮业	居民服务和其他服务业
2008年	37.2	13.8	6.4	9.0	5.5	12.2
2009年	36.1	15.2	6.8	10.0	6.0	12.7
2010年	36.7	16.1	6.9	10.0	6.0	12.7
2011年	36.0	17.7	6.6	10.1	5.3	12.2
2012年	35.7	18.4	6.6	9.8	5.2	12.2
2013年	31.4	22.2	6.3	11.3	5.9	10.6
2014年	31.3	22.3	6.5	11.4	6.0	10.2
2015年	31.1	21.1	6.4	11.9	5.8	10.6
平均值	34.4	18.4	6.6	10.4	5.7	11.7

资料来源：原始数据来源于《全国农民工监测调查报告》（2008—2015年）；笔者根据原始数据绘制。

农村居民由传统的农业劳动者向非农就业者职业转换的结果是农村居民收入中非农收入的占比不断提高。据统计（如表4.13所示），非农收入[①]占农村居民收入的比例在1983年尚不足30%（占比为26.5%），1983—1997年该比例基本维持在24%—30%的水平；但从1998年开始非农收入占比迅速提升，从1998年的32.2%一路飙升至2015年的60.6%，这一时期（1998—2015年）非农收入占比平均每年提高大约1.7个百分点。

---

① 此处的农村居民的非农收入指的是农村家庭中除经营性收入之外的其他收入来源，主要包括工资性收入、财产性收入与转移性收入三部分。

表4.13　　　　农村居民收入中非农收入占比的变化情况　　　（单位：元，%）

	人均收入	非农收入占比		人均收入	非农收入占比		人均收入	非农收入占比
1983年	309.8	26.5	1994年	1221.0	27.8	2005年	3254.9	43.3
1984年	355.3	26.3	1995年	1577.7	28.6	2006年	3587.0	46.2
1985年	397.6	25.6	1996年	1926.1	29.3	2007年	4140.4	47.0
1986年	423.8	26.1	1997年	2090.1	29.5	2008年	4760.6	48.8
1987年	462.6	25.3	1998年	2162.0	32.2	2009年	5153.2	51.0
1988年	544.9	26.0	1999年	2210.3	34.5	2010年	5919.0	52.1
1989年	601.5	27.7	2000年	2253.4	36.7	2011年	6977.3	53.8
1990年	686.3	24.4	2001年	2366.4	38.3	2012年	7916.6	55.4
1991年	708.6	26.1	2002年	2475.6	40.0	2013年	9429.6	58.3
1992年	784.0	28.4	2003年	2622.2	41.2	2014年	10488.9	59.6
1993年	921.6	26.4	2004年	2936.4	40.5	2015年	11421.7	60.6

注：1983—2012年的数据为独立开展的农村住户抽样调查数据；2013—2015年的数据为城乡统一的一体化住户调查数据。

资料来源：原始数据来源于国研网统计数据库、《中国统计年鉴》（1997—2016年）；笔者根据原始数据绘制。

（三）农村居民业缘关系的特征与趋势

伴随农村地区第二产业与第三产业的发展，农村的社会分工呈现越来越细密化的趋势，导致中国的农村地区形成庞大而复杂的职业网络。而且，农村居民社会流动性的增强也在一定程度上拓展了这一职业网络的空间范围。依托于由职业网络所构筑的联系纽带与交往渠道，农村居民的业缘关系得以确立与发展。从某种程度上讲，农村居民的业缘关系是伴随现代市场经济向农村地区的渗透与改造而形成的，体现出的是农民融入现代主流社会的能力与程度。因此，与乡土社会中传统的血缘关系与地缘关系不同的是，业缘关系是一种基于社会分工而产生的新型社会关系。更为重要的是，基于业缘关系形成的社会信任具有突出的理性化倾向。也就是说，业缘关系对应的是社会信任转换。

随着现代市场经济的发展，农村居民外出务工的规模逐渐膨胀，可供选择的就业方式日益多样化。据统计（如表4.14所示），虽然现代社会中通过亲朋好友仍是农村居民寻找工作最主要的渠道（占到样本的51.8%）①，但是通过其他方式寻找工作的农民比例也在不断提升。具体而言，通过自发寻找工作的农民比例超过了30%，达到了31.81%；通过民间组织寻找工作的农民比例达到了13.74%；通过政府组织寻找工作的农民比例最低，只有2.65%。从农村居民务工的地点分布情况来看，现代农民的流动距离普遍较远。具体而言，选择在外省务工的农民工规模最大，占到了调研样本数量的41.95%；其次为选择在本省外县务工的农民，数量占比达到24.91%；再次为选择在本乡就业的农民，占比为20.5%；规模最小的是选择在本县外乡就业的农民，比例只有12.64%。也就是说，有将近4/5的农村居民选择离开本乡去寻找工作机会。从农村居民寻找工作的方式、在不同就业地点的分布情况来看，通过政府组织寻找工作的农民最终选择在本省外县务工的比例最高，达到了1.18%；通过民间组织寻找工作的农民最终选择在本乡务工的比例最高，达到了4.41%；通过亲朋好友和自发形式寻找工作的农民最终选择在外省务工的比例最高，分别达到了23%和14.33%。

表4.14　　现代农村居民寻找工作的方式与就业地点分布情况　（单位：人,%）

	本乡		本县外乡		本省外县		外省		合计	
	人数	占比	人数	占比	人数	占比	人数	占比	人数	占比
政府组织	6	0.44	8	0.59	16	1.18	6	0.44	36	2.65
民间组织	60	4.41	33	2.42	37	2.72	57	4.19	187	13.74
亲朋好友	117	8.60	93	6.83	182	13.37	313	23.00	705	51.80
自发寻找	96	7.05	38	2.79	104	7.64	195	14.33	433	31.81
合计	279	20.50	172	12.64	339	24.91	571	41.95	1361	100

资料来源：原始数据来源于（章元等，2008）；笔者根据原始数据绘制。

参与工会组织是农村居民拓展其业缘关系的重要载体。根据统计（如表4.15所示），改革开放以来，中国的工会组织得到了长足的发展。从工会基层组织的绝对规模来看，中国工会基层组织由1979年的32.9万

---

① 此处的数据为2004年的调研数据。

表4.15　　　　　　　1979—2015年中国工会组织情况　　　（单位：万个，万人）

	基层组织个数	会员人数	专职工作人员人数		基层组织个数	会员人数	专职工作人员人数
1979年	32.9	5147.3	17.9	1998年	60.6	10135.6	55.6
1980年	37.6	6116.5	24.3	1999年	61.4	10389.1	58.0
1981年	41.1	6843.9	29.1	2000年	61.7	10322.5	58.0
1982年	43.3	7331.6	32.2	2001年	62.7	10176.1	55.4
1983年	44.7	7693.4	33.7	2002年	58.3	10202.5	56.0
1984年	46.6	8029.1	41.9	2003年	59.3	10399.6	46.8
1985年	41.1	6843.9	29.1	2004年	58.6	10211.9	60.5
1986年	50.2	8908.5	45.9	2005年	117.4	15029.4	47.7
1987年	53.6	9336.5	47.0	2006年	132.4	16994.2	54.3
1988年	56.4	9628.9	47.4	2007年	150.8	19329.0	60.2
1989年	58.9	9909.2	48.8	2008年	172.5	21217.1	70.5
1990年	43.3	7331.6	32.2	2009年	184.5	22634.4	74.6
1991年	44.7	7693.4	33.7	2010年	197.6	23996.5	86.4
1992年	46.6	8029.1	41.9	2011年	232.0	25885.1	99.8
1993年	46.5	8525.8	38.1	2012年	266.3	28021.3	107.9
1994年	50.2	8908.5	45.9	2013年	276.7	28786.9	115.6
1995年	53.6	9336.5	47.0	2014年	278.1	28811.8	115.5
1996年	56.4	9628.9	47.4	2015年	280.6	29546.0	111.4
1997年	58.9	9909.2	48.8	平均值	97.8	13168.7	55.9

资料来源：原始数据来源于《中国统计年鉴（2016）》；笔者根据原始数据绘制。

个增长到了2015年的约280.6万个，平均每年增加近6.9万个，年均增长率达到7.3%。从工会基层组织规模的变动趋势来看，2004年之前工会基层组织数量呈现缓慢上升趋势，从1979年的32.9万个增长到2004年的约58.6万个，平均每年增加1万个，年均增长率为2.7%；从2005年开始工会基层组织数量呈现快速上升态势，由2005年的117.4万个增长到2015年的280.6万个，平均每年增加16.3万个，年均增长率高达17.5%。从工会组织会员人数的绝对规模来看，中国工会组织的会员人数由1979年的5147.3万人增长到2015年的29546万人，平均每年增加近

677.7万人，年均增长率达到了5.5%。从工会组织会员人数的变动趋势来看，2004年之前工会组织会员人数呈现缓慢上升趋势，从1979年的5147.3万人增长到2004年的10211.9万人，平均每年增加202.6万人，年均增长率为3.3%；从2005年开始工会组织会员人数呈现快速上升态势，由2005年的15029.4万人增长到2015年的29546万人，平均每年增加1451.7万人，年均增长率高达10.7%。从工会组织专职工作人员人数的绝对规模来看，中国工会组织的专职工作人员由1979年的17.9万人增长到2015年的111.4万人，平均每年增加近2.6万人，年均增长率达到了6.6%。从工会组织专职工作人员人数的变动趋势来看，2004年之前工会组织专职工作人员人数呈现缓慢上升趋势，从1979年的17.9万人增长到2004年的60.5万人，平均每年增加1.7万人，年均增长率为6.8%；2005—2013年工会组织专职工作人员人数呈现快速上升态势，由2005年的47.7万人增长到2013年的115.6万人，平均每年增加大约8.5万人，年均增长率高达8.1%；从2014开始工会组织专职工作人员人数呈现出略微下降的趋势，即2014年降为115.5万人，比2013年减少了0.1万人，下降比例为0.1%，2015年进一步降为111.4万人，比2014年减少了4.1万人，下降比例达到了3.5%。

二 微观视角的农民社会资本转换的特征与趋势

前文通过宏观统计数据描述了中国农村居民社会资本转换的特征与趋势。本部分将采用中国综合社会调查（CGSS）数据深入探讨农民社会资本转换的总体特征与演化趋势，从而与前文的宏观数据资料形成互补。

（一）农村居民空间流动的特征与趋势

根据CGSS问卷中的现有变量，本书通过"未来5年您是否计划到城镇定居"这一变量来描述农村居民的空间流动意愿。如图4.12所示，在受调查的样本中（共3364个样本），选择"是"，即未来5年有计划到城镇定居的农户有416户，占比为12.4%；与此形成鲜明对比的是，选择"否"，即未来5年没有计划到城镇定居的农户达到2948户，占比为87.6%。这一调查结果表明，农村居民空间流动的意愿还比较低。

从各个区域间农村居民空间流动意愿的分布情况来看（如图4.13所示），东部地区的农户的空间流动意愿最强，受调查的样本中有近16.8%的农户未来5年有计划到城镇定居；其次为西部地区，受调查的样本中有

15%的农户未来5年有计划到城镇定居;最低的是中部地区,仅有约8.5%的农户未来5年有计划到城镇定居。

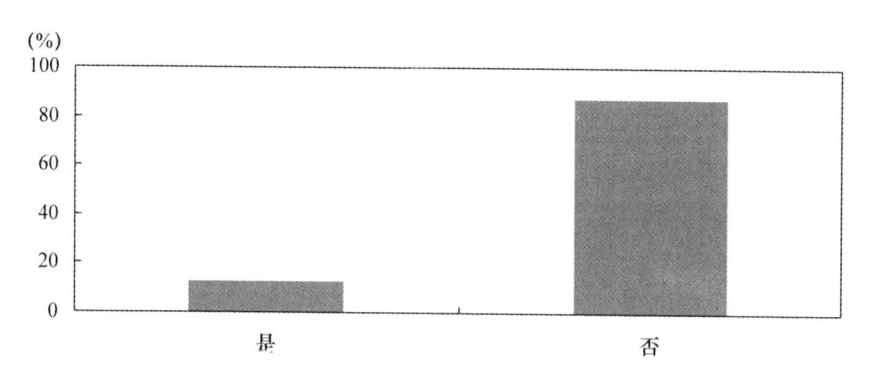

图 4.12　农村居民空间流动的意愿

资料来源:原始数据来源于中国综合社会调查(CGSS);笔者根据原始数据绘制。

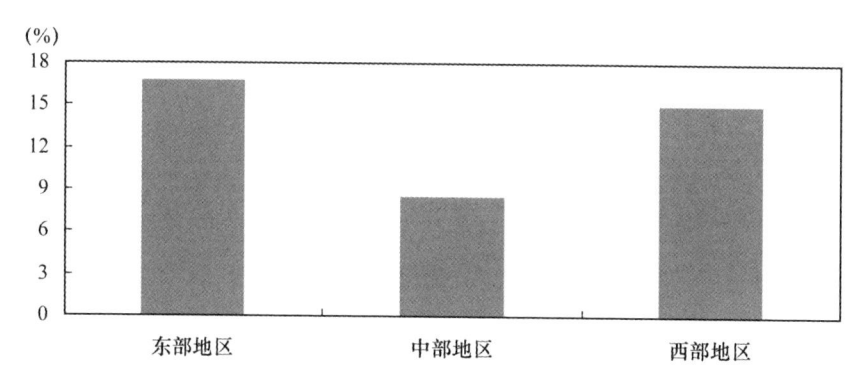

图 4.13　农村居民空间流动意愿的区域差异

资料来源:原始数据来源于中国综合社会调查(CGSS);笔者根据原始数据绘制。

(二)农村居民职业转换的特征与趋势

根据 CGSS 问卷中的现有变量,本书通过"您是否从事过非农工作"这一变量来描述农村居民的职业转换状况。如图 4.14 所示,在受调查的样本中(共 3364 个样本),选择"是",即从事过非农工作的农户有 1590 户,占比为 47.3%;与此形成鲜明对比的是,选择"否",即没有过非农工作经历的农户达到 1774 户,占比为 52.7%。这一调查结果表明,有过非农工作经历的农村居民的比例还比较低。

从各个区域间农村居民职业转换状况的分布情况来看(如图 4.15 所

示），东部地区的农户职业转换状况最好，受调查的样本中有近 64.2% 的农户曾经有过从事非农工作的经历；其次为西部地区，受调查的样本中有 44.7% 的农户曾经有过从事非农工作的经历；最低的是中部地区，仅有大约 40.9% 的农户曾经有过从事非农工作的经历。

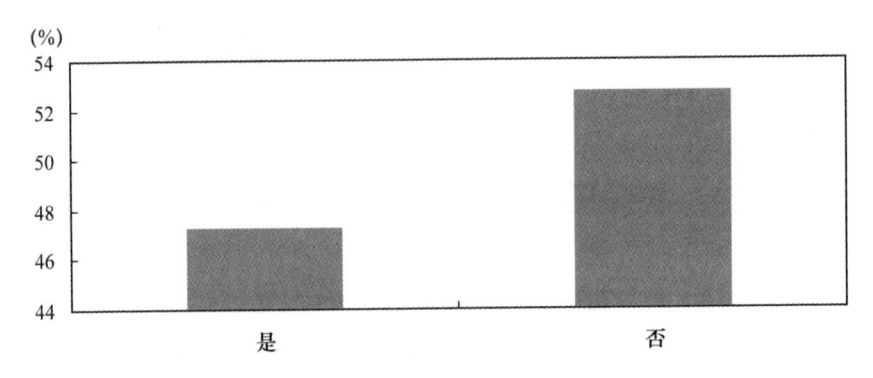

图 4.14　农村居民职业转换的状况

资料来源：原始数据来源于中国综合社会调查（CGSS）；笔者根据原始数据绘制。

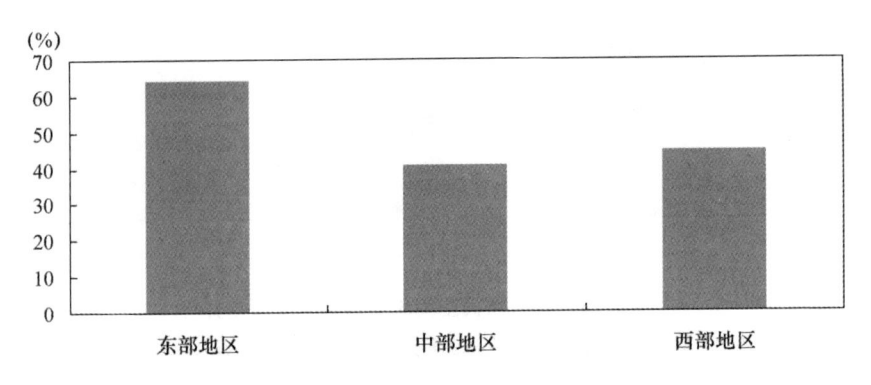

图 4.15　农村居民职业转换状况的区域差异

资料来源：原始数据来源于中国综合社会调查（CGSS）；笔者根据原始数据绘制。

（三）农村居民业缘关系的特征与趋势

根据 CGSS 问卷中的现有变量，本书通过"对于陌生人，您的信任度怎么样"这一变量来描述农村居民的业缘关系的状况。如图 4.16 所示，在受调查的样本中（共 3364 个样本），选择"居于可信与不可信之间"，即对陌生人信任度处于中等水平的农户最多，总数达到了 1130 户，占比为 33.6%；其次为选择"比较不可信"的农户，达到了 1073 户，占比为

31.9%；再次为选择"比较可信"的农户，达到560户，占比为16.6%；然后是选择"完全不可信"的农户，达到了514户，占比大约为15.3%；最后是选择"完全可信"的农户，总数仅为87户，占比仅为2.6%。这一调查结果表明，农村居民的业缘关系程度尚比较低，突出表现为农民对陌生人的信任程度偏低。这一结果也得到相关机构调查数据的支持。中国社会科学院社会学研究所发布的《社会心态蓝皮书：中国社会心态研究报告（2016）》披露的数据显示，以"熟人关系"为代表的关系信任仍然是当代中国社会信任的主要模式，目前中国社会中尚且普遍缺乏基于职业群体和陌生人的社会信任模式。

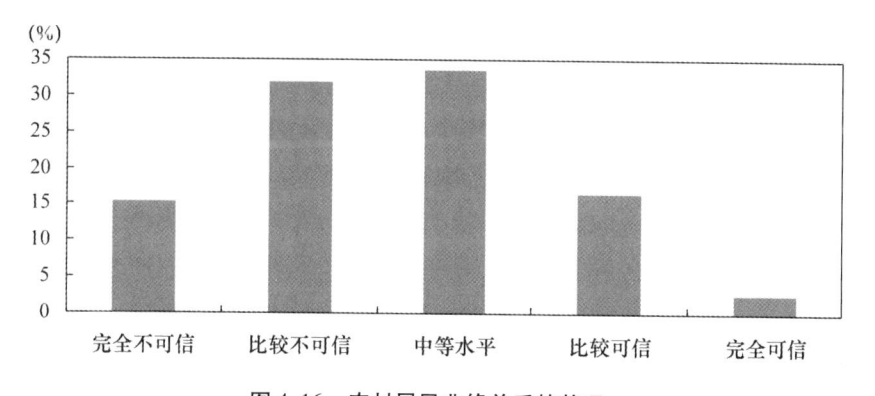

图4.16 农村居民业缘关系的状况

资料来源：原始数据来源于中国综合社会调查（CGSS）；笔者根据原始数据绘制。

为了分析农村居民业缘关系程度的区域差异情况，本书进一步将对陌生人的信任程度选择完全不可信、比较不可信、居于可信与不可信之间（即"中等水平"）、比较可信与完全可信分别赋值为1—5。赋值越高，说明农村居民对陌生人的信任程度越高，即该农户拥有的业缘关系状况越好。图4.17汇总的是各个区域农村居民业缘关系状况（即对陌生人的信任程度赋值）的平均值。从中可以看出，中部地区的农户业缘关系状况最好，对陌生人的信任程度平均值为2.61；其次为西部地区，对陌生人的信任程度平均值为2.6，与中部地区的信任程度基本持平；最低的是东部地区，对陌生人的信任程度平均值仅为2.55，低于中西部地区。

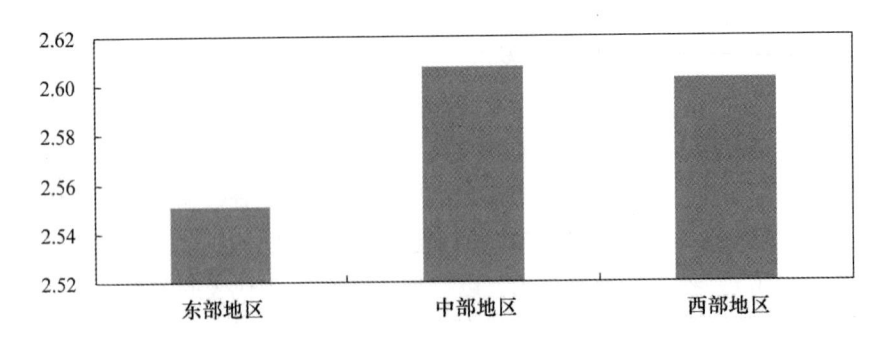

图 4.17 农村居民业缘关系状况的区域差异

资料来源：原始数据来源于中国综合社会调查（CGSS）；笔者根据原始数据绘制。

第三节 农户收入差距的特征与趋势

根据前文对农户收入差距概念内涵的界定，中国农村地区的农户收入差距涵盖了农户收入总量上的差距与农户收入结构上的差距两方面。其中，总量上的差距反映的是农户在总收入水平上的差距；结构上的差距反映的是农户各项收入来源上的差距。因此，本书将在后文分别从农户收入水平差距与农户收入结构差距两个维度探讨中国农村地区农户收入差距的总体特征及演化趋势。

一 宏观视角的农户收入差距的特征与趋势

本节采用宏观统计数据，分别从农户收入水平差距与农户收入结构差距两个维度探讨中国农户收入差距的总体特征与演化趋势。

（一）农户收入水平差距的特征与趋势

农户收入水平差距反映的是农村居民在总收入水平上存在的差异，这种差异不仅存在于全国农户之间，也存在于不同地区的农户之间。因此，本部分分别通过整体视角与区域视角两个维度刻画农户收入水平差距的总体特征和演变趋势。

1. 整体视角

始于1978年的改革开放为中国经济带来长足发展的同时，也使得农村居民的收入得到显著提升。国家统计局住户调查办公室发布的数据显示（如表4.16所示），农村居民人均纯收入水平从1978年的133.6元一路飙升至2015

年的约10772元,增长了近80倍,平均每年增加287.6元。从农村居民人均收入的增长情况来看,1978—2015年农村居民人均纯收入名义增长率的平均值达到了12.8%,剔除价格影响,实际增长率的平均值为7.7%。

表4.16　　　　1978—2015年中国农村居民人均纯收入水平及其增长率　　（单位:元,%）

	人均收入	名义增长率	实际增长率		人均收入	名义增长率	实际增长率
1978年	133.6	—	—	1997年	2090.1	8.5	4.6
1979年	160.2	19.9	19.2	1998年	2162.0	3.4	4.3
1980年	191.3	19.5	16.6	1999年	2210.3	2.2	3.8
1981年	223.4	16.8	15.4	2000年	2253.4	1.9	2.1
1982年	270.1	20.9	19.9	2001年	2366.4	5.0	4.2
1983年	309.8	14.7	14.2	2002年	2475.6	4.6	4.8
1984年	355.3	14.7	13.6	2003年	2622.2	5.9	4.3
1985年	397.6	11.9	7.8	2004年	2936.4	12.0	6.8
1986年	423.8	6.6	3.2	2005年	3254.9	10.8	6.2
1987年	462.6	9.2	5.2	2006年	3587.0	10.2	7.4
1988年	544.9	17.8	6.4	2007年	4140.4	15.4	9.5
1989年	601.5	10.4	-1.6	2008年	4760.6	15.0	8.0
1990年	686.3	14.1	1.8	2009年	5153.2	8.2	8.5
1991年	708.6	3.2	2.0	2010年	5919.0	14.9	10.9
1992年	784.0	10.6	5.9	2011年	6977.3	17.9	11.4
1993年	921.6	17.6	3.2	2012年	7916.6	13.5	10.7
1994年	1221.0	32.5	5.0	2013年	8895.9	12.4	9.3
1995年	1577.7	29.2	5.3	2014年	9892.0	11.2	9.2
1996年	1926.1	22.1	9.0	2015年	10772.0	8.9	7.5

注:1978—2012年的数据为独立开展的农村住户抽样调查数据;2013—2015年的数据根据城乡统一的一体化住户调查数据按照可比口径推算得到;"—"指的是数据缺失。

资料来源:原始数据来源于国研网统计数据库;笔者根据原始数据绘制。

但是,中国农村居民收入差距呈现出日益扩大的态势。基尼系数是国际上度量居民收入差距最常用的指标。根据前文对基尼系数方法的介绍,基尼系数的取值范围介于0—1，而且基尼系数越大，代表的是收入差距越大。据统计（如图4.18所示），中国农村居民的基尼系数基本呈现快速上涨的发展趋势：中国农村居民人均纯收入的基尼系数1978年为0.2124，1986年农村基尼系数首次突破0.3，随后该基尼系数逐渐上升，进入21世纪已经突破了0.35。需要引起高度重视的是，近年来中国农村居民人均纯收入的基尼系数日益逼近0.4这一国际警戒线。2011年农村居民人均纯收入的基尼系数达到了近0.3897，2012年略微下降，但依然高达0.3867。一些机构的微观调查数据也支持了中国农村内部收入差距扩大的趋势。根据西南财经大学中国家庭金融调查与研究中心发布的《中国收入差距报告（2013）》，2010年中国农村家庭收入的基尼系数高达0.61，远远高于国家统计局公布的结果0.3783，超出近61.2%；2012年农村内部的基尼系数有所缩小，但仍然高达0.58，超出国家统计局公布结果的近50%。北京大学发布的《中国民生发展报告（2016）》披露的数据显示，2014年以家庭纯收入为计算标的得到的全国基尼系数为0.5，相比2012年略有下降。分城乡的结果表明，2014年城镇家庭的基尼系数与2012年相比略有下降，但农村家庭的基尼系数反而上升。

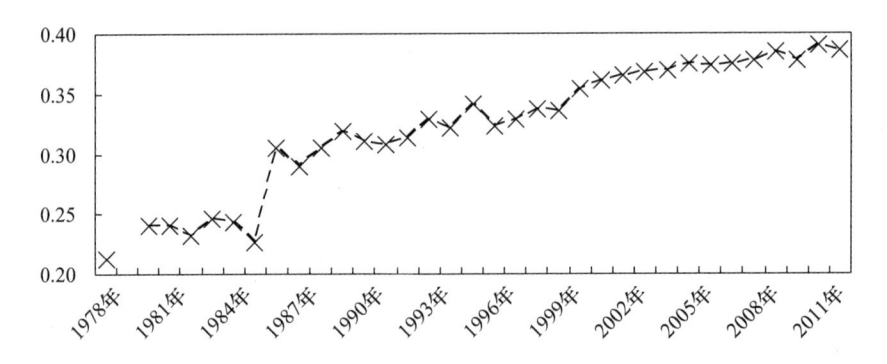

图4.18 中国农村居民人均纯收入的基尼系数

资料来源：原始数据来源于《中国住户调查年鉴》（2012—2013年）；笔者根据原始数据绘制。

从收入分组的数据来看，农村内部的收入差距依然非常明显。据统计（如表4.17所示），按照人均收入五等分分组中的农村地区最低收入户（20%）的人均收入水平由2000年的802元上涨到2015年的3085.6元，增长了 2.8 倍;中等偏下户 (20%) 的人均收入水平由 2000 年的 1440 元上涨到 2015 年的 7220.9 元,增长了 4 倍;中等收入户 (20%) 的人均收入水平由 2000 年的 2004 元上涨到了 2015 年的 10310.6 元,增长了 4.1 倍;中等偏上户 (20%) 的人均收入水平由 2000 年的 2767 元上涨到了 2015 年的 14537.3 元,增长了近 4.3 倍;高收入户 (20%) 的人均收入水平由 2000 年的 5190 元上涨到了 2015 年的 26013.9 元,增长了 4 倍。也就是说,农村居民中的最低收入户的收入增速是最慢的,从而不断拉大其与其他收入组农户的收入差距。从不同收入组间的相对收入差距的变化趋势来看,中等偏下户 (20%) 的人均收入与最低收入户 (20%) 人均收入的比值从 2000 年的 1.8 上升到了 2015 年的近 2.34,中等收入户 (20%) 的人均收入与最低收入户 (20%) 人均收入的比值从 2000 年的 2.50 上升到了 2015 年的近 3.34,中等偏上户 (20%) 的人均收入与最低收入户 (20%) 人均收入的比值从 2000 年的 3.45 上升到了 2015 年的近 4.71,高收入户 (20%) 的人均收入与最低收入户 (20%) 人均收入的比值从 2000 年的 6.47 上升到了 2015 年的近 8.43。也就是说,不同收入组之间的农户收入差距存在明显的扩大趋势,而且这一趋势近年来越加明显,这一趋势应该引起学术界与决策层的高度重视。

表 4.17　　　　　不同收入组间农村居民人均收入差距　　　　　(单位:元)

	低收入户 (20%)	中等偏下户 (20%)		中等收入户 (20%)		中等偏上户 (20%)		高收入户 (20%)	
		收入	比率	收入	比率	收入	比率	收入	比率
2000 年	802.0	1440.0	1.80	2004.0	2.50	2767.0	3.45	5190.0	6.47
2001 年	818.0	1491.0	1.82	2081.0	2.54	2891.0	3.53	5534.0	6.77
2002 年	857.0	1548.0	1.81	2164.0	2.53	3031.0	3.54	5903.0	6.89
2003 年	865.9	1606.5	1.86	2273.1	2.63	3206.8	3.70	6346.9	7.33
2004 年	1007.0	1842.2	1.83	2578.6	2.56	3608.0	3.58	6931.0	6.88
2005 年	1067.2	2018.3	1.89	2851.0	2.67	4003.3	3.75	7747.4	7.26
2006 年	1182.5	2222.0	1.88	3148.5	2.66	4446.6	3.76	8474.8	7.17
2007 年	1346.9	2581.8	1.92	3658.8	2.72	5129.8	3.81	9790.7	7.27
2008 年	1499.8	2935.0	1.96	4203.1	2.80	5928.6	3.95	11290.2	7.53

续表

	低收入户 (20%)	中等偏下户 (20%)		中等收入户 (20%)		中等偏上户 (20%)		高收入户 (20%)	
		收入	比率	收入	比率	收入	比率	收入	比率
2009年	1549.3	3110.1	2.01	4502.1	2.91	6467.6	4.17	12319.1	7.95
2010年	1869.8	3621.2	1.94	5221.7	2.79	7440.6	3.98	14049.7	7.51
2011年	2000.5	4255.7	2.13	6207.7	3.10	8893.6	4.45	16783.1	8.39
2012年	2316.2	4807.5	2.08	7041.0	3.04	10142.1	4.38	19008.9	8.21
2013年	2877.9	5965.6	2.07	8438.3	2.93	11816.0	4.11	21323.7	7.41
2014年	2768.1	6604.4	2.39	9503.9	3.43	13449.2	4.86	23947.4	8.65
2015年	3085.6	7220.9	2.34	10310.6	3.34	14537.3	4.71	26013.9	8.43

注：2000—2012年的农村居民人均收入数据为根据独立开展的农村住户抽样调查数据得到的人均纯收入；2013—2015年的农村居民人均收入数据为根据城乡统一的一体化住户调查数据得到的人均可支配收入；比率指的是相应收入组的人均收入与最低收入户人均收入的比值。

资料来源：原始数据来源于国研网统计数据库、《中国统计年鉴》(2013—2016年)；笔者根据原始数据绘制。

2. 区域视角

由于中国各个地区经济非均衡发展，农村居民收入在区域维度仍然存在较大的差异。国家统计局发布的官方数据显示（如表4.18所示），1997—2015年，上海一直是农村居民人均收入最高的省域，而农村居民人均收入最低的省域是位于西部地区的甘肃、西藏、贵州等地。也就是说，中国农村居民收入具有显著的梯度特征，东部地区的农户收入要明显高于西部地区的农户。从绝对收入差距的发展趋势来看，收入最高省份与收入最低省份的农户人均收入的绝对差额由1997年的3365.3元一路飙升至2015年的16269元，平均每年增加近716.9元。从相对收入差距的发展趋势来看，收入最高省份与收入最低省份的农户人均收入的比值从1997年的4.82下降到了2015年的3.35，18年间降低约30.6%。需要注意的是，整体上农户收入差距仍处于高位水平，农村居民收入差距扩大的格局并未发生根本改变。

表 4.18　　　　　各个地区间农村居民人均收入差距　　　　（单位：元）

	收入最高		收入最低		收入差距	
	省份	收入	省份	收入	收入差额	收入之比
1997 年	上海	4245.6	甘肃	880.3	3365.3	4.82
1998 年	上海	5406.9	西藏	1231.5	4175.4	4.39
1999 年	上海	5409.1	西藏	1309.5	4099.7	4.13
2000 年	上海	5596.4	西藏	1330.8	4265.6	4.21
2001 年	上海	5870.9	西藏	1404.0	4466.9	4.18
2002 年	上海	6223.6	西藏	1462.3	4761.3	4.26
2003 年	上海	6653.9	贵州	1564.7	5089.3	4.25
2004 年	上海	7066.3	贵州	1721.6	5344.8	4.10
2005 年	上海	8247.8	贵州	1877.0	6370.8	4.39
2006 年	上海	9138.7	贵州	1984.6	7154.0	4.60
2007 年	上海	10144.6	甘肃	2328.9	7815.7	4.36
2008 年	上海	11440.3	甘肃	2723.8	8716.5	4.20
2009 年	上海	12482.9	甘肃	2980.1	9502.8	4.19
2010 年	上海	13978.0	甘肃	3424.7	10553.3	4.08
2011 年	上海	16053.8	甘肃	3909.4	12144.4	4.11
2012 年	上海	17803.7	甘肃	4506.7	13297.0	3.95
2013 年	上海	19208.3	甘肃	5588.8	13619.5	3.44
2014 年	上海	21191.6	甘肃	6276.6	14915.0	3.38
2015 年	上海	23205.2	甘肃	6936.2	16269.0	3.35

注：1997—2012 年的农村居民人均收入数据为根据独立开展的农村住户抽样调查数据得到的人均纯收入；2013—2015 年的农村居民人均收入数据为根据城乡统一的一体化住户调查数据得到的人均可支配收入；收入差额指的是收入最高省份与收入最低省份的人均收入之差；收入之比指的是收入最高省份与收入最低省份的人均收入的比值。

资料来源：原始数据来源于国研网统计数据库、《中国统计年鉴》（2013—2016 年）；笔者根据原始数据绘制。

离散系数（Coefficient of Variance）是描绘各个地区农户人均收入相对于全国平均水平的分散状况的重要统计指标。一般来说，离散系数越高，代表地区间农户收入差距越大。离散系数（CV）的计算公式如下：

$$CV = \frac{\sigma}{\mu} \quad (4.3.1)$$

其中，σ 指的是各个地区农户人均收入的标准差，μ 指的是这些地区农户人均收入的均值。σ 与 μ 的计算公式分别如下：

$$\sigma = \sqrt{\frac{1}{n}\sum_{i=1}^{n}(y_i - \mu)^2} \quad (4.3.2)$$

$$\mu = \frac{1}{n}\sum_{i=1}^{n}y_i \quad (4.3.3)$$

其中，y_i 指的是地区 i 的农户人均收入水平，n 指的是地区的个数（在这里 n 的取值为31）。

通过公式（4.3.1）可以计算出中国历年的地区间农户人均收入的离散系数（如图 4.19 所示）。从中可以看出，中国地区间农村居民人均收入的离散系数基本呈现波动下降的发展趋势：离散系数由 1997 年的约 0.463 降低为 1998 年的约 0.411；随后经历了小幅的震荡，上升到 2003 年的 0.448；2004 年又降低为约 0.431；2005—2006 年再次上升到大概 0.462；之后的年份中离散系数基本呈现下降的趋势，到 2015 年已降低到了 0.341。离散系数逐渐下降的趋势表明，近年来农村居民人均收入快速增长的同时，各个地区之间的相对收入差距呈现不断缩小的趋势。

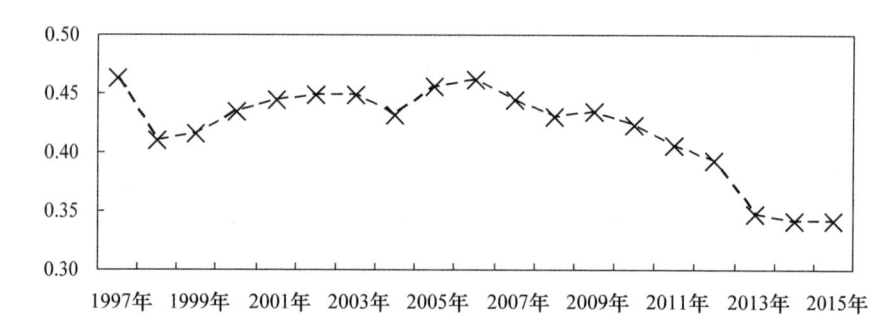

图 4.19　各个地区间农村居民人均收入的离散系数

注：1997—2012 年的农村居民人均收入数据为根据独立开展的农村住户抽样调查数据得到的人均纯收入；2013—2015 年的农村居民人均收入数据为根据城乡统一的一体化住户调查数据得到的人均可支配收入。

资料来源：原始数据来源于国研网统计数据库、《中国统计年鉴》（2013—2016 年）；笔者根据原始数据绘制。

(二) 农户收入结构差距的特征与趋势

农户收入结构差距反映的是农村居民在各项收入来源上存在的差异。与农户收入水平差距相类似，这种差异不仅存在于全国农户之间，也存在于不同地区的农户之间。因此，本书通过整体视角与区域视角两个维度刻画农户收入结构差距的总体特征和演变趋势。此外，各个收入来源对农户总收入差距的影响与贡献也是需要考虑的问题。因此，本书在最后同时探讨了农村居民四个收入来源对农户收入差距的贡献度。

1. 整体视角

如表 4.19 所示，根据国家统计局住户调查办公室发布的数据，可以总结出中国农村居民收入来源结构呈现的总体特征与演化趋势。归纳起来主要表现为以下四个方面。

表 4.19　　　　　中国农村居民人均收入来源及构成　　　　（单位：元，%）

	工资性收入		经营性收入		财产性收入		转移性收入	
	收入	占比	收入	占比	收入	占比	收入	占比
1993 年	194.5	21.1	678.5	73.6	7.0	0.8	41.6	4.5
1994 年	263.0	21.5	881.9	72.2	28.6	2.3	47.6	3.9
1995 年	353.7	22.4	1125.8	71.4	41.0	2.6	57.3	3.6
1996 年	450.8	23.4	1362.5	70.7	42.6	2.2	70.2	3.6
1997 年	514.6	24.6	1472.7	70.5	23.6	1.1	79.3	3.8
1998 年	573.6	26.5	1466.0	67.8	30.4	1.4	92.0	4.3
1999 年	630.3	28.5	1448.4	65.5	31.6	1.4	100.2	4.5
2000 年	702.3	31.2	1427.3	63.3	45.0	2.0	78.8	3.5
2001 年	771.9	32.6	1459.6	61.7	47.0	2.0	87.9	3.7
2002 年	840.2	33.9	1486.5	60.0	50.7	2.0	98.2	4.0
2003 年	918.4	35.0	1541.3	58.8	65.8	2.5	96.8	3.7
2004 年	998.5	34.0	1745.8	59.5	76.6	2.6	115.5	3.9
2005 年	1174.5	36.1	1844.5	56.7	88.5	2.7	147.4	4.5
2006 年	1374.8	38.3	1931.0	53.8	100.5	2.8	180.8	5.0
2007 年	1596.2	38.6	2193.7	53.0	128.2	3.1	222.3	5.4
2008 年	1853.7	38.9	2435.6	51.2	148.1	3.1	323.2	6.8

续表

	工资性收入		经营性收入		财产性收入		转移性收入	
	收入	占比	收入	占比	收入	占比	收入	占比
2009年	2061.3	40.0	2526.8	49.0	167.2	3.2	397.9	7.7
2010年	2431.1	41.1	2832.8	47.9	202.2	3.4	452.9	7.7
2011年	2963.4	42.5	3222.0	46.2	228.6	3.3	563.3	8.1
2012年	3447.5	43.5	3533.4	44.6	249.1	3.1	686.7	8.7
2013年	3652.5	38.7	3934.8	41.7	194.7	2.1	1647.5	17.5
2014年	4152.2	39.6	4237.4	40.4	222.1	2.1	1877.2	17.9
2015年	4600.3	40.3	4503.6	39.4	251.5	2.2	2066.3	18.1

注：占比指的是各项收入来源占当年农村居民人均收入的比例；1993—2012年的农村居民人均收入数据为根据独立开展的农村住户抽样调查数据得到的人均纯收入；2013—2015年的农村居民人均收入数据为根据城乡统一的一体化住户调查数据得到的人均可支配收入。

资料来源：原始数据来源于国研网统计数据库、《中国统计年鉴》（2013—2016年）；笔者根据原始数据绘制。

其一，工资性收入逐渐成为农村居民最重要的收入来源。农村居民人均工资性收入从1993年的194.5元增长到了2015年的约4600.3元，平均每年增加近200.3元，年均增长率达到了15.7%；农村居民人均工资性收入占人均收入的比例由1993年的21.1%上升到2015年的40.3%，首次超过经营性收入成为农村居民最重要的收入来源，平均每年上升0.9个百分点。[1]

其二，经营性收入仍是农村居民重要的收入来源，但所占比例逐渐降低。农村居民人均经营性收入从1993年的678.5元增长到了2015年的4503.6元，平均每年增加约173.9元，年均增长率达到9.3%；但是，农村居民人均经营性收入占人均收入的比例由1993年的73.6%下降到了2015年的39.4%，平均每年减少近1.6个百分点。

---

[1] 近年来，得益于大量农村居民的外出务工，农村居民获得了更多的工资性收入。国家统计局发布的《2015年农民工监测调查报告》披露的数据显示，2015年农民工人均月收入水平为3072元，比2014年增长7.2%。其中，从事交通运输、仓储和邮政业的农民工月收入水平最高，达到了3553元，比2014年增加7.7%。《2016年国民经济和社会发展统计公报》披露的数据显示，2016年农民工人均月收入水平为3275元，比2015年增长6.6%。

其三，财产性收入虽然占农村居民收入的比例较低，但增速最快。农村居民人均财产性收入从 1993 年的 7 元增长到了 2015 年的 251.5 元，平均每年增加 11.1 元，年均增长率高达 26.3%，在所有的收入来源中增速最快；农村居民人均财产性收入占人均收入的比例由 1993 年的 0.8% 上升到 2015 年的 2.2%，平均每年上升 0.1 个百分点。

其四，转移性收入快速增长，所占比例逐渐上升。农村居民人均转移性收入从 1993 年的 41.6 元增长到 2015 年的 2066.3 元，平均每年增加 92 元，年均增长率高达 21.9%，增速仅次于同一时期财产性收入的增速；农村居民人均转移性收入占人均收入的比例由 1993 年的 4.5% 上升到 2015 年的 18.1%，平均每年上升约 0.6 个百分点。

图 4.20 汇总的是农户收入来源的基尼系数。从中可以看出，农村居民财产性收入差距最高，基尼系数高达 0.9579；其次为转移性收入差距，基尼系数达到 0.931；再次为工资性收入差距，基尼系数为 0.5816；最后是经营性收入差距，基尼系数为 0.544。

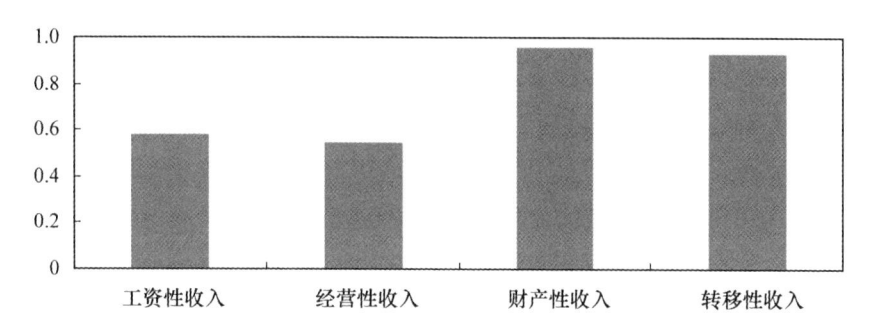

图 4.20　农村居民各项收入来源的基尼系数

资料来源：原始数据来源于（李实、罗楚亮，2014）；笔者根据原始数据绘制。

2. 区域视角

农村居民各个收入来源在不同的地区间也存在较大的差距。国家统计局发布的数据显示（如表 4.20 所示），人均工资性收入最高的省份与人均工资性收入最低省份的收入差额从 1999 年的 4137.6 元一路飙升至 2015 年的 15609.6 元，平均每年增加 717 元；人均工资性收入最高的省份与人均工资性收入最低省份的收入之比从 1999 年的 77.3 下降到 2015 年的 9.3，16 年降低了 88%。人均经营性收入最高的省份与人均经营性收入最低省份的收入差额从 1999 年的约 1379.3 元一路飙升至 2015 年的 6415.8 元，平均每年增加 314.8 元；此外，人均经营性收入最高的省份与人均经营性收入最低省份的收入之比从 1999 年的 2.6 上升到 2015 年的 5.4，16 年上涨了 107.7%。人均财产性收入最高的省份与人均财产性收入最低省份的收入差额从 1999 年的 122.9 元一路飙升至 2015 年的 1120.1 元，平均每年增加 62.3 元；人均财产性收入最高的省份与人均财产性收入最低省份的收入之比从 1999 年的 28.4 下降到 2015 年的 14.4，16 年降低了 49.3%。人均转移性收入最高的省份与人均转移性收入最低省份的收入差额从 1999 年的 234 元一路飙升到了 2015 年的 2333 元，平均每年增加 131.2 元；人均转移性收入最高的省份与人均转移性收入最低省份的收入之比从 1999 年的 8.9 下降到 2015 年的 3，16 年降低了大约 66.3%。

表 4.20　　　　　　农村居民人均收入来源结构的地区差距　　　　　（单位：元）

	工资性收入		经营性收入		财产性收入		转移性收入	
	收入差额	收入之比	收入差额	收入之比	收入差额	收入之比	收入差额	收入之比
1999 年	4137.6	77.3	1379.3	2.6	122.9	28.4	234.0	8.9
2000 年	4205.3	41.2	1101.8	2.2	174.0	26.0	218.5	11.1
2001 年	4359.3	34.1	1117.3	2.3	162.1	15.3	248.9	12.7
2002 年	4778.3	34.6	1310.8	2.7	332.2	37.5	306.2	13.0
2003 年	5111.3	37.4	1519.0	2.9	290.2	19.4	339.1	14.3
2004 年	5330.3	39.6	1679.1	3.0	401.6	25.8	398.8	8.4
2005 年	5964.2	31.5	2014.8	3.6	571.2	35.0	803.3	16.3
2006 年	6431.9	26.3	2316.6	4.0	656.4	30.2	1056.8	16.1
2007 年	7022.7	22.2	2725.5	4.6	780.0	34.6	1254.8	14.5
2008 年	7685.5	19.2	3051.7	5.3	1123.3	58.6	1596.3	10.1
2009 年	8209.5	18.8	3279.4	6.6	1234.6	37.3	2058.9	9.9
2010 年	9049.5	17.3	3717.4	7.3	1306.1	39.7	2532.1	10.0
2011 年	9688.3	13.0	4105.0	5.7	1495.8	37.3	3078.1	9.5
2012 年	10469.7	11.4	4715.0	6.2	1662.5	31.9	3623.2	9.7

续表

	工资性收入		经营性收入		财产性收入		转移性收入	
	收入差额	收入之比	收入差额	收入之比	收入差额	收入之比	收入差额	收入之比
2013年	13660.7	12.0	5810.3	5.5	746.5	18.8	1881.9	4.1
2014年	14606.0	10.3	6005.0	5.2	746.8	11.5	1784.7	2.6
2015年	15609.6	9.3	6415.8	5.4	1120.1	14.4	2333.0	3.0

注：1999—2012年的农村居民人均收入数据为根据独立开展的农村住户抽样调查数据得到的人均纯收入；2013—2015年的农村居民人均收入数据为根据城乡统一的一体化住户调查数据得到的人均可支配收入；收入差额指的是收入最高省份与收入最低省份的人均收入之差；收入之比指的是收入最高省份与收入最低省份的人均收入的比值。

资料来源：原始数据来源于国研网统计数据库、《中国统计年鉴》(2013—2016年)；笔者根据原始数据绘制。

图4.21汇总的是各个地区间农村居民人均收入来源结构的离散系数。从中可以看出，工资性收入的离散系数基本呈现波动中下降的趋势：离散系数从1999年的1.092减小到2015年的0.768，表明地区间农村居民的工资性收入差距呈现改善态势。经营性收入的离散系数较小，但呈现上升的趋势：离散系数由1999年的0.242增长到2015年的0.318，表明地区间农村居民的经营性收入差距呈现扩大趋势。财产性收入的离散系数一直徘徊在高位水平，近年来变动不明显：离散系数从1999年的0.905微弱降低到2015年的0.801，表明地区间农村居民的财产性收入差距较大且并未得到明显缩小。转移性收入的离散系数呈波动上升趋势，但近几年有所缩小：离散系数由1999年的0.622上升到2012年的0.837，随后有所下降，到2015年为0.289，表明近几年地区间农村居民的转移性收入差距有所缩小。

3. 收入来源结构对农户收入差距的贡献

基于收入来源结构对基尼系数进行分解，可以考察各项收入来源对整体基尼系数的贡献度。具体而言，农户收入差距基尼系数可以表示为各项收入来源基尼系数的加权平均，即：

$$Gini = \sum_{i=1}^{n} \varphi_i Gini_i \qquad (4.3.4)$$

其中，φ_i代表的是第i项收入占总收入的份额，$Gini_i$代表的是第i项收入来源的基尼系数。基于式（4.3.4）可以得到各项收入来源对农户收

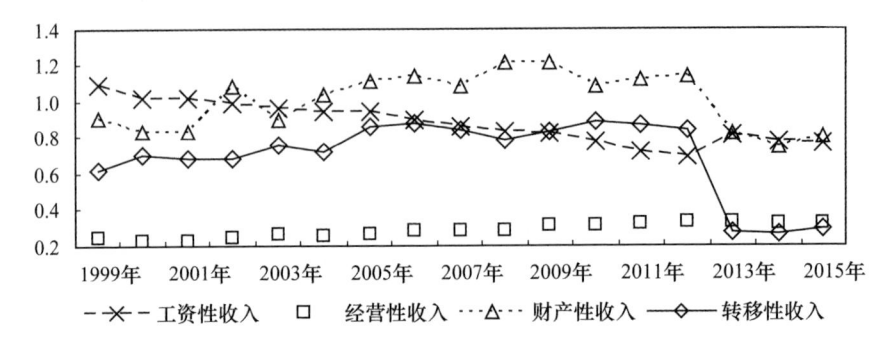

图 4.21　各个地区间农村居民人均收入来源结构的离散系数

注：1999—2012 年的农村居民人均收入数据为根据独立开展的农村住户抽样调查数据得到的人均纯收入；2013—2015 年的农村居民人均收入数据为根据城乡统一的一体化住户调查数据得到的人均可支配收入。

资料来源：原始数据来源于国研网统计数据库、《中国统计年鉴》（2013—2016 年）；笔者根据原始数据绘制。

入差距基尼系数的贡献度：

$$\omega_i = \frac{\varphi_i Gini_i}{Gini} \quad (4.3.5)$$

表 4.21 是各项收入来源对农村内部总体收入差距的贡献度。从中可以看出，工资性收入、转移性收入与财产性收入对农户收入差距的影响程度稳步提高，而经营性收入对农户收入差距的主体影响作用持续弱化。

表 4.21　　各项收入来源对农户收入差距的贡献度　　（单位：%）

	工资性收入	经营性收入	财产性收入	转移性收入
2002 年	41.5	49.8	3.2	5.1
2010 年	42.9	45.5	4.5	7.0
2011 年	44.6	42.4	5.0	8.0
2012 年	46.1	40.7	5.0	8.3

资料来源：原始数据来源于《中国居民收入分配年度报告》（2012—2013 年）；笔者根据原始数据绘制。

二　微观视角的农户收入差距的特征与趋势

前文通过宏观统计数据描述了中国农户收入差距的特征与趋势。本部分将采用中国综合社会调查（CGSS）数据深入探讨农户收入差距的总体特征与演化趋势，从而与前文的宏观数据资料形成互补。

（一）农户收入水平差距的特征与趋势

基于 CGSS 调查数据，同时为了增强研究结论的稳健性，本书同时采用基尼系数、Atkinson 指数、相对平均离差、变异系数、对数标准差、Mehran 指数、Piesch 指数、Kakwani 指数、Theil 熵指数、平均对数离差 10 种指标度量农户收入水平差距程度（如表 4.22 所示）。下面以最常用的基尼系数为例进行阐述：在全部样本中，农户收入水平差距的基尼系数为 0.4698。这一数值大于国家统计局公布的结果 0.3783，但小于西南财经大学中国家庭金融调查与研究中心的估算结果 0.61，具有一定的可信度。

表 4.22　　　　　　　　　　农户收入水平差距的程度

	不平等程度		不平等程度
基尼系数	0.4698	Mehran 指数	0.6083
Atkinson 指数	0.3347	Piesch 指数	0.4005
相对平均离差	0.3368	Kakwani 指数	0.1878
变异系数	1.3915	Theil 熵指数	0.4322
对数标准差	0.9205	平均对数离差	0.4076

注：采用农户收入水平的绝对量得到相关结果。
资料来源：原始数据来源于中国综合社会调查（CGSS）；笔者根据原始数据绘制。

农户收入水平的分布情况也能反映出农村居民收入不平等程度。图 4.22 的结果显示，收入最低的 5% 的农户平均年收入只有 2000 元，收入最低的 10% 的农户平均年收入只有约 3200 元，收入最低的 25% 的农户平均年收入也只有 8000 元；到 0.75 分位点水平时，农户平均年收入水平达到 28900 元，而到 0.9 分位点水平时，农户平均年收入水平已经达到了 45000 元，0.95 分位点上的农户平均年收入水平更是达到了近 60000 元。这种现象说明，高收入农户与低收入农户之间的收入差距已经达到了非常高的水平。

不同收入分位点上的农户收入占所有农户收入的比重能够更为直观地反映出农户收入水平差距（如图 4.23 所示）。图 4.23 显示，收入最低的 5% 的农户收入占所有农户收入的比重仅为 0.3%，收入最低的 10% 的农

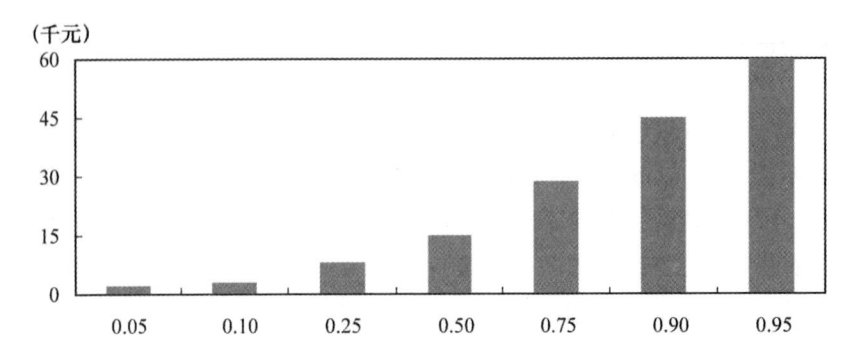

图 4.22　不同分位点上农户收入水平的分布情况

资料来源：原始数据来源于中国综合社会调查（CGSS）；笔者根据原始数据绘制。

户收入占所有农户收入的比重也仅为 0.9%，甚至收入最低的 50% 的农户收入占所有农户收入的比重也仅达到了 18%。相较而言，收入最高的 5% 的农户收入占所有农户收入的比重达到了近 24.1%，超过收入最低 50% 农户收入占比近 6.1 个百分点。

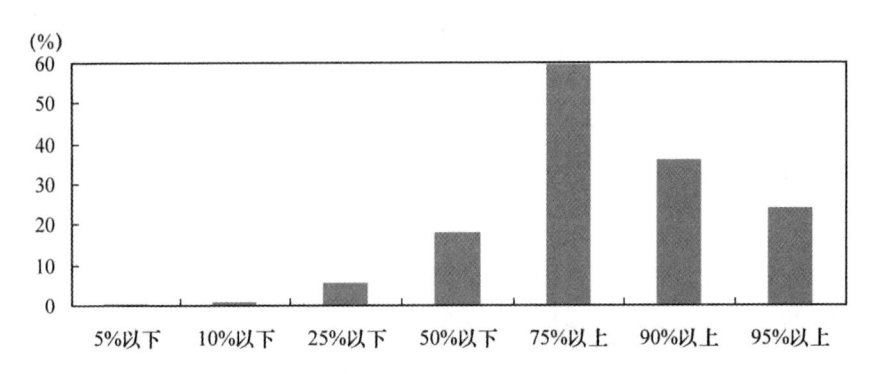

图 4.23　不同分位点上农户收入占所有农户收入的比重

资料来源：原始数据来源于中国综合社会调查（CGSS）；笔者根据原始数据绘制。

图 4.24 汇总的是各个区域农户收入水平的基尼系数。从中可以看出，东部地区的农户收入水平差距最大，基尼系数高达 0.5063；其次为西部地区，农户收入水平的基尼系数达到了 0.4922；相比较而言，中部地区的农户收入水平差距最小，基尼系数为 0.4309。

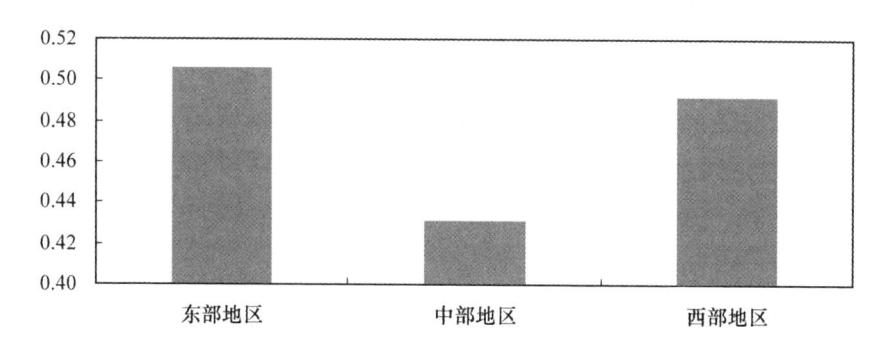

图 4.24　农户收入水平基尼系数的区域差异

资料来源：原始数据来源于中国综合社会调查（CGSS）；笔者根据原始数据绘制。

（二）农户收入结构差距的特征与趋势

基于 CGSS 数据，为了使得本书所计算出的基尼系数与已有文献的结果具有可比性，本书采用农户各项收入来源的绝对量得到相关结果。[①] 同时，为了增强研究结论的稳健性，本章同时采用了基尼系数、Atkinson 指数、相对平均离差、变异系数、对数标准差、Mehran 指数、Piesch 指数、Kakwani 指数、Theil 熵指数与平均对数离差 10 种指标来度量农户收入结构差距，相关结果汇总为表 4.23。以最常用的基尼系数为例进行阐述：[②] 农户财产性收入的基尼系数最高，达到了 0.9883；其次为农户转移性收入差距，基尼系数达到了 0.8912；再次为农户工资性收入差距，基尼系数达到 0.8127；最后是农户经营性收入差距，基尼系数达到 0.561。这一结果与李实和罗楚良基于"全国城乡住户调查数据"（CHIP）的计算结果基本一致（李实、罗楚良，2014）。李实和罗楚良基于 CHIP 数据计算得到的农户各项收入来源的基尼系数分别如下：农户财产性收入的基尼系数高达 0.9579；农户转移性收入的基尼系数达到 0.931；农户工资性收入的基尼系数为 0.5816；农户经营性收入的基尼系数为 0.544。通过比较农

[①] 考虑到 CGSS 调查的数据可得性，本书界定的农户各项收入结构的具体构成分别如下：农户经营性收入主要包括农、林、牧、渔业收入和非农兼营收入；农户工资性收入主要包括非农职业收入、流动人口外出带来的收入和离退休人员收入；农户财产性收入主要包括财产性收入、出售财产收入和出租或转包土地收入；农户转移性收入主要包括政府转移性收入和赠予或遗产性收入等。具体的分析过程可以参照本书第七章的相关论述。

[②] 需要指出的是，由于 CGSS 2010 并未发布调查的权重数据，因此，可能会导致计算得到的基尼系数偏大。但是，通过基尼系数进行收入差距的相对比较在理论上仍是可行的。

户各项收入来源的不平等程度可以发现，农户财产性收入差距最大，其次为农户转移性收入差距与农户工资性收入差距，最小的是农户经营性收入差距。这种现象表明，非农收入差距是导致农户收入差距的主要原因。

表4.23　　　　　　　　　　　农户收入结构差距的程度

	农户经营性收入	农户工资性收入	农户财产性收入	农户转移性收入
基尼系数	0.5610	0.8127	0.9883	0.8912
Atkinson 指数	0.3926	-0.2591	-0.0864	-0.1681
相对平均离差	0.4112	0.6932	0.9517	0.7545
变异系数	1.6199	2.1722	12.3008	4.4623
对数标准差	1.0935	0.9664	1.5226	1.1123
Mehran 指数	0.7112	0.9534	0.9997	0.9787
Piesch 指数	0.4859	0.7424	0.9827	0.8475
Kakwani 指数	0.2598	0.5823	0.9287	0.6728
Theil 熵指数	0.6138	1.4311	4.3323	2.1256
平均对数离差	0.4985	-0.2304	-0.0829	-0.1554

注：本表采用农户各项收入来源结构的绝对量得到相关结果。
资料来源：原始数据来源于中国综合社会调查（CGSS）；笔者根据原始数据绘制。

图4.25汇总的是各个区域农户收入结构的基尼系数。图4.25显示，农户工资性收入差距中，东部地区的基尼系数最高，达到了0.8841；其次为西部地区，基尼系数达到0.8051；最小的是中部地区，基尼系数为0.7803。农户经营性收入差距中，东部地区的基尼系数最高，达到了0.5761；其次为西部地区，基尼系数达到了0.5664；最小的是中部地区，基尼系数为0.5209。农户财产性收入差距中，西部地区的基尼系数最高，达到了0.9913；其次为东部地区，基尼系数达到0.987；最小的是中部地区，基尼系数为0.9848。农户转移性收入差距中，东部地区的基尼系数最高，达到了0.9317；其次为西部地区，基尼系数达到了0.9229；最小的是中部地区，基尼系数为0.8308。

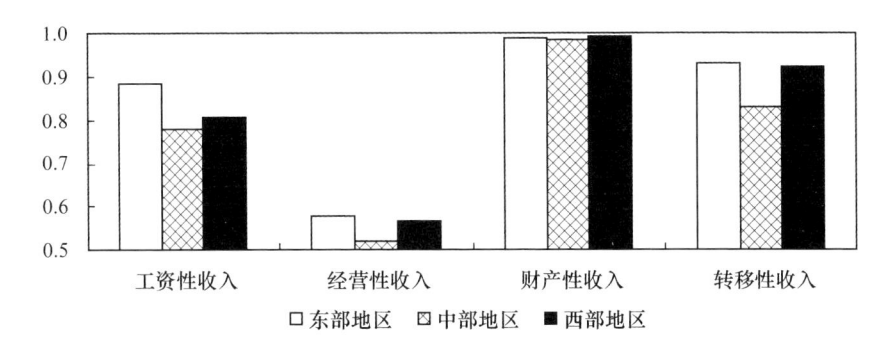

图 4.25 农户收入结构基尼系数的区域差异

资料来源:原始数据来源于中国综合社会调查(CGSS);笔者根据原始数据绘制。

第四节 本章小结

本章的主要目的是为后文的实证研究与统计推断提供重要的客观依据。通过对社会结构变迁、社会资本转换与农户收入差距等现象的总体特征与发展趋势的描述,本章的主要内容及发现可以归纳为如下三个方面。

其一,中国农村地区的社会结构变迁步入快车道。随着市场经济不断嵌入农村社会生活之中,中国农村的土地结构、科技结构与人口结构发生了显著的改变。其中,农村居民社会性流动增强是社会结构变迁最显著的特征。

其二,中国农村居民的社会资本转换出现新趋势。伴随农村社会结构变迁进程的推进,脱域型社会资本逐渐成为农户社会资本的主要形式。其中,农村居民非农就业能力增强是促使社会资本转换形成的最关键的因素。

其三,中国农村家庭的收入差距持续扩大。农村居民收入水平得到不断提高的同时,农户收入差距在总量维度与结构维度均出现了明显的上升趋势。其中,工资性收入、转移性收入与财产性收入对农户收入差距的贡献度持续强化。

本章通过描绘社会结构变迁、社会资本转换与农户收入差距的特征与趋势发现,这些典型的现象之间存在同向变化的规律。本章初步探索了这些变量的统计关系,后文的实证研究将在此基础上进行更为细致的考察。

第五章

理论模型

前文遵循"社会结构变迁→社会资本转换→农户收入差距"的逻辑链条，从理论上梳理了社会结构变迁背景下的社会资本转换的形成机制，以及社会资本转换对农户收入差距的作用机制，并提出了社会资本转换影响农户收入差距的两个研究假设。本章将在前文研究工作的基础上进一步构建理论模型，通过数理模型的推导来探讨社会结构变迁、社会资本转换、农户收入差距等核心变量之间的关系，并采用数值模拟方法对前文提出的研究假设进行验证。本章的主要工作是沿袭"社会结构变迁→社会资本转换→农户收入差距"的研究思路，构建社会结构变迁影响社会资本转换，以及社会资本转换影响农户收入差距的数理模型，从而对前文的理论机制分析形成补充，并为后文的实证研究设计提供模型支持。

第一节 社会结构变迁与社会资本转换的形成

本书构建理论模型遵循以下的研究逻辑：首先是对模型构建的主体思路进行介绍；其次是基于建模思路，并借鉴已有的研究成果推导出社会结构变迁影响社会资本转换的数学关系；最后是在数学关系式的基础上推导出社会结构变迁对社会资本转换的作用机制。

一 建模思路

根据前文的分析，社会结构变迁在本质上体现的是市场经济体制加速了农村地区出现的产业结构分化与劳动分工深化的趋势；社会资本转换在本质上是地域型社会资本向脱域型社会资本转变的过程，而且，伴随农村社会结构变迁进程的推进，脱域型社会资本将逐渐成为农村居民社会资本的主要形式。其中,农村居民由传统的农业劳动者向非农就业者的职业转变是促使社会资本转换形成与演化的最为关键的因素。因此,研究社会结构变迁对社会资本转换形成的作用机制可以转化为探讨产业结构分化与劳动分工深化对农村劳动力职业转换的影响。

事实上,农村劳动力的职业转换并不会自然发生,而是需要综合考虑多种因素而进行理性决策。农村劳动力做出这种理性决策的过程可以用以下的思想进行描述。

假设代表性农村劳动力面临两种职业选择:一种为继续从事农业劳动,获得的预期收益记为 R_0;另一种为从事非农劳动,获得的预期收益记为 R_1。另外,代表性农村劳动力由农业劳动者转变成非农就业者的过程中需要支付额外的成本,记为 c。这种额外成本既包括寻求非农工作信息的搜寻成本,也包括由于劳动力市场的不完善而引起的歧视成本,同时也包括为增进与新的职业的匹配度而产生的学习成本等。因此,该代表性农村劳动力的最终选择将取决于非农就业的额外预期收益 $R_1 - R_0$ 与额外成本 c 的比较。如果非农就业的额外预期收益 $R_1 - R_0$ 大于所需付出的额外成本 c,那么,理性的农村劳动力将选择进入非农行业工作。相反,如果非农就业的额外预期收益 $R_1 - R_0$ 小于所需付出的额外成本 c,那么,该代表性农村劳动力的理性选择是继续从事农业劳动。将代表性农村劳动力的职业选择记为 D。其中,$D=1$ 代表的是该代表性农村劳动力选择从事非农劳动;$D=0$ 代表的是该代表性农村劳动力选择从事农业劳动。那么,该代表性农村劳动力的就业选择行为可以表示为:

$$\begin{cases} D=1, & R_1 - R_0 > c \\ D=0, & R_1 - R_0 < c \end{cases} \tag{5.1.1}$$

从社会结构变迁的视角来看,农村劳动力职业转换的动力来自两方面:其一,农村劳动分工的深化使得更多的农村居民从土地的束缚中解放出来,从而增加了农村劳动力的供给;其二,农村产业结构的分化创造出了更多的非农职位,从而增加了农村劳动力的需求。两种力量的综合作用加速了农村劳动力向非农产业的集聚,从而积累更多的脱域型社会资本,即形成了社会资本转换的现象。也就是说,社会结构变迁对社会资本转换形成的作用机制的建模思路可以绘制为图 5.1。

图 5.1 建模思路

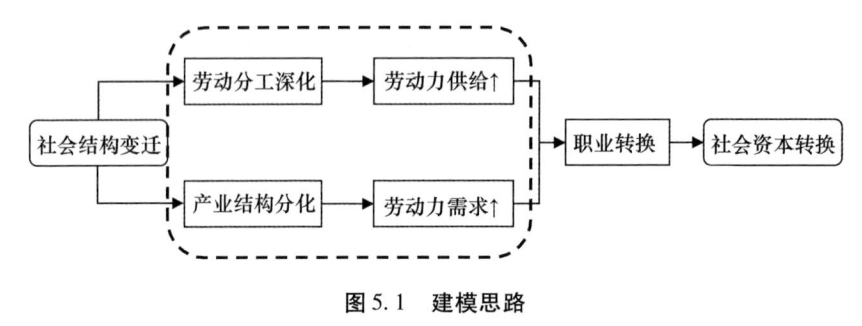

资料来源：笔者整理。

二 模型推导

根据前文提出的建模思路，社会结构变迁对社会资本转换形成的作用机制的核心在于两方面：其一，由农村劳动分工的深化所带来的农村劳动力供给增加，即更多的农村居民从土地的束缚中解放出来；其二，由农村产业结构的分化所引发的农村劳动力需求增加，即创造出更多的非农岗位。因此，本书将分别从劳动分工深化与农村劳动力供给增加、产业结构分化与农村劳动力需求增加两方面构建理论模型。

（一）劳动分工深化与农村劳动力供给增加

本部分的逻辑在于：农村劳动分工的深化使得更多的农村劳动力能够投身于非农产业之中。

在进行理论模型的推导之前，首先对本书的四个前提假设条件进行说明，分别如下。

前提条件一（经济系统假定）：假设经济系统包括两个部门，即传统的农业部门与现代的非农部门。

前提条件二（农业生产假定）：假设农业产出 Y_a 由技术 A_a、劳动力 L_a、资本 K_a 与土地 R_a 等要素共同决定。其中，土地供给保持固定不变，且农业生产保持规模报酬不变。那么，进一步假设农业生产函数可以通过 C-D 函数表示：

$$Y_a = A_a L_a^{\alpha_1} K_a^{\beta_1} R_a^{1-\alpha_1-\beta_1} \tag{5.1.2}$$

其中，α_1 代表的是劳动力的产出弹性，β_1 代表的是资本的产出弹性，且满足 $\alpha_1 > 0$、$\beta_1 > 0$、$0 < \alpha_1 + \beta_1 < 1$。

前提条件三（要素流动假定）：假设劳动力、资本两种生产要素能够在农业部门与非农部门间自由流动。

前提条件四（生产技术假定）：假设生产技术保持不变。

在以上前提假设条件的基础上，进一步将农产品价格记为 P_a，土地价格记为 γ_a，农业部门的工资水平记为 ω_a，农业部门的资本价格记为 κ_a。那么，可以得到农业部门的利润函数为：

$$\pi_a = P_a A_a L_a^{\alpha_1} K_a^{\beta_1} R_a^{1-\alpha_1-\beta_1} - \omega_a L_a - \kappa_a K_a - \gamma_a R_a \qquad (5.1.3)$$

根据利润最大化原则，首先将式（5.1.3）分别对劳动力 L_a、资本 K_a 与土地 R_a 求一阶偏导，即得到：

$$\frac{\partial \pi_a}{\partial L_a} = \alpha_1 P_a A_a L_a^{\alpha_1-1} K_a^{\beta_1} R_a^{1-\alpha_1-\beta_1} - \omega_a \qquad (5.1.4)$$

$$\frac{\partial \pi_a}{\partial K_a} = \beta_1 P_a A_a L_a^{\alpha_1} K_a^{\beta_1-1} R_a^{1-\alpha_1-\beta_1} - \kappa_a \qquad (5.1.5)$$

$$\frac{\partial \pi_a}{\partial R_a} = (1-\alpha_1-\beta_1) P_a A_a L_a^{\alpha_1} K_a^{\beta_1} R_a^{-\alpha_1-\beta_1} - \gamma_a \qquad (5.1.6)$$

其次，令式（5.1.4）、式（5.1.5）与式（5.1.6）均等于 0，即可得到利润最大时的农业部门工资水平 ω_a、资本价格 κ_a 与土地价格 γ_a 的函数形式，分别表示如下：

$$\omega_a = \alpha_1 P_a A_a L_a^{\alpha_1-1} K_a^{\beta_1} R_a^{1-\alpha_1-\beta_1} \qquad (5.1.7)$$

$$\kappa_a = \beta_1 P_a A_a L_a^{\alpha_1} K_a^{\beta_1-1} R_a^{1-\alpha_1-\beta_1} \qquad (5.1.8)$$

$$\gamma_a = (1-\alpha_1-\beta_1) P_a A_a L_a^{\alpha_1} K_a^{\beta_1} R_a^{-\alpha_1-\beta_1} \qquad (5.1.9)$$

将式（5.1.7）与式（5.1.8）相除，得到：

$$\frac{\omega_a}{\kappa_a} = \frac{\alpha_1 K_a}{\beta_1 L_a} \qquad (5.1.10)$$

在式（5.1.10）的基础上可以进一步得到资本 K_a 的表达式，即：

$$K_a = \frac{\omega_a \beta_1}{\kappa_a \alpha_1} L_a \qquad (5.1.11)$$

同理，将式（5.1.7）与式（5.1.9）相除，得到：

$$\frac{\omega_a}{\gamma_a} = \frac{\alpha_1 R_a}{(1-\alpha_1-\beta_1) L_a} \qquad (5.1.12)$$

在式（5.1.12）的基础上可以进一步得到土地 R_a 的表达式，即：

$$R_a = \frac{(1-\alpha_1-\beta_1) \omega_a}{\gamma_a \alpha_1} L_a \qquad (5.1.13)$$

将式（5.1.11）与式（5.1.13）代入式（5.1.2），得到：

$$Y_a = A_a L_a^{\alpha_1} K_a^{\beta_1} R_a^{1-\alpha_1-\beta_1}$$

$$= A_a L_a^{\alpha_1} \left(\frac{\omega_a \beta_1}{\kappa_a \alpha_1} L_a\right)^{\beta_1} \left(\frac{(1-\alpha_1-\beta_1)\omega_a}{\gamma_a \alpha_1} L_a\right)^{1-\alpha_1-\beta_1} \quad (5.1.14)$$

$$= L_a A_a \left(\frac{\omega_a}{\alpha_1}\right)^{1-\alpha_1} \left(\frac{\beta_1}{\kappa_a}\right)^{\beta_1} \left(\frac{1-\alpha_1-\beta_1}{\gamma_a}\right)^{1-\alpha_1-\beta_1}$$

由式 (5.1.14) 可以进一步得到劳动力 L_a 的表达式, 即:

$$L_a = \frac{Y_a}{A_a}\left(\frac{\alpha_1}{\omega_a}\right)^{1-\alpha_1}\left(\frac{\kappa_a}{\beta_1}\right)^{\beta_1}\left(\frac{\gamma_a}{1-\alpha_1-\beta_1}\right)^{1-\alpha_1-\beta_1} \quad (5.1.15)$$

式 (5.1.15) 实际上刻画的就是农业生产过程中对劳动力的需求函数。

假设农业部门中的总劳动力水平为 TL_a。那么, 从农业部门中分离出来的农村剩余劳动力水平 L_s 可以表示为:

$$L_s = TL_a - L_a$$

$$= TL_a - \frac{Y_a}{A_a}\left(\frac{\alpha_1}{\omega_a}\right)^{1-\alpha_1}\left(\frac{\kappa_a}{\beta_1}\right)^{\beta_1}\left(\frac{\gamma_a}{1-\alpha_1-\beta_1}\right)^{1-\alpha_1-\beta_1} \quad (5.1.16)$$

式 (5.1.16) 描述的就是能够投身于非农产业部门中的农村劳动力数量。

将式 (5.1.16) 对土地价格 γ_a 求一阶偏导, 得到:

$$\frac{\partial L_s}{\partial \gamma_a} = -(1-\alpha_1-\beta_1)\frac{Y_a}{A_a}\left(\frac{\alpha_1}{\omega_a}\right)^{1-\alpha_1}\left(\frac{\kappa_a}{\beta_1}\right)^{\beta_1}\left(\frac{\gamma_a}{1-\alpha_1-\beta_1}\right)^{-\alpha_1-\beta_1}$$

$$(5.1.17)$$

由于 $0 < \alpha_1 + \beta_1 < 1$, 可知:

$$\frac{\partial L_s}{\partial \gamma_a} < 0 \quad (5.1.18)$$

式 (5.1.18) 表明, 能够投身于非农产业部门中的农村劳动力数量是土地价格的减函数。这是因为: 在劳动力、资本、土地等要素的产出弹性保持不变的情况下, 土地价格越高, 说明土地对于农业生产活动来说越重要, 即土地成为一种稀缺资源, 从而引发农业生产者在生产过程中倾向于使用更多的劳动力来替代土地, 进而导致能够投身于非农产业部门的农村劳动力规模不断缩小。

在传统的乡土社会, 农业生产是农村居民最重要的谋生手段, 从而导致土地对于农民来讲异常珍贵。这就是费孝通先生在《乡土中国》中所说的土地是农村居民的"命根子"(费孝通,2016)。但是,随着市场经济不断嵌入农村社会生活之中,农村地区的劳动分工发生了显著的改变,弱化了土地对于农村居民的吸引力。也就是说,在农村劳动分工深化的过程中土地的价值呈现出递减的趋势。根据式(5.1.18)所表现出的规律,此时能够投身于非农产业部门中的农村劳动力数量将不断增加。

(二)产业结构分化与农村劳动力需求增加

本部分的逻辑在于:农村产业结构的分化趋势创造出了更多的非农岗位,从而增加了对农村劳动力的需求,进而增加了农村劳动力投身于非农产业之中的机会。

与前文的分析相类似,首先需要对本书的前提假设条件进行介绍。在保证前提假设条件一、三、四成立的情况下,需要对前提条件二进行进一步修正。

前提条件二(非农生产假定):假设非农部门产出 Y_b 主要由技术 A_b、劳动力 L_b、资本 K_b 与人力资本 H_b 等要素共同决定,且非农生产过程保持规模报酬不变。那么,进一步假设非农部门的生产函数可以通过 C-D 函数进行表示,即:

$$Y_b = A_b L_b^{\alpha_2} K_b^{\beta_2} H_b^{1-\alpha_2-\beta_2} \qquad (5.1.19)$$

其中,α_2 代表的是劳动力的产出弹性,β_2 代表的是资本的产出弹性,$1-\alpha_2-\beta_2$ 代表的是人力资本的产出弹性,且满足 $\alpha_2 > 0$、$\beta_2 > 0$、$1-\alpha_2-\beta_2 > 0$。

同时,将非农产品价格记为 P_b,人力资本价格记为 γ_b,非农部门的工资水平记为 ω_b,非农部门的资本价格记为 κ_b。在上述假设的基础上,可以得到非农部门的利润函数为:

$$\pi_b = P_b A_b L_b^{\alpha_2} K_b^{\beta_2} H_b^{1-\alpha_2-\beta_2} - \omega_b L_b - \kappa_b K_b - \gamma_b H_b \qquad (5.1.20)$$

根据利润最大化原则,首先将式(5.1.20)分别对劳动力 L_b、资本 K_b 与人力资本 H_b 求一阶偏导,即:

$$\frac{\partial \pi_b}{\partial L_b} = \alpha_2 P_b A_b L_b^{\alpha_2-1} K_b^{\beta_2} H_b^{1-\alpha_2-\beta_2} - \omega_b \qquad (5.1.21)$$

$$\frac{\partial \pi_b}{\partial K_b} = \beta_2 P_b A_b L_b^{\alpha_2} K_b^{\beta_2-1} H_b^{1-\alpha_2-\beta_2} - \kappa_b \qquad (5.1.22)$$

$$\frac{\partial \pi_b}{\partial H_b} = (1-\alpha_2-\beta_2) P_b A_b L_b^{\alpha_2} K_b^{\beta_2} H_b^{-\alpha_2-\beta_2} - \gamma_b \qquad (5.1.23)$$

其次，令式 (5.1.21)、式 (5.1.22) 与式 (5.1.23) 均等于 0，即可得到利润最大时的非农部门工资水平 ω_b、资本价格 κ_b 与人力资本价格 γ_b 的函数形式，分别表示如下：

$$\omega_b = \alpha_2 P_b A_b L_b^{\alpha_2-1} K_b^{\beta_2} H_b^{1-\alpha_2-\beta_2} \quad (5.1.24)$$

$$\kappa_b = \beta_2 P_b A_b L_b^{\alpha_2} K_b^{\beta_2-1} H_b^{1-\alpha_2-\beta_2} \quad (5.1.25)$$

$$\gamma_b = (1-\alpha_2-\beta_2) P_b A_b L_b^{\alpha_2} K_b^{\beta_2} H_b^{-\alpha_2-\beta_2} \quad (5.1.26)$$

将式 (5.1.24) 与式 (5.1.25) 相除，得到：

$$\frac{\omega_b}{\kappa_b} = \frac{\alpha_2 K_b}{\beta_2 L_b} \quad (5.1.27)$$

在式 (5.1.27) 的基础上可以进一步得到资本 K_b 的表达式，即：

$$K_b = \frac{\omega_b \beta_2}{\kappa_b \alpha_2} L_b \quad (5.1.28)$$

同理，将式 (5.1.24) 与式 (5.1.26) 相除，得到：

$$\frac{\omega_b}{\gamma_b} = \frac{\alpha_2 H_b}{(1-\alpha_2-\beta_2) L_b} \quad (5.1.29)$$

在式 (5.1.29) 的基础上可以进一步得到人力资本 H_b 的表达式，即：

$$H_b = \frac{(1-\alpha_2-\beta_2) \omega_b}{\gamma_b \alpha_2} L_b \quad (5.1.30)$$

将式 (5.1.28) 与式 (5.1.30) 代入式 (5.1.19)，得到：

$$\begin{aligned} Y_b &= A_b L_b^{\alpha_2} K_b^{\beta_2} H_b^{1-\alpha_2-\beta_2} \\ &= A_b L_b^{\alpha_2} \left(\frac{\omega_b \beta_2}{\kappa_b \alpha_2} L_b\right)^{\beta_2} \left(\frac{(1-\alpha_2-\beta_2) \omega_b}{\gamma_b \alpha_2} L_b\right)^{1-\alpha_2-\beta_2} \\ &= L_b A_b \left(\frac{\omega_b}{\alpha_2}\right)^{1-\alpha_2} \left(\frac{\beta_2}{\kappa_b}\right)^{\beta_2} \left(\frac{1-\alpha_2-\beta_2}{\gamma_b}\right)^{1-\alpha_2-\beta_2} \end{aligned} \quad (5.1.31)$$

由式 (5.1.31) 可以进一步得到劳动力 L_b 的表达式，即：

$$L_b = \frac{Y_b}{A_b} \left(\frac{\alpha_2}{\omega_b}\right)^{1-\alpha_2} \left(\frac{\kappa_b}{\beta_2}\right)^{\beta_2} \left(\frac{\gamma_b}{1-\alpha_2-\beta_2}\right)^{1-\alpha_2-\beta_2} \quad (5.1.32)$$

式 (5.1.32) 实际上刻画的就是非农生产过程中对劳动力的需求函数。

假设非农部门中的总劳动力水平为 TL_b。由于发展中国家普遍处于非农产业快速扩张的发展阶段，非农部门原有的劳动力水平难以满足非农产业快速发展的实际需要。因此，往往需要将农业部门的剩余劳动力转移到非农产业当中。非农部门对农村剩余劳动力的需求水平 L_d 可以表示为：

$$L_d = L_b - TL_b$$
$$= \frac{Y_b}{A_b}(\frac{\alpha_2}{\omega_b})^{1-\alpha_2}(\frac{\kappa_b}{\beta_2})^{\beta_2}(\frac{\gamma_b}{1-\alpha_2-\beta_2})^{1-\alpha_2-\beta_2} - TL_b \tag{5.1.33}$$

式（5.1.33）描述的就是由于非农部门的发展而对农村剩余劳动力产生的额外需求水平。

将式（5.1.33）对非农部门产出 Y_b 求一阶偏导，得到：

$$\frac{\partial L_d}{\partial Y_b} = \frac{1}{A_b}(\frac{\alpha_2}{\omega_b})^{1-\alpha_2}(\frac{\kappa_b}{\beta_2})^{\beta_2}(\frac{\gamma_b}{1-\alpha_2-\beta_2})^{1-\alpha_2-\beta_2} \tag{5.1.34}$$

由于 $1-\alpha_2-\beta_2>0$，可知：

$$\frac{\partial L_d}{\partial Y_b} > 0 \tag{5.1.35}$$

式（5.1.35）表明，非农部门对农村剩余劳动力的需求水平是非农部门产出水平的增函数。这是因为随着工业、服务业等非农产业的不断发展，需要投入非农产业当中的生产要素数量增多，在非农部门原有的劳动力水平无法满足非农产业快速发展的实际需要时，对农业部门劳动力的额外需求量就会不断增加。

传统的乡土中国是以农业生产为主导的自然经济状态。随着中国农村地区市场经济的发展，特别是农村工业化的发展，引起了农村的产业结构开始出现分化，并深刻改变了农村地区长期以来较为单一的自然经济状态。在这一过程中，最为突出的特点就是非农产业在绝对规模与相对规模等维度均呈现出了不断膨胀的发展趋势。根据式（5.1.35）所表现出的规律，此时非农部门对农村剩余劳动力的需求将不断增加。

第二节 社会资本转换与农户收入差距的扩大

本节构建理论模型的逻辑与本章第一节相类似，即首先对模型构建的主体思路进行介绍；其次基于建模思路，并借鉴已有的研究成果推导出社会资本转换影响农户收入差距的数学关系；最后在数学关系式的基础上采用数值模拟法推导出社会资本转换对农户收入差距的作用机制，从而对本书提出的研究假设进行检验。

一 建模思路

根据前文的分析,社会资本转换在本质上是地域型社会资本向脱域型社会资本转变的过程。因此,可以通过比较地域型社会资本与脱域型社会资本的收入回报差异来反映社会资本转换对农户收入差距的影响机制。

社会资本的积累需要投资活动进行维持。农户究竟是投资于地域型社会资本还是投资于脱域型社会资本,本质上是一种经济决策的过程。借鉴经济学中的决策理论(Decision Theory),可以通过效用最大化原则来考察农户的社会资本投资过程。但是,将社会资本投资引入效用函数还面临着一个待解的难题:经典的效用理论(Utility Theory)关注的是居民从商品的消费中获得的主观感受。因此,能够增进家庭效用(Utility)的手段往往是那些能够最终转化为居民在消费过程中获得正的主观感受的方式。所以,如何实现社会资本投资与传统效用函数的兼容是需要首先解决的问题。

根据新经济社会学派的理论观点,现实中人们的经济生活并非完全独立的,而是深深嵌入由社会交往而构建起的社会关系网络的旋涡之中,从而导致社会资本的数量与质量在客观上能够发挥改善居民主观效用感受的功能(Granovetter,1985)。在经济活动当中,居民的社会资本不仅扮演着抵押品的角色(Madajewicz,2010),而且在客观上能够发挥降低农村家庭脆弱性的功能(杨文等,2012)。综上所述,将社会资本纳入效用函数之中的做法在理论上是站得住脚的。

解决了社会资本理论与效用理论的兼容问题之后,就可以将农户的社会资本投资活动纳入经济学的研究范式当中。具体而言,本书在社会资本转换的视角下将社会资本投资模型、效用函数模型与农民收入模型相结合,基于效用最大化原则推导出农户收入差距的数学表达式,最后通过中国经济运行的实际数据对主要参数进行赋值,从而模拟出农户收入差距的变动轨迹与演化趋势。也就是说,社会资本转换对农户收入差距形成与扩大的作用机制的建模思路可以绘制为图5.2。

二 模型推导

为从数理上推导社会资本转换对农户收入差距的影响机制,首先需要

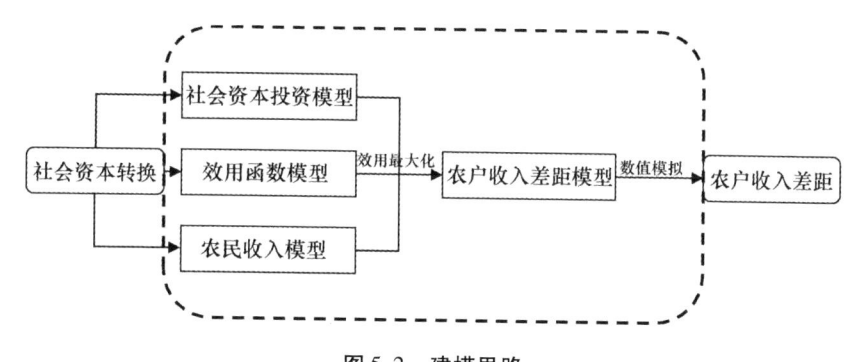

图 5.2 建模思路

资料来源:笔者整理。

构建社会资本投资模型。本书构建的社会资本投资模型包括两期,第一期:农户将总时间在从事劳动 L 与进行地域型社会资本 S_1 的投资之间进行分配;第二期:农户对是否投资于脱域型社会资本 S_2 进行决策,并将总时间在劳动与脱域型社会资本(或地域型社会资本)积累之间进行重新分配。代表性农户可以从实物消费和社会资本投资中获得效用,即农户的效用函数可以表示为:

$$U = u(C_1, S_1) + \beta u(C_2, S_2) \quad (5.2.1)$$

其中,C_t 为第 t 期的消费量,S_1 和 S_2 分别代表农民的地域型社会资本存量与脱域型社会资本存量,β 为贴现系数。为后文分析方便,本书沿袭 Mogues 和 Carter 的建议(Mogues, Carter, 2005),假设农民的效应函数可分,即式(5.2.1)可以简化为如下形式:

$$U = aC_1 + v(S_1) + \beta \cdot (aC_2 + v(S_2)) \quad (5.2.2)$$

其中,$a > 0$,$v'(\cdot) > 0$,$v''(\cdot) < 0$。进一步地,将函数 $v(\cdot)$ 通过 C-D 函数形式表示,即:

$$v(S_t) = bS_t^\xi \quad (5.2.3)$$

其中,$b > 0$,$\xi > 0$,下标 $t = 1、2$ 分别代表地域型社会资本、脱域型社会资本。将式(5.2.3)代入式(5.2.2),得到农户效用函数的简化形式为:

$$U = aC_1 + bS_1^\xi + \beta \cdot (aC_2 + bS_2^\xi) \quad (5.2.4)$$

后文将主要以式(5.2.4)所示的简化效用函数形式为基础进行分析。在第一期中,农民将总时间 L 分配为工作时间(L_{w1})和培育地域型社会资本时间（L_{s1}）两部分。将工资率记为 w。假设第一期开始时农民的地域型社会资本禀赋 S_1 是给定的，第二期中的脱域型社会资本存量 S_2 在地域型社会资本的基础上拓展而成。也就是说，脱域型社会资本为原始社会资本与后天培育的社会资本之和，即：

$$S_2 = (1+\tilde{\delta})S_1 \tag{5.2.5}$$

假设社会资本存量与农民投入社会资本积累中的时间成正比。为分析简便起见，定义社会资本的积累方程如下：

$$S_t = L_{st} \tag{5.2.6}$$

根据已有文献的通常做法，本书通过 C-D 函数形式来构建农户家庭的生产函数，即：

$$Y = AK^m H^n \tag{5.2.7}$$

其中，$m, n \in (0, 1)$，K 和 H 分别代表投入生产过程中的物质资本与人力资本。

根据已有研究成果，社会资本能够提高农户对物质资本与人力资本的利用效率（Hasan, Bagde, 2013；张振等, 2016）。因此，借鉴李清政等对社会资本的设定方法（李清政等, 2014），假设社会资本通过倍化物质资本与人力资本的方式参与农户的生产活动，即：

$$K = S^\theta K_0 \tag{5.2.8}$$

$$H = S^\eta H_0 \tag{5.2.9}$$

其中，$\theta > 1$，$\eta > 1$，K_0 和 H_0 分别为农户物质资本与人力资本的禀赋。将式（5.2.8）与式（5.2.9）代入式（5.2.7），得到：

$$Y = A(S^\theta K_0)^m (S^\eta H_0)^n \tag{5.2.10}$$

令 $B = AK_0^m H_0^n$，$\alpha = \theta m + \eta n$，并假定农户家庭的产出水平即为农户的收入水平，则由式（5.2.10）可以得到社会资本的投资收益方程为：

$$y_{st} = BS_t^\alpha \tag{5.2.11}$$

其中，社会资本的倍增系数 α 度量的是社会资本的收入倍增效应，且满足 $\alpha \geq 1$。

在此基础上，如果农户 i 在第二期考虑进行脱域型社会资本投资，其面临的决策问题如下：

$$\max E(U) = aC_1 + bS_1^\xi + \beta \cdot (aC_2 + bS_2^\xi) \tag{5.2.12}$$

$$\text{s.t. } S_2 = (1+\tilde{\delta})S_1$$

根据效用最大化原则,首先在式(5.2.12)的基础上构造出拉格朗日函数,形式为:

$$L = C_1 + bS_1^\xi + \beta \cdot (aC_2 + bS_2^\xi) + \lambda(S_2 - (1+\tilde{\delta})S_1) \quad (5.2.13)$$

其次,求出式(5.2.13)所对应的一阶条件:

$$\frac{\partial L}{\partial S_1} = b\xi S_1^{\xi-1} - \lambda(1+\tilde{\delta}) = 0 \quad (5.2.14)$$

$$\frac{\partial L}{\partial S_2} = \beta b\xi S_2^{\xi-1} + \lambda = 0 \quad (5.2.15)$$

$$\frac{\partial L}{\partial \lambda} = S_2 - (1+\tilde{\delta})S_1 = 0 \quad (5.2.16)$$

再次,通过式(5.2.14)、式(5.2.15)与式(5.2.16),可以分别得到 S_1、S_2 与 λ 的表达式:

$$S_1 = \left(\frac{\lambda(1+\tilde{\delta})}{b\xi}\right)^{\frac{1}{\xi-1}} \quad (5.2.17)$$

$$\lambda = -\beta b\xi S_2^{\xi-1} \quad (5.2.18)$$

$$S_2 = (1+\tilde{\delta})S_1 \quad (5.2.19)$$

联立式(5.2.17)、式(5.2.18)与式(5.2.19),可以得到农户 i 在第二期的最优脱域型社会资本投资规模 S_2^* 为:

$$S_2^* = \left(-\frac{1}{\beta}\right)^{\frac{1}{\xi}} S_1 \quad (5.2.20)$$

那么,进行脱域型社会资本投资的农户 i 在两个时期中获得的总收入水平可以表示为:

$$y_i = (wL_{w1} + BS_1^\alpha) + (wL_{w2} + BS_2^{*\alpha}) \quad (5.2.21)$$

其中:

$$L_{w2} = L - L_{s2}^* \quad (5.2.22)$$

$$S_2^* = L_{s2}^* \quad (5.2.23)$$

同理,假设农户在第一期的时间分配是最优的。那么,不进行脱域型社会资本投资的农户 j 在第二期将维持第一期中的投资策略,即农户 j 在两期中获得的总效用为:

$$U = aC_1 + bS_1^\xi + \beta \cdot (aC_1 + bS_1^\xi) \quad (5.2.24)$$

农户 j 在两期中获得的总收入可以表示为:

$$y_j = (wL_{w1} + BS_1^\alpha) + (wL_{w1} + BS_1^\alpha) \quad (5.2.25)$$

由式（5.2.21）和式（5.2.25）可以得到，农户 i（进行脱域型社会资本投资的农户）与农户 j（不进行脱域型社会资本投资的农户）的收入差距可以表示为：

$$\Delta y = y_i - y_j = (wL_{w2} + BS_2^{*\alpha}) - (wL_{w1} + BS_1^\alpha) \quad (5.2.26)$$

借鉴已有文献的研究成果，并结合中国宏观经济运行的实践，对主要参数进行赋值：①

$$\begin{aligned} w &= 0.6 \\ L &= 2 \\ \beta &= 0.95 \\ \xi &= 0.25 \\ S_1 &= S_{w1} = 1 \\ B &= 1 \\ \alpha &= 1 \end{aligned} \quad (5.2.27)$$

在式（5.2.27）的赋值条件下，可以计算得到农户 i 与农户 j 的收入差距 Δy 的数值，即：

$$\Delta y = 0.0911 > 0 \quad (5.2.28)$$

式（5.2.28）表明，与只具有地域型社会资本的农户相比，进行脱域型社会资本投资的农户能够获得更高的收入回报。也就是说，脱域型社会资本刺激了农户群体之间收入差距的扩大。这与前文所提出的理论研究假设是一致的。

事实上，将倍增系数 α 的不同取值情况下得到的相应农户收入差距 Δy 的数值模拟结果绘制为图 5.3。图 5.3 显示，伴随社会资本的收入倍增效应的不断强化，脱域型社会资本的收入回报逐渐增加，导致农户群体间的收入分化趋势越加明显。

上述的理论模型还可以进一步扩展。

前文中假定社会资本的积累速度 δ 是固定的，接下来假设第一阶段投入社会资本培育中的时间 L_{s1} 会影响社会资本的积累速度 δ，则有：

---

① B 的赋值参照了周京奎和黄征学的研究成果（周京奎、黄征学，2014）；α 的赋值参照了李清政等的设定方法（李清政等，2014）；其余参数的赋值参照了 Mogues 等的文献（Mogues, Carter, 2005; Mogues, 2008）。

第五章 理论模型

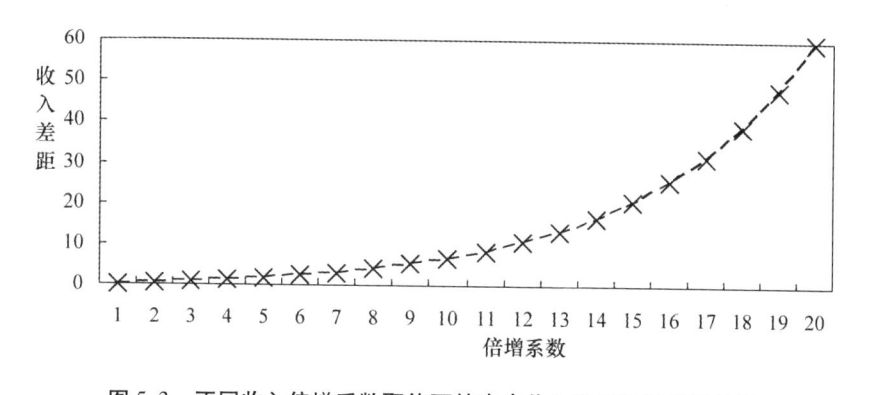

图 5.3 不同收入倍增系数取值下的农户收入差距数值模拟结果
资料来源：笔者整理。

$$\delta = -\delta' + (1 - T) L_{s1} \quad (5.2.29)$$

其中，$\delta' \in (0, 1)$ 为社会资本的原始折旧率，$T \in [0, 1]$ 用来反映农户与其关系网络的有效疏离程度。极端情况下，如果农户完全疏远社会关系（即 $T=1$），那么其将不会投资于社会资本，社会资本积累方程可以简化为 $S_2 = (1 - \delta') S_1$。

根据 Stewart 的观点（Stewart，2002），农户的社会特征是影响其社会资本积累与运用能力的重要变量。因此，农户对关系网络的疏离度 T 可以表示为网络特征 E 与农户特征 D 的函数：

$$T = T(E, D) \quad (5.2.30)$$

参照 de la Cadena 的建议（de la Cadena，2000），本书从两个维度界定社会特征：初始财富与先天特性（如性别、语言、民族等）。为方便起见，本书将网络与农户的初始财富分别记为 E_y 和 D_y，网络与农户的先天特性分别表示为 E_x 和 D_x。设定社会特征的变化区间为 $[x, y] \in [0, A]$。经过这样的设定方式，一个典型农户的固有特性可以表示为 $D = (D_x, D_y)$，相应地，网络的固有特征可以表示为 $E = (E_x, E_y)$。农户与网络的社会特征的联合分布记为 $h(x, y)$。

因此，式（5.2.30）可以进一步改写成以下的形式：

$$T(E, D) = \varphi(E, D) \cdot J(E, D)^{\alpha} \quad (5.2.31)$$

其中，$\varphi(E, D)$ 表示的是农户与网络的社会距离，$J(E, D)$ 代表的是农户与网络特征的强度，$\alpha \geq 0$。

社会距离采用向量范数的形式表示：

$$\varphi(E, D) = \|E - D\| \quad (5.2.32)$$
$$\equiv \sqrt{(E_x - D_x)^2 + (E_y - D_y)^2}$$

遵循 Esteban 和 Ray 的方法（Esteban，Ray，1994），定义社会特征强度的函数形式：

$$J(E, D) = \omega J(E) + (1 - \omega) J(D) \quad (5.2.33)$$

参照 Duclos 等的做法（Duclos et al.，2004），将式（5.2.33）中的函数形式进一步表示为：

$$J(i) = h(x, y) \quad (5.2.34)$$

其中，$i = E, D$。

社会资本不仅能够带来主观效用上的满足，也能为农户带来经济上的价值，尤其是在不完全市场或信息不对称的情况下。假定农户从其社会关系网络中获得的经济收益为 B，社会网络能够提供的最大经济收益记为 $\bar{B}(E_y)$。那么，有以下关系成立：

$$B \leq \bar{B}(E_y) \quad (5.2.35)$$

为保障社会网络的稳定性，网络的受益人需要将网络收益的一部分（$l_B B$）贡献给网络中的其他成员，正所谓"来而不往非礼也"。需要指出的是，这种互惠的义务并不具有强制执行力。因此，当获得网络收益后，农户是否会愿意分享其收益仍值得考虑。基于个体效用函数式（5.2.1），如果农户在获得网络收益 B 之后背弃了其互惠的承诺，那么将得到的净效用为：

$$u[Lw + r(B)D_y, S_2] - u[(L - l_B B)w + r(B)D_y, S_2] \quad (5.2.36)$$

其中，$r(B)$ 为资产收益率。此时，式（5.2.36）显然严格大于 0，表明农户的最优选择是违背其社会义务。为了解决上述这种承诺问题，本书引进 Madajewicz 的"社会资本抵押功能"的观点，为社会网络设定一个规则：如果农户没有践行其互惠的承诺，他将被整个网络排斥，其积累的社会资本也将遭到破坏。基于此规则，信守承诺者与背弃承诺者之间的效用差额为：

$$u[Lw + r(B)D_y, (1-\delta)S_1] -$$

第五章 理论模型

$$u\left[(L-l_B B)w + r(B)D_y, (1-\delta+(1-T(E,D))L_{s1})S_1\right]$$
(5.2.37)

式（5.2.37）隐形定义了一个满足激励相容的收益机制。不妨定义 $B^{IC}(L_{s1}|E,D)$ 为使得式（5.2.37）非正的收益量。

这样，农户 i 在选择对社会网络 j 进行投资时将面临以下问题：

$$V(E^j, D^i) \equiv \max_{L_{s1}, L_{w1}, B}\left[u(C_1, S_1) + \beta u(C_2, S_2)\right]$$

满足：

$$\begin{aligned}
&L_{s1} + L_{w1} = L \\
&C_1 = L_{w1}w \\
&S_2 - (1+\delta)S_1 \\
&C_2 = L_{w2}w + r(B)D_y^i \\
&L_{w2} = L - l_B B \\
&B \leq \bar{B}(E_y^j) \\
&B \leq B^{IC}(L_{s1}|E^j, D^i)
\end{aligned}$$
(5.2.38)

假设农户最多参与一个网络，那么，农户对社会网络的离散选择问题将简化成哪种网络能够为其带来更高的效用水平 $V(E^j, D^i)$，即转变为求解式（5.2.38）的最大化问题。也就是说，基于效用最大化原则，拥有不同社会特征的农户将选择投资不同的社会资本形式。但是，这种简化了的两阶段选择模型本身也是站不住脚的，因为它忽视了动态环境中可能出现的更为复杂的投资策略。因此，有必要在动态模型中进一步进行分析。

借鉴 Esteban 等研究过程中所采用的"极化"（Polarization）思想（Esteban, Ray, 1994; Duclos et al., 2004），Mogues 和 Carter 构建了社会资本二维极化模型：

$$P_2 = \int_{-\infty}^{+\infty}\int_{-\infty}^{+\infty}\int_{-\infty}^{+\infty}\int_{-\infty}^{+\infty} T(z^1, z^2)h(z_x^1, z_y^1)h(z_x^2, z_y^2)dz_x^1 dz_y^1 dz_x^2 dz_y^2$$
(5.2.39)

其中，$z^i = [z_x^i, z_y^i]$ 是由农户 i 的经济与社会特征组成的二维向量，$T(z^1, z^2)$ 为特征向量为 z^1 的农户与特征向量为 z^2 的农户之间的有效疏离程度。将式（5.2.31）—式（5.2.34）代入式（5.2.39），得到：

$$P_2 = \int_{-\infty}^{+\infty}\int_{-\infty}^{+\infty}\int_{-\infty}^{+\infty}\int_{-\infty}^{+\infty} \varphi(z^1,z^2) h(z_x^1,z_y^1)^{1+\alpha} h(z_x^2,z_y^2) dz_x^1 dz_y^1 dz_x^2 dz_y^2$$

(5.2.40)

式（5.2.40）测度的实际上是社会中所有的有效疏离度之和。给定 h（·）服从加权正态分布，即：

$$h(x,y) = \theta f(x,y;\sigma_{x1},\sigma_{y1},\mu_{x1},\mu_{y1},\rho_1) + (1-\theta) f(x,y;\sigma_{x2},\sigma_{y2},\mu_{x2},\mu_{y2},\rho_2)$$

(5.2.41)

其中，f（·）服从方差、均值、相关系数已知的双变量正态分布，$\theta \in [0,1]$。在 h（·）满足式（5.2.41）以及 $\alpha > 0$ 的情况下，Mogues 证明了 $P_2(\alpha)$ 满足以下特性（Mogues，2008）。

其一，$P_2(\alpha)$ 随着两极距离的扩大而增大。

其二，$P_2(\alpha)$ 随着经济与社会特征的相关性的增强而增大。

前文的理论分析表明，一方面，在农村社会变迁过程中逐渐形成并继续演进的脱域型社会资本，是与传统的地域型社会资本存在显著差异的社会资本形态，社会资本的两极分化趋势明显；另一方面，中国的市场化改革是一个社会资本嵌入的过程，而且，伴随市场化进程的推进，这种网络嵌入性非但没有弱化反而越演越烈，不断加深经济特性与社会特征之间的联系。在这两种机制的综合作用下，$P_2(\alpha)$ 不断增大。根据 Mogues 和 Carter 的数值模拟，在给定初始财富不平等程度的前提下，随着 $P_2(\alpha)$ 的增大，以基尼系数衡量的最终收入差距与财富差距都呈现出扩大的趋势（Mogues，Carter，2005）。

综上所述，理论模型的结果显示，随着社会变迁对传统农村文化与关系网络的改造，农村地区的社会分层现象越发明显，拥有不同经济与社会特征的农户选择了不同的社会资本投资策略，即脱域型社会资本或地域型社会资本，形成了社会资本的二维极化，而社会资本的二维极化又进一步扩大了农户收入差距。

第三节 本章小结

本章的主要目的是对前文的理论机制分析形成补充，并为后文的实证研究设计提供模型支持。通过构建社会结构变迁影响社会资本转换，以及社会资本转换影响农户收入差距的数理模型，本章的主要工作及发现可以归纳为如下两个方面。

其一，由社会结构变迁驱动的劳动分工深化与产业结构分化加快地域型社会资本向脱域型社会资本的转换。理论模型的演绎表明：一方面，农村劳动分工的深化使得更多的农村居民从土地的束缚中解放出来，从而增加了农村劳动力的供给；另一方面，农村产业结构的分化创造出了更多的非农岗位，从而增加了对农村劳动力的需求。两种力量的综合作用加速了农村劳动力向非农产业的集聚，从而有助于农户积累更多的脱域型社会资本，即形成了社会资本转换的现象。

其二，社会资本转换刺激了农户群体间收入差距的扩大。理论模型的演绎与数值模拟的结果表明：一方面，拥有不同经济与社会特征的农户选择不同的社会资本投资策略，即脱域型社会资本或地域型社会资本，导致农户间社会资本数量与质量的差异；另一方面，与只具有地域型社会资本的农户相比，进行脱域型社会资本投资的农户能够获得更高的收入回报。两种力量的综合作用刺激了农户收入差距的扩大。

第六章

社会资本转换影响农户收入水平差距的实证分析

前文构建了社会资本转换影响农户收入差距的理论分析框架,即"社会资本转换→资本欠缺—回报欠缺→农户收入差距";并提出了社会资本转换影响农户收入差距的两个理论研究假设,即研究假设一:与传统的地域型社会资本相比,新型的脱域型社会资本更有利于农户收入水平的提升,进而刺激农户收入差距的扩大;研究假设二:传统的地域型社会资本并未明显影响农户收入差距。第五章构建了社会结构变迁影响社会资本转换,以及社会资本转换影响农户收入差距的数理模型,并基于中国宏观经济运行数据采用数值模拟方法对前文提出的研究假设进行验证。本章将在此基础上基于微观调查数据运用计量经济学分析方法,从总量维度实证检验前文提出的两个研究假设,即验证社会资本转换对农户收入水平差距的影响。本章的主要工作是遵循"社会资本转换→资本欠缺—回报欠缺→农户收入差距"的理论分析框架,基于总量维度对前文提出的两个研究假设进行实证检验,并为后文政策建议的提出奠定微观基础。

第一节 实证研究设计

在进行实证分析之前,需要对本书的实证研究设计方案进行介绍。本书的实证研究设计部分主要包括:其一,数据来源与样本筛选;其二,内生性处理与实证模型构建;其三,变量设定与描述性统计。

一 数据来源与样本筛选

（一）数据来源

本书所使用的实证数据来源于由中国人民大学中国调查与数据中心（National Survey Research Center，NSRC）发起的中国综合社会调查（CGSS）。该调查始于2003年，其样本涵盖全国125个县、500个街道、1000个居民委员会、10000户家庭等，是中国第一个全国性、综合性、开放性、连续性的大型社会调查项目。2003—2008年是CGSS项目的第一期，共进行了5次年度调查。随后，中国人民大学中国调查与数据中心（NSRC）联合全国25家高校（社会科学院）组建"中国社会调查网络"（Chinese Social Survey Network，CSSN）作为CGSS项目的实施平台，从2010年开始了CGSS项目的第二期。在第二期的调查之中，CGSS项目组采用多阶分层概率抽样设计方法，调查范围覆盖到了全国的31个省份。在第二期的CGSS调查中，CGSS项目组在全国范围共抽取了100个县（区），而在每个被抽中的县（区）中又随机抽取4个居委会（村委会），共抽取到了400个居委会（村委会）。其中，在每个居委会（村委会）调查25个家庭，在每个被抽取到的家庭中随机抽取一个家庭成员进行访问。同时，第二期的CGSS调查覆盖了北京、上海、天津、广州与深圳5个大都市。CGSS项目组在这5个城市中一共抽取了80个居委会。与在其他省域的调查设计相一致，CGSS项目组在上述被抽取到的每个居委会中又抽取了25个家庭，在每个被抽取到的家庭中随机抽取一个家庭成员进行访问。这样，第二期的CGSS项目在全国一共调查了近480个居委会（村委会），每个居委会（村委会）调查了25个家庭，每个家庭随机访问1人。因此，第二期CGSS的总样本量约为12000人。需要指出的是，第二期CGSS所调查的这480个居委会（村委会）是保持不变的，而总共调查的12000人中的50%保持不变，另外的50%每年在居委会（村委会）中重新随机抽取。其中，CGSS项目组在抽取初级抽样单元（即县或区）与二级抽样单元（即居委会或村委会）时采用的是基于人口统计资料进行的纸上作业；在村委会或居委会中随机抽取家庭时采用的是基于地图法进行的实地抽样；在家庭中抽取受访问的成员时采用的是基于KISH表进行的实地抽样。

CGSS项目通过定期、全面、系统地收集中国社会、社区、家庭、个人等多层次的各个方面的数据，总结社会变迁的长期趋势，在学术研究中产生了重大的反响。目前，CGSS 数据已成为探讨中国经济社会问题最权威的调查数据之一。如图 6.1 所示，根据 CGSS 项目组的不完全统计，2005—2016 年基于 CGSS 调查数据发表的文献数量已经高达 3327 篇，而且，近年来呈现出明显的持续上升趋势。其中，仅 2015 年就达到了 712 篇。

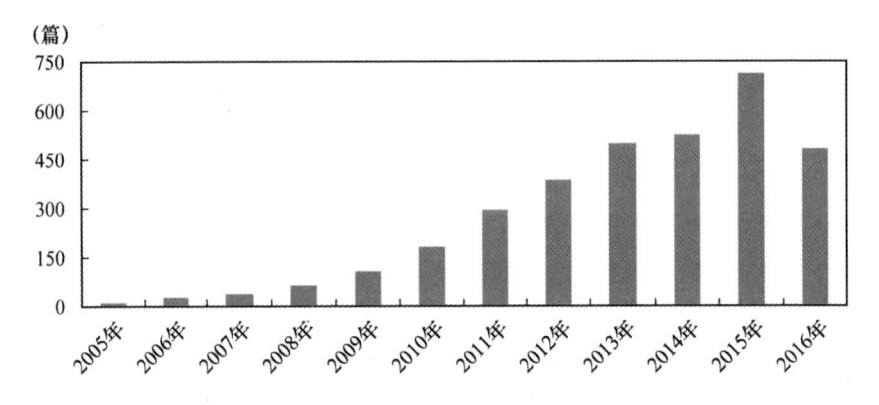

图 6.1　2005—2016 年基于 CGSS 数据发表的文献数量

资料来源：原始数据来源于中国综合社会调查（CGSS）官方微信公众号（CGSSNSRC）；笔者根据原始数据绘制。

CGSS 项目组早在 2008 年就对外免费发布 CGSS 数据，开创了中国大型调查数据开放与共享的先河。截至 2016 年年底，CGSS 项目组已经对外免费发布的历年 CGSS 调查数据包括：第一期调查中的 2003 年、2005 年、2006 年与 2008 年的数据；第二期调查中的 2010 年、2011 年、2012 年与 2013 年的数据。本书使用的实证数据是 2010 年的 CGSS 调查数据。之所以选择 2010 年的 CGSS 数据，主要是基于以下两方面的考虑：一方面，2010 年的调查数据是第二期 CGSS 追踪调查的基年数据，涵盖的调查内容最全面，同时也最符合本书指标量化的需要；另一方面，2010 年的调查数据是目前学术界应用最广泛的 CGSS 数据之一。如图 6.2 所示，根据 CGSS 项目组的不完全统计，2005—2016 年使用 2010 年 CGSS 调查数据发表的文献数量超过 400 篇，达到 413 篇，在第二期 CGSS 调查数据中被使用的频次是最高的，而在全部开放的年份中仅次于 2006 年 CGSS 数据出现的频次（为 656 篇）。

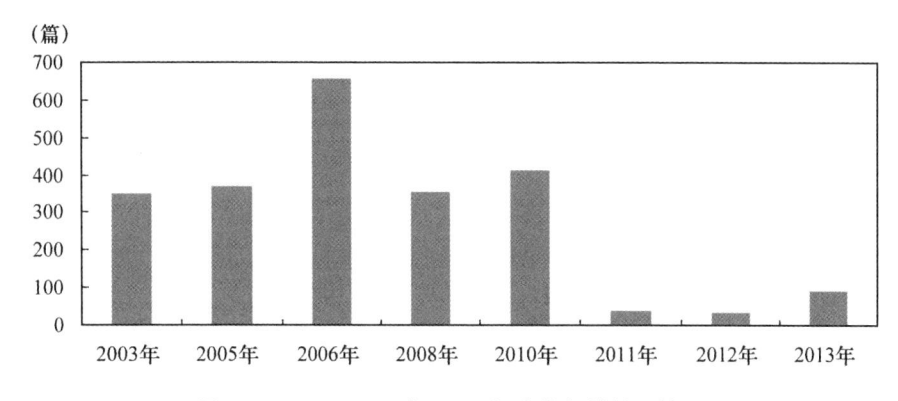

图 6.2　2003—2013 年 CGSS 调查数据的使用情况

资料来源：原始数据来源于中国综合社会调查（CGSS）官方微信公众号（CGSSNSRC）；笔者根据原始数据绘制。

（二）样本筛选

为了剔除无效值、缺省值等对结果的影响，本书根据以下步骤对样本进行筛选。

其一，剔除城市居民家庭的样本，仅保留调查样本类型为"农村（村委会）"的样本。

其二，剔除农户家庭收入、社会资本等变量存在缺失的样本。

其三，剔除年龄大于 65 周岁或者小于 18 周岁的样本。

其四，剔除数据存在明显纰漏的样本，例如外出劳动力占家庭总劳动力的比例大于 1 等。

经过上述处理，最终得到的有效样本量为 3447 个，覆盖全国 25 个省份：安徽、福建、甘肃、广西、贵州、海南、河北、河南、黑龙江、湖北、湖南、吉林、江苏、江西、辽宁、内蒙古、宁夏、青海、山东、山西、陕西、四川、云南、浙江、重庆。

二　内生性处理与实证模型构建

（一）内生性处理

现有研究社会资本的收入分配效应的文献大多忽略了由内生性问题所诱导的估计偏差（Mouw，2003；周晔馨，2013）。事实上，根据 McPherson 等提出的社会资本"同质性"（Homophily）假说，人们倾向于和自己的社会经济特征（例如受教育程度、家庭背景、经济地位、宗教信仰等）更加接近的人结交朋友或产生联系，即所谓的"物以类聚、人以群分"。那么，个体的社会资本就不再是随机的，而是具有选择性的。同时，有可能存在某种潜在的因素同时能够影响到个体的社会资本选择与其收入水平（Rothstein，Uslaner，2005）。因此，如果不考虑社会资本与收入（或收入差距）的内生性偏误问题，所得到的研究结论的科学性值得商榷。[①] 陈云松等基于民主德国与中国两国数据的研究表明，一旦控制了由自选择导致的潜在内生性偏差，社会资本与工资之间原本显著的关系就变得不再具有统计显著性。一些学者已经认识到了这一问题的严重性，并尝试为社会资本寻求合适的工具变量以控制内生性的影响。[②] 但是，为社会资本找到一个适宜的工具变量并非易事（陈云松，2012），常常面临理论上的深度拷问（Gerber，Mayorova，2010）。因此，本书在回归模型的设计中通过以下两种手段来处理社会资本的内生性偏误问题。

其一，社会资本度量指标的选择尽量避免与收入或收入差距的联立性。由于除了跨代继承之外，个体的社会资本主要通过投资形成（Glaeser et al.，2002），因此，如果预期社会资本能够为持有者带来正的经济回报，那么理性的农户都将选择对社会资本的投资。这会导致家庭送礼支出、社会网络资源等常规的社会资本度量指标与收入之间可能存在联立性，从而引起内生性问题。基于此，本书在指标的选择上尽量减少出现内生性问题。一方面，使用综合指数以弱化社会资本潜在的内生性影响。本书根据前文对脱域型社会资本概念的界定，基于空间流动、职业转换、业缘关系三个维度构建脱域型社会资本的评价体系，采用因子分析与熵权法相结合的赋权方法加权得到脱域型社会资本的综合指数，在一定程度上降低社会资本内生性问题。另一方面，本书从"老乡信任"与"邻里关系"视角构造地域型社会资本的度量指标。这是因为，信任与关系融洽程度能够减轻社会资本的联立内生性问题（王晶，2013）。

其二，采用再中心化影响函数（RIF）回归方法以减弱产生内生性问题的可能性。与传统的 OLS 回归相比，由 Firpo 等提出的 RIF 回归的估计

[①] 正如 Gerber 和 Mayorova 所不得不承认的那样，他们关于社会网络与职业选择关系的发现仅仅是描述性的，而不是因果性的。

[②] 例如文献（Narayan，Pritchett，1999；Bentolila et al.，2010；佐藤宏，2009；李树、陈刚，2012）等分别为社会资本构造出了不同的工具变量。

结果更加稳健,能够有效弱化由遗漏变量而引起的内生性问题(Firpo et al.,2007)。而且,RIF 回归方法能够反映出解释变量对被解释变量各种分布统计量(均值、方差、基尼系数等)的边际影响,① 在对群体收入分布的影响因素研究中具有其他方法无法比拟的优势。

(二)实证模型构建

基尼系数是国际上衡量收入不平等最常用的指标,其计算公式如下:

$$\nu^{Gini}(F_Y) = 1 - 2\mu^{-1}R(F_Y) \quad (6.1.1)$$

满足:

$$R(F_Y) = \int_0^1 GL(p;F_Y)dp$$
$$GL(p;F_Y) = \int_{-\infty}^{F^{-1}(p)} z dF_Y(z) \quad (6.1.2)$$
$$p(y) = F_Y(y)$$

参照 Monti 的做法(Monti,1991),定义基尼系数的影响函数(Influence Function):

$$IF(y;\nu^{Gini}) = A_2(F_Y) + B_2(F_Y)y + C_2(y;F_Y) \quad (6.1.3)$$

满足:

$$A_2(F_Y) = 2\mu^{-1}R(F_Y)$$
$$B_2(F_Y) = 2\mu^{-2}R(F_Y)$$
$$C_2(y;F_Y) = -2\mu^{-1}[y[1-p(y)] \quad (6.1.4)$$
$$+ GL(p(y);F_Y)]$$

从而得到基尼系数的再中心化影响函数(Recentered Influence Function):

$$RIF(y;\nu^{Gini}) = 1 + B_2(F_Y)y + C_2(y;F_Y) \quad (6.1.5)$$

Firpo 等对式(6.1.5)的估计过程给出了详细的讨论,在此不再赘述。

将农村家庭收入对数的基尼系数作为被解释变量,将脱域型社会资本、地域型社会资本、家庭与户主的社会人口学特征等变量作为解释变量进行 RIF 回归,可以找出影响农户收入差距的主要因素。在 RIF 回归方法

---

① 以分位数为统计量的 RIF 回归又称为"无条件分位数回归"(Unconditional Quantile Regression)。详细的处理过程请参照文献(Firpo et al.,2009)。

的框架下，本书构建的农户收入水平差距模型的形式如下式所示：

$$Gini(Income) = \alpha + \beta_1 DSC + \beta_2 ESC1 + \beta_3 ESC2 + \beta X + \mu \quad (6.1.6)$$

式（6.1.6）中，$Gini(Income)$ 代表的是农户收入水平对数的基尼系数，DSC 代表的是脱域型社会资本，$ESC1$ 和 $ESC2$ 分别代表的是地域型社会资本的两个度量指标，即"老乡信任"与"邻里关系"，X 代表的是相关的控制变量。该模型反映的是社会资本（包括脱域型社会资本和地域型社会资本）对农户收入水平差距的影响。这种计量方法近年来在国内外学术研究中被大量使用。例如，李涛和么海亮采用相同的方法实证检验了中国城镇家庭消费差距的影响因素（李涛、么海亮，2013）。

三　变量设定与描述性统计

（一）变量设定

本书的被解释变量是农户收入水平差距，以农村家庭总收入的对数值的基尼系数进行赋值。

本书的核心解释变量是脱域型社会资本。根据前文中对脱域型社会资本概念的界定，脱域型社会资本主要涵盖空间流动、职业转换、业缘关系三个维度。其中，农村居民的空间流动有助于打破乡土社会中社会网络的地域限制，从而在更大的空间范围内拓展了农村居民社会网络的广度，即空间流动对应的是社会网络转换；农村居民在由传统的农业劳动者向非农就业者职业转换的过程中，农村居民不断接触并认同现代工业社会的市场规范，从而深刻改变了传统农业社会的伦理规范，即职业转换对应的是社会规范转换；与乡土社会中传统的血缘关系与地缘关系不同的是，业缘关系是一种基于社会分工而产生的新型社会关系，而且，基于业缘关系形成的社会信任具有突出的理性化倾向，即业缘关系对应的是社会信任转换。参照 CGSS 问卷中现有的变量，本书基于空间流动、职业转换、业缘关系三个变量构建了脱域型社会资本的评价体系。具体的设定与赋值方法如表 6.1 所示。

需要特别指出的是，受数据可得性的限制，本书在对脱域型社会资本评价指标进行赋值时难以获得全面的关于社会网络转换与社会规范转换的强度衡量指标，而仅仅采用 0—1 变量进行赋值。这在一定程度上弱化了脱域型社会资本在农户群体间的分布差异性。一方面，本书在对社会信任转换量化指标的选择上体现出了一定的强弱程度差异，即对陌生人的信任程度从"完全不可信"到"完全可信"分别赋值为1—5；另一方面，通过0—1变量赋值新型社会资本的做法在学术界早有先例。例如，边燕杰等在发表于《中国社会科学》上的题为"跨体制社会资本及其收入回报"的文章中，采用0—1变量作为"跨体制社会资本"这一核心变量的度量指标，即如果拜年网中交往者的单位性质既有国有单位又有非国有单位，那么受访者处于跨体制的关系场域，成为体制跨越者，"跨体制社会资本"变量赋值为1；反之则不是体制跨越者，或称为非跨越者，"跨体制社会资本"变量赋值为0。事实上，在易变的动态环境之中，脱域型社会资本等新型社会资本的形成与演化是一个非常复杂的过程，这也导致了通过问卷收集数据面临极大的挑战。因此，实证分析过程中必须在考虑数据可得性的基础上强调量化的灵活性与可操作性，采用相关性数据来近似代替针对性数据。

表6.1　　　　　　　　脱域型社会资本变量的设定与赋值方法

	变量	符号	描述	赋值
社会网络转换	空间流动	$DSC1$	未来5年您是否计划到城镇定居	是=1，否=0
社会规范转换	职业转换	$DSC2$	您是否从事过非农工作	是=1，否=0
社会信任转换	业缘关系	$DSC3$	对于陌生人，您的信任度怎么样	完全不可信=1，……，完全可信=5

资料来源：笔者整理。

本书界定的脱域型社会资本涵盖了空间流动、职业转换、业缘关系三个维度，单一指标难以诠释这一复杂问题。因此，需要对脱域型社会资本进行综合评价。

归纳起来，目前学术界构造社会资本综合指数的方法主要包含以下两种不同的形式。

其一，通过相乘的方式构建社会资本综合指数。采用这种方法的有文献（Narayan，Pritchett，1999；Grootaert，2004；黄瑞芹、杨云彦，2008）等。通过相乘的方法构造出的社会资本综合指数的计算公式如下：

$$index = SC_1 \times SC_2 \quad (6.1.7)$$

其中，SC_1代表的是社会资本的数量指标，SC_2代表的是社会资本的质量指标。

其二，通过加权平均的方式构建社会资本综合指数。采用这种方法的有文献（周晔馨，2012；2013）等。周晔馨采用因子分析法赋权的加权平均得到的社会资本综合指数的计算公式如下：

$$index = \frac{\sum_{i=1}^{n} \lambda_i f_i}{\sum_{i=1}^{n} \lambda_i} \qquad (6.1.8)$$

其中，n代表的是因子个数，λ_i代表的是第i个因子对应的方差贡献率，f_i代表的是第i个因子相应的因子得分。

通过相乘方法构建的综合指数往往会导致各个维度的权重受到其量纲（Scale）的影响（周晔馨，2012），因此，本书倾向于采用第二种方法构造脱域型社会资本的综合指数，即通过加权平均的方式构建社会资本综合指数。但是，与周晔馨等文献做法不同的是，本书在指标权重的赋值上采用的是因子分析与熵权法相结合的赋权方法。

具体操作过程如下。

首先，对指标的无量纲化处理。为了消除原始指标量纲对脱域型社会资本综合指数评价结果的影响，本书遵循的是"联合国人类发展指数"（HDI）的处理方法，即采用每个指标的上、下阈值对各个指标进行无量纲化处理。

正向指标的无量纲化计算公式为：

$$Z_i = \frac{X_i - X_{\min}^i}{X_{\max}^i - X_{\min}^i} \text{或} Z_i = \frac{\ln(X_i) - \ln(X_{\min}^i)}{\ln(X_{\max}^i) - \ln(X_{\min}^i)} \qquad (6.1.9)$$

逆向指标的无量纲化计算公式为：

$$Z_i = \frac{X_{\max}^i - X_i}{X_{\max}^i - X_{\min}^i} \text{或} Z_i = \frac{\ln(X_{\max}^i) - \ln(X_i)}{\ln(X_{\max}^i) - \ln(X_{\min}^i)} \qquad (6.1.10)$$

其中，X_i代表的是第i个指标值，$X_{\max}^i$代表的是第i个指标的最大阈值，$X_{\min}^i$代表的是第i个指标的最小阈值。当农户之间的指标数值分布较为均匀时，采用前者的计算公式；当农户之间的指标数值存在明显差异时，采用的则是对数形式的计算公式。

其次，对指标权重的确定。在脱域型社会资本的评价体系中，由于不同的指标之间的重要程度存在差异,因此,在实证过程中需要将各个指标对脱域型社会资本综合指数的权重进行合理赋值。归纳起来,目前学术界较为常用的指标赋权方法主要包括"主观赋权法"(Subjective Weighting Approach)与"客观赋权法"(Objective Weighting Approach)。其中,主观赋权法可能受到专业知识的制约,导致通过主观赋权法得到的结果可能存在主观性偏差的问题。基于此,学术界更为通用的做法是采用客观赋权法对权重进行确定。在客观赋权法中,因子分析法由于能够根据指标数据的性质进行赋权,从而在一定程度上避免了主观因素可能对权重结果产生的干扰,因而成为学术界较为常用的赋权方法之一。

因子分析的主体思想在于通过变换技术将原有的变量 X_i 标准化之后重新进行线性组合,从而转换成另一组不相关的变量 Y_i,即:

$$\begin{cases} F_1 = \mu_{11}X_1 + \mu_{12}X_2 + \cdots + \mu_{1p}X_p \\ F_2 = \mu_{21}X_1 + \mu_{22}X_2 + \cdots + \mu_{2p}X_p \\ \quad\vdots \\ F_p = \mu_{p1}X_1 + \mu_{p2}X_2 + \cdots + \mu_{pp}X_p \end{cases} \quad (6.1.11)$$

其中,$\mu_{i1}^2 + \mu_{i2}^2 + \cdots + \mu_{ip}^2 = 1$,$i = 1, 2, \cdots, p$。

求解式(6.1.11),可以得到原变量的主成分 F_i。

具体的操作步骤如下:对原变量 X_i 进行标准化处理,得到 Z_i;计算出变量 Z_i 的简单相关系数矩阵 R;求解相关矩阵 R 的特征值 $\lambda_1 \geq \lambda_2 \geq \cdots \geq \lambda_p \geq 0$,以及相应的单位特征向量 $\mu_1, \mu_2, \cdots, \mu_p$;将特征向量 $\mu_1, \mu_2, \cdots, \mu_p$ 代入式(6.1.11),可以得到各个主成分。

根据式(6.1.11)可以得到因子载荷矩阵 A:

$$\begin{aligned} A &= \begin{Bmatrix} a_{11} & a_{12} & \cdots & a_{1p} \\ a_{21} & a_{22} & \cdots & a_{2p} \\ \vdots & \vdots & \vdots & \vdots \\ a_{p1} & a_{p1} & \cdots & a_{pp} \end{Bmatrix} \\ &= \begin{Bmatrix} u_{11}\sqrt{\lambda_1} & u_{21}\sqrt{\lambda_2} & \cdots & u_{p1}\sqrt{\lambda_p} \\ u_{12}\sqrt{\lambda_1} & u_{22}\sqrt{\lambda_2} & \cdots & u_{p2}\sqrt{\lambda_p} \\ \vdots & \vdots & \vdots & \vdots \\ u_{1p}\sqrt{\lambda_1} & u_{2p}\sqrt{\lambda_p} & \cdots & u_{pp}\sqrt{\lambda_p} \end{Bmatrix} \end{aligned} \quad (6.1.12)$$

因子载荷 a_{ij} 代表的是变量 X_i 与主成分 F_j 之间的相关系数，反映出的是主成分 F_j 对变量 X_i 的重要程度。由式（6.1.12）可以进一步得到主成分 F_j 的方差贡献：

$$S_j^2 = \sum_{i=1}^{p} a_{ij}^2 \qquad (6.1.13)$$

由式（6.1.13）可以进一步得到主成分 F_j 的方差贡献率：

$$\Phi_j^2 = \frac{S_j^2}{\sum_{j=1}^{p} S_j^2} \qquad (6.1.14)$$

主成分 F_j 的方差贡献率代表的是主成分 F_j 对原有变量总方差的解释能力，用以反映主成分 F_j 的重要程度。

通过式（6.1.14）可以进一步计算出前 k 个主成分的累计方差贡献率，计算公式如下：

$$V_k = \sum_{j=1}^{k} \Phi_j^2 \qquad (6.1.15)$$

式（6.1.15）通常用来确定实际使用的主成分的个数。按照文献中通常的做法，本书将使得累计方差贡献率 V_k 大于 85% 时的特征值个数确定为实证中使用的主成分的个数 k。

为了增强不同主成分之间的区分程度，还需要在上述操作的基础上进行"因子旋转"过程。因子旋转实质上就是将载荷矩阵 A 右乘一个正交矩阵 τ，从而得到新的矩阵 B。通过因子旋转操作之后，各个主成分的方差贡献率得到了新的分配，增强了各个主成分之间的差异性。下面以一种简单的情况为例介绍这一过程，即假设存在两个主成分，将载荷矩阵 A 右乘一个正交矩阵 τ 后得到的新矩阵 B 记为：

$$B = \begin{Bmatrix} b_{11} & b_{12} \\ b_{21} & b_{22} \\ \cdots & \cdots \\ b_{p1} & b_{p2} \end{Bmatrix} \qquad (6.1.16)$$

为达到因子旋转的最终目标，即使得两个主成分之间的差异最大，也就是使得 $(b_{11}^2, b_{21}^2, \cdots, b_{p1}^2)$ 与 $(b_{12}^2, b_{22}^2, \cdots, b_{p2}^2)$ 两组数据的方差尽可能地大。这实际上等价于使得式（6.1.17）达到最大值：

$$G = \frac{1}{p^2}\Big[p\sum_{i=1}^{p} \Big(\frac{b_{i1}^2}{h_i^2}\Big)^2 - \Big(\sum_{i=1}^{p} \frac{b_{i1}^2}{h_i^2}\Big)^2 \Big]$$
$$+ \frac{1}{p^2}\Big[p\sum_{i=1}^{p} \Big(\frac{b_{i2}^2}{h_i^2}\Big)^2 - \Big(\sum_{i=1}^{p} \frac{b_{i2}^2}{h_i^2}\Big)^2 \Big] \quad (6.1.17)$$

其中，h_i^2 为变量 X_i 的共同度，其计算公式如下：

$$h_i^2 = \sum_{j=1}^{p} a_{ij}^2 \quad (6.1.18)$$

上述讨论的是只有两个主成分时的情况。实际上，当主成分个数大于两个时，首先需要逐次对两两主成分实施因子旋转操作，直到最终的 G 值基本维持不变或者达到了指定的迭代次数为止。

得到因子旋转的结果之后，可以进一步计算主成分的因子得分，计算公式为：

$$F_j = \omega_{j1} X_1 + \omega_{j2} X_2 + \cdots + \omega_{jp} X_p \quad (6.1.19)$$

其中，$j = 1, 2, \cdots, k$，系数 ω 代表的是各个变量对主成分的重要度。通过式（6.1.14）与式（6.1.19）可以进一步得到变量 X_i 的权系数，计算公式如下：

$$\beta_i = |\omega_{1i}|\Phi_1 + |\omega_{2i}|\Phi_2 + \cdots + |\omega_{ki}|\Phi_k \quad (6.1.20)$$

其中，$i = 1, 2, \cdots, p$，k 代表的是由式（6.1.15）所确定的主成分的个数，p 代表的是原有变量的个数。根据式（6.1.20）可以计算出变量 X_i 的权重，即：

$$FW_i = \frac{\beta_i}{\sum_{i=1}^{p} \beta_i} \quad (6.1.21)$$

虽然因子分析法有效规避了由主观偏差可能带来的扰动，但是，因子分析方法本身也存在一定的缺陷。例如，因子分析赋权法过分依赖数据而忽视了各个指标对总体目标的结构性评价（陈磊等，2012）。为了弱化因子分析法所带来的指标权重赋值失真的问题，本书进一步引入信息论的熵权法，运用信息熵所反映出的实际样本的效用值对由因子分析法所得到的权重进行修正，从而得到更精确的权重数据。

定义第 i 个指标的信息熵为：

$$E_i = -\frac{1}{\ln n} \sum_{m=1}^{n} (x_{im} \times \ln x_{im}) \quad (6.1.22)$$

其中，n 代表的是指标的样本量，$x_{im} = Z_{im} / \sum Z_{im}$，$Z_{im}$ 代表的是通过

式（6.1.9）或式（6.1.10）而得到的无量纲化后的指标值。

此外，假如 $x_{im}=0$，定义 $x_{im} \times \ln x_{im}=0$。那么，可以得到第 i 个指标的差异性系数的计算公式如下：

$$g_i = 1 - E_i \tag{6.1.23}$$

差异性系数 g_i 反映的是指标的重要程度。也就是说，差异性系数 g_i 的值越大，说明该指标的重要程度越高。

在式（6.1.23）的基础上可以进一步得到第 i 个指标的熵权，即：

$$EW_i = \frac{g_i}{\sum_{i=1}^{p} g_i} \tag{6.1.24}$$

熵权 EW_i 反映的是第 i 个指标在整体中的相对有效信息量，同时也是信息熵权法得到的权重值。

接下来，采用熵权 EW_i 对通过因子分析法得到的权重 FW_i 进行修正，即可以得到：

$$W_i = \frac{FW_i \times EW_i}{\sum_{i=1}^{p}(FW_i \times EW_i)} \tag{6.1.25}$$

其中，W_i 代表的是经过信息熵权法修正之后得到的权重值，同时也是本书在计算脱域型社会资本综合指数时所采用的权重。

最后，对脱域型社会资本综合指数的计算。脱域型社会资本综合指数的计算采用加权平均的方法得到。具体的计算公式为：

$$DSC = \sum_{i=1}^{l} W_i \left(\sum_{j=1}^{q} W_{ij} Z_{ij} \right) \tag{6.1.26}$$

其中，DSC 代表的是农户的脱域型社会资本综合指数，l 代表的是脱域型社会资本评价体系中一级指标的个数，W_i 代表的是第 i 个一级指标在脱域型社会资本综合指数中的权重，q 代表的是第 i 个一级指标中的二级指标的个数，W_{ij} 代表的是第 j 个二级指标在第 i 个一级指标中的权重，Z_{ij} 代表的是通过式（6.1.9）或式（6.1.10）得到的无量纲化后的指标值。

本书的另一个核心解释变量是地域型社会资本。根据前文对地域型社会资本概念的界定，地域型社会资本指的是基于传统的血缘关系与地缘关系而建立的社会资本形式，这是在缺乏社会流动性的情况下形成的农民社会资本的原始状态。参照 CGSS 问卷中现有的变量，本书基于"老乡信任"与"邻里关系"两个变量构建了地域型社会资本的评价体系,具体的设定与赋值方法如表6.2所示。其中,"老乡信任"通过对老乡的信任程度进行量化,从"完全不可信"到"完全可信"分别赋值为1—5;"邻里关系"通过从邻居家借到扳手或螺丝刀等工具的难易程度进行量化,从"完全不可以"到"完全可以"分别赋值为1—3。

表6.2　　　　　　地域型社会资本变量的设定与赋值方法

	符号	描述	赋值
老乡信任	$ESC1$	对于老乡,您的信任度怎么样	完全不可信=1,……,完全可信=5
邻里关系	$ESC2$	您可以顺利地从邻居家借到扳手、螺丝刀等工具吗	完全不可以=1,基本上可以=2,完全可以=3

资料来源:笔者整理。

遵循已有文献通常的做法,在社会资本影响农户收入差距的实证模型中,还需要进一步对个体特征、制度环境等因素加以控制。此外,参照现有研究(Fräßdorf et al.,2011;Yamamura,2012;Kemp-Benedict,2013;Aghion et al.,2015)的经验,本书在实证过程中进一步控制了性别、年龄、婚姻状况、人力资本、政治资本、社会参与、外出劳动力比例等变量。指标的具体含义及赋值方法如表6.3所示。

表6.3　　　　　　控制变量的设定与赋值方法

	符号	描述	赋值
性别	$Gender$	性别	男=1,女=0
年龄	Age	您的出生年份	2010-出生年份
受教育程度	Edu	您目前的最高教育程度	没有受过教育=1,……,研究生及以上=7
政治面貌	$Politics$	您目前的政治面貌	党员=1,非党员=0
健康状况	$Health$	您觉得您目前的身体健康状况	很不健康=1,……,很健康=5
相对经济状况	$Status$	您家的家庭经济状况在当地属于哪一档	远低于平均水平=1,……,远高于平均水平=5

续表

	符号	描述	赋值
婚姻状况	*Marr*	您目前的婚姻状况	同居、已婚、分居、离婚、丧偶 =1，未婚 =0
外出劳力比例	*Labor*	外出劳动力（短期的加长期的）占家庭总劳动力的比重	具体数值
参与合作社	*Coop*	您家是否加入了某种合作社（互助组）之类的组织	是 =1，否 =0
参加村委会工作	*Village*	您是否参加村委会工作	是 =1，否 =0

资料来源：笔者整理。

（二）描述性统计

对实证中使用的主要变量进行描述性统计。如表 6.4 所示，农户总收入水平的对数值平均为 9.6947；农户拥有的脱域型社会资本平均为 0.222，尚处于较低水平；相比较而言，农户拥有的地域型社会资本要高得多，对老乡的信任程度（ESC1）大致位于"居于可信与不可信之间"到"比较可信"之间，而邻里关系（ESC2）更偏向于融洽；农村居民的人力资本比较匮乏，平均的受教育程度大概处于小学程度；样本中有 5.3% 的农户是党员；身体状况处于"一般"到"比较健康"之间；农户对家庭相对经济状况的判断比较偏低，介于"低于平均水平"到"平均水平"之间；样本中有 94% 的农户已婚；农村劳动力外出流动的趋势非常明显，外出劳动力（短期的加长期的）占农村家庭总劳动力的比重的平均值达到了近 30%；样本中有约 4% 的农户参与了合作社组织；有大约 11% 的农户参加了村委会工作。

表 6.4   主要变量的描述性统计

	平均值	标准差	最小值	最大值	样本量
Income	9.6947	0.9205	5.7038	13.8165	3438
DSC	0.2220	0.2849	0.0000	1.0000	3364
ESC1	3.6109	0.8349	1.0000	5.0000	3428
ESC2	2.8709	0.3677	1.0000	3.0000	3425
Gender	0.4958	0.5001	0.0000	1.0000	3447

续表

	平均值	标准差	最小值	最大值	样本量
Age	44.7644	11.7959	18.0000	65.0000	3447
Edu	3.2550	1.2445	1.0000	7.0000	3447
$Politics$	0.0534	0.2248	0.0000	1.0000	3447
$Health$	3.5936	1.1621	1.0000	5.0000	3447
$Status$	2.5660	0.7535	1.0000	5.0000	3447
$Marr$	0.9434	0.2311	0.0000	1.0000	3447
$Labor$	0.2963	0.3010	0.0000	1.0000	3447
$Coop$	0.0389	0.1933	0.0000	1.0000	3447
$Village$	0.1068	0.3089	0.0000	1.0000	3447

资料来源：笔者整理。

表6.5　　农户收入水平与社会资本变量均值的分地区比较

	$Income$	DSC	$ESC1$	$ESC2$		$Income$	DSC	$ESC1$	$ESC2$
安徽	9.7055	0.1820	3.5147	2.9254	江西	9.7835	0.1953	3.4737	2.7974
福建	9.9378	0.3070	3.4444	2.8649	辽宁	9.5235	0.2584	4.0588	2.8182
甘肃	10.0159	0.3001	3.8819	2.8346	内蒙古	9.8367	0.2419	3.6724	2.9483
广西	9.4561	0.2696	3.4750	2.8167	宁夏	10.3972	0.3360	3.9778	2.8889
贵州	10.0076	0.3630	3.1786	2.8333	青海	10.6308	0.4262	3.5217	2.9130
海南	9.6547	0.2881	3.5161	2.9000	山东	9.8068	0.3012	3.6321	2.9671
河北	9.5506	0.2965	3.8699	2.9517	山西	9.8151	0.2425	3.6854	2.9438
河南	9.7470	0.1781	3.5410	2.9153	陕西	9.1957	0.2706	3.6667	2.8769
黑龙江	9.8299	0.1312	3.3221	2.8293	四川	9.4185	0.1750	3.5364	2.7696
湖北	9.6186	0.1524	3.6214	2.9171	云南	9.4286	0.1646	3.7652	2.7490
湖南	9.4958	0.1673	3.4968	2.8117	浙江	10.6964	0.3938	3.5000	2.7500
吉林	9.7639	0.1896	3.8413	2.9048	重庆	9.35523	0.2206	3.7279	2.9500
江苏	9.9440	0.2889	3.5000	2.9462	全体	9.6947	0.2220	3.6109	2.8709

资料来源：笔者整理。

分地区对农户收入水平与社会资本等变量进行描述性统计。表6.5汇总的是农户收入水平与社会资本变量均值的分地区比较。从中可以看出，农户收入与社会资本存在较明显的地区差异。其中，农户收入总水平的对数值（Income）最高的省份是浙江，高达10.6964，而最低的陕西仅为9.1957；农户拥有的脱域型社会资本（DSC）最高的省份是青海，达到了0.4262，而最低的黑龙江仅为0.1312；对老乡的信任程度（ESC1）最高的省份是辽宁，达到了4.0588，处于"比较可信"的程度，而最低的贵州仅为3.1786，尚处于"居于可信与不可信之间"的层次；邻里关系（ESC2）最为融洽的是山东，高达2.9671，倾向于完全融洽，而最低的云南仅为2.749。

第二节 实证结果与分析

本章的主要目标在于从总量的视角实证检验本书提出的两个研究假设。为了达到这一目的，本章基于中国综合社会调查（CGSS）的农村样本数据，采用再中心化影响函数（RIF）回归方法实证检验脱域型社会资本与地域型社会资本等变量对农户收入水平差距的影响。为了进一步消除个体效应导致的异方差问题，本章在RIF回归过程中通过200次重复抽样获得自助标准差。此外，"区域异质性"是讨论中国农村居民收入差距时必须加以考虑的因素之一（Hauser, Xie, 2005）。因此，后文将基于整体视角与区域视角，分别报告全部样本与分区域样本的脱域型社会资本、地域型社会资本等变量对农户收入水平差距的估计结果。

一 基本模型的估计结果

基于中国综合社会调查（CGSS）的农村样本数据，采用再中心化影响函数（RIF）回归方法对农户收入水平差距模型即式（6.1.6）进行回归，可以得到脱域型社会资本与地域型社会资本等变量对农户收入水平差距的估计结果。

表6.6汇总的是以基尼系数作为不平等衡量指标的农户收入水平差距模型的RIF估计结果。从表6.6的结果中可以发现，脱域型社会资本（DSC）的估计系数为正，并在1%的水平上显著，表明农户通过社会流

动而积累的新型脱域型社会资本使农户收入水平差距扩大，即验证了本书提出的研究假设一。地域型社会资本（$ESC1$ 与 $ESC2$）的估计系数均为负，但只有以邻里关系衡量的地域型社会资本（$ESC2$）的估计结果在模型（3）与模型（6）中通过了10%的显著性水平检验，说明一旦控制了在农村社会结构变迁过程中形成并演化的脱域型社会资本，农村居民原有的地域型社会资本缓解农户收入水平差距矛盾的作用就会被弱化，本书的研究假设二也得到了佐证。事实上，这一实证结果与林南的"社会资本回报理论"（Lin，2001）在逻辑上并不冲突：脱域型社会资本对农村居民的影响更多体现的是社会资本的工具属性，即农户进行脱域型社会资本投资的主要目的是为了获得额外的经济回报（黄瑞芹、杨云彦，2008）；而地域型社会资本对农村居民的影响更偏向于社会资本的情感属性，即农户投资于地域型社会资本的主要目的在于巩固和维护农户所拥有的现有的社会网络资源。因此，地域型社会资本所带来的回报也更多地表现为诸如身心健康、生活满意等主观幸福感层面（Sarracino，2010；2013）。而且，农户拥有的地域型社会资本在本质上是一种具有高度同质性的社会网络资源，而同质性的社会网络在快速变迁的社会环境中并不必然能够增强社会沟通的有效性（Rong et al.，2016）。因此，农户传统的地域型社会资本的同质性特征也在一定程度上限制了其收入分配效应的有效发挥。

表6.6　　　　　　　　农户收入水平差距模型的估计结果

	模型（1）	模型（2）	模型（3）	模型（4）	模型（5）	模型（6）
DSC	0.0089 (3.31)***			0.0088 (3.26)***	0.0092 (3.20)***	0.0091 (3.33)***
$ESC1$		-0.0010 (-1.17)		-0.0009 (-0.96)		-0.0008 (-0.91)
$ESC2$			-0.0035 (-1.72)*		-0.0035 (-1.63)	-0.0034 (-1.89)*
$Gender$	0.0005 (0.31)	0.0012 (0.81)	0.0009 (0.56)	0.0006 (0.32)	0.0003 (0.18)	0.0003 (0.21)
Age	0.0005 (5.51)***	0.0004 (5.51)***	0.0004 (5.08)***	0.0005 (5.51)***	0.0005 (5.52)***	0.0005 (5.29)***

续表

	模型（1）	模型（2）	模型（3）	模型（4）	模型（5）	模型（6）
Edu	-0.0025 (-3.30)***	-0.0021 (-3.23)***	-0.0021 (-3.01)***	-0.0025 (-3.61)***	-0.0024 (-3.48)***	-0.0024 (-3.20)***
$Politics$	-0.0024 (-0.74)	-0.0013 (-0.46)	-0.0021 (-0.69)	-0.0022 (-0.73)	-0.0031 (-0.96)	-0.0029 (-0.96)
$Health$	-0.0018 (-2.78)***	-0.0017 (-2.46)**	-0.0017 (-2.29)**	-0.0018 (-2.56)**	-0.0018 (-2.32)**	-0.0017 (-2.38)**
$Status$	-0.0042 (-3.08)***	-0.0040 (-3.17)***	-0.0038 (-2.92)***	-0.0042 (-3.42)***	-0.0040 (-2.94)***	-0.0041 (-3.25)***
$Marr$	-0.0194 (-5.26)***	-0.0192 (-5.10)***	-0.0191 (-4.97)***	-0.0194 (-4.69)***	-0.0194 (-4.84)***	-0.0194 (-5.06)***
$Labor$	-0.0152 (-5.74)***	-0.0146 (-5.92)***	-0.0147 (-5.78)***	-0.0150 (-5.99)***	-0.0151 (-5.62)***	-0.0149 (-5.87)***
$Coop$	0.0038 (0.92)	0.0037 (0.99)	0.0040 (1.02)	0.0037 (0.94)	0.0041 (1.03)	0.0041 (1.09)
$Village$	0.0012 (0.51)	0.0008 (0.31)	0.0007 (0.26)	0.0012 (0.49)	0.0010 (0.43)	0.0010 (0.40)
$Cons$	0.0785 (11.95)***	0.0830 (10.76)***	0.0880 (9.14)***	0.0816 (12.37)***	0.0867 (9.43)***	0.0895 (10.22)***
F统计量	16.22***	15.94***	16.17***	14.71***	14.99***	13.69***
样本量	3355	3419	3416	3340	3334	3319

注：***、**、*分别代表在1%、5%、10%水平上显著；小括号内为相应变量的t统计量。

资料来源：笔者整理。

在控制变量中，以年龄（Age）所代表的"经验"是扩大农户收入水平差距的变量，这显示出农村劳动力以经验优势弥补学历劣势现象的存在（Jeong et al.，2015）。此外，受教育程度（Edu）、身体健康状况（$Health$）、相对经济状况（$Status$）、外出劳动力比例（$Labor$）与婚姻状况（$Marr$）等是有效缓解农村居民内部收入水平差距的重要因素，这与现有的研究结论基本一致。① 理论上讲，社会组织能够为参与群体提供

---

① 虽然郭凤鸣和张世伟得出受教育程度对迁移农民收入的影响不明显的结论（郭凤鸣、张世伟，2011），但更多的研究肯定了学校正规教育对农村居民非农就业的积极作用（Zhang，Li，2003；Pan，2011）。也不可否认，与教育数量相比，教育质量对农村居民经济行为的影响可能更显著（柳光强等，2013）。这也是笔者将在未来的研究中继续深挖的课题。

一种保证社会认同的机制（Chmura et al.，2016）。但是，本书并没有发现参与合作社（Coop）能够发挥缩小农户收入水平差距功能的证据，这可能是由于合作社对小规模农户的入社限制所致（Ito et al.，2012）。

二 分区域的估计结果

由于中国的经济社会发展具有明显的梯度特征，不同区域在社会环境、市场经济发展状况等方面都存在较大差异。因此，区域异质性也是讨论中国农户收入差距时必须加以考虑的因素之一（Hauser，Xie，2005）。基于中国综合社会调查（CGSS）的农村样本数据，将全部样本按照样本来源地划分为东部地区样本与中西部地区样本两组，然后分别采用再中心化影响函数回归方法对农户收入水平差距模型即式（6.1.6）进行回归，就可以得到脱域型社会资本与地域型社会资本等变量对农户收入水平差距的分区域估计结果。

根据国家统计局的界定标准，并结合中国区域经济社会运行的实际状况，本书将来自河北省、辽宁省、江苏省、浙江省、福建省、山东省、广西壮族自治区与海南省等地区的农户样本归总为东部地区样本；同时，本书将来自山西、内蒙古、黑龙江、吉林、安徽、江西、河南、湖北、湖南等地区的农户样本归总为中部地区样本；将来自贵州、云南、陕西、甘肃、青海、宁夏、重庆与四川等地区的农户样本归总为西部地区样本。具体的区域划分结果如表6.7所示。

表6.7　　　　　　　　东部、中部与西部地区划分

	东部地区	中部地区	西部地区
省（自治区、直辖市）	河北、辽宁、江苏、浙江、福建、山东、广西、海南	山西、内蒙古、吉林、黑龙江、安徽、江西、河南、湖北、湖南	贵州、云南、陕西、甘肃、青海、宁夏、重庆、四川

资料来源：笔者整理。

表6.8是分区域的农户收入水平差距模型的RIF回归估计结果。

表 6.8 　　　　　　农户收入水平差距模型的分区域估计结果

	东部地区样本			中西部地区样本		
	模型（7）	模型（8）	模型（9）	模型（10）	模型（11）	模型（12）
DSC	0.0049 (0.86)			0.0071 (2.04)**		
ESC1		-0.0006 (-0.23)			-0.0008 (-0.94)	
ESC2			-0.0010 (-0.22)			-0.0051 (-2.41)**
Gender	-0.0008 (-0.20)	-0.0004 (-0.09)	-0.0009 (-0.24)	0.0012 (0.72)	0.0016 (1.08)	0.0013 (0.75)
Age	0.0008 (3.87)***	0.0008 (4.10)***	0.0008 (4.04)***	0.0003 (3.88)***	0.0003 (3.59)***	0.0003 (3.99)***
Edu	-0.0018 (-0.94)	-0.0015 (-0.81)	-0.0019 (-0.96)	-0.0030 (-4.13)***	-0.0028 (-3.70)***	-0.0026 (-3.76)***
Politics	-0.0098 (-1.82)*	-0.0093 (-1.85)*	-0.0093 (-1.67)*	-0.0005 (-0.12)	0.0004 (0.10)	-0.0006 (-0.15)
Health	-0.0022 (-1.18)	-0.0019 (-1.11)	-0.0024 (-1.42)	-0.0024 (-3.27)***	-0.0024 (-2.87)***	-0.0022 (-2.96)***
Status	-0.0016 (-0.55)	-0.0021 (-0.72)	-0.0011 (-0.38)	-0.0048 (-4.04)***	-0.0046 (-3.34)***	-0.0047 (-3.67)***
Marr	-0.0144 (-1.78)*	-0.0142 (-1.88)*	-0.0150 (-1.92)*	-0.0220 (-5.09)***	-0.0219 (-5.37)***	-0.0217 (-5.59)***
Labor	-0.0081 (-1.21)	-0.0073 (-1.10)	-0.0086 (-1.32)	-0.0167 (-6.79)***	-0.0163 (-6.57)***	-0.0159 (-6.73)***
Coop	0.0084 (1.09)	0.0090 (1.46)	0.0089 (1.19)	0.0008 (0.19)	0.0001 (0.03)	0.0005 (0.10)
Village	-0.0031 (-0.67)	-0.0035 (-0.76)	-0.0036 (-0.73)	0.0028 (1.02)	0.0025 (0.92)	0.0025 (0.99)
Cons	0.0552 (3.39)***	0.0587 (3.50)***	0.0556 (2.67)***	0.0901 (13.25)***	0.0938 (11.54)***	0.1037 (10.89)***
F统计量	3.84***	4.00***	4.30***	15.34***	15.37***	15.60***
样本量	751	767	768	2604	2652	2648

注：***、**、*分别代表在1%、5%、10%水平上显著；小括号内为相应变量的t统计量。

资料来源：笔者整理。

表 6.8 的结果显示，脱域型社会资本（DSC）的估计系数均为正，且在中西部地区的估计结果中通过了 5% 的显著性检验，表明脱域型社会资本整体上加剧了农户收入水平分布不均的矛盾，而脱域型社会资本对农户收入水平差距的扩大效应对来自中西部地区的农户更明显。由于

我国中西部地区的市场经济发展比较滞后，来自中西部地区的农户通过市场化手段增收的能力偏低，而更倚重于社会资本等非正式渠道。因此，那些率先通过社会流动而积累了新型的脱域型社会资本的那部分中西部农户能够获得更快的收入增长速度，进而拉大了其与缺乏社会流动性的农户之间的收入水平差距。此外，地域型社会资本（$ESC1$ 与 $ESC2$）的估计系数依然均为负值，但是，只有采用邻里关系度量的地域型社会资本（$ESC2$）的估计结果在模型（12）中通过了 5% 的显著性检验，这与前文的估计结果基本一致。也就是说，农村居民积累的传统地域型社会资本在缓解农民群体收入水平差距的作用已经被弱化了，尤其对于东部地区市场化参与程度更高的农户而言，传统的地域型社会资本并未显著影响农户的收入水平差距。控制变量的估计结果与表 6.6 的结果基本一致。

第三节 稳健性检验与进一步分析

为了增强研究结论的可靠性，本书通过以下三个途径进行稳健性检验。

其一，借鉴文献（Narayan, Pritchett, 1999；Grootaert, 2001；黄瑞芹、杨云彦，2008）等的做法，将老乡信任（$ESC1$）与邻里关系（$ESC2$）合并为一个综合指数来反映地域型社会资本（ESC）。具体的构造方式如下：

$$ESC = \frac{ESC1 - \min(ESC1)}{\max(ESC1) - \min(ESC1)} \times \frac{ESC2 - \min(ESC2)}{\max(ESC2) - \min(ESC2)} \quad (6.3.1)$$

其中，$\max(\cdot)$ 和 $\min(\cdot)$ 分别代表相应指标的最大值与最小值。

其二，在实证性的文献中，方差是反映居民收入不平等的常用指标（Primiceri, van Rens, 2009；Blundell et al., 2014）。因此，本书采用方差作为农户收入水平差距的度量指标。基于方差的 RIF 回归与基尼系数的 RIF 回归步骤基本一致。即首先构建出方差的影响函数：

$$IF(y;\sigma^2) = \left(y - \int z dF_Y(z)\right)^2 - \sigma^2 \quad (6.3.2)$$

其中，σ^2 代表的是方差。其计算公式如下：

$$\sigma^2 = \frac{\sum_{i=1}^{n}(x_i - \mu)^2}{n} \qquad (6.3.3)$$

其中，μ 代表的是均值。

其次，在式（6.3.2）和式（6.3.3）的基础上得到方差的再中心化影响函数，其计算公式如下：

$$RIF(y;\sigma^2) = \left(y - \int z dF_Y(z)\right)^2 = (Y-\mu)^2 \qquad (6.3.4)$$

采用 RIF 方法对式（6.3.4）进行回归，就可以得到脱域型社会资本、地域型社会资本等各个解释变量对于以方差衡量的农户收入水平差距的边际影响。

其三，为了控制各个地区信息化发展程度差异对于农户的脱域型社会资本积累与收入水平差距的内生性影响，本书采用国家统计局统计科研所信息化统计评价研究组提出的信息化发展指数（IDI）作为区域分组的依据。以 IDI 的中位数为临界值，高于该临界点的省域划归为信息化程度高的区域，反之则划归为信息化程度低的区域。① 按照信息化发展程度的区域划分结果如表 6.9 所示。其中，本书将来自福建、海南、黑龙江、湖北、湖南、吉林、江苏、辽宁、山东、山西、陕西、重庆、浙江等地区的农户样本归总为信息化程度高地区样本，将来自安徽、甘肃、广西、贵州、河北、河南、江西、内蒙古、宁夏、青海、四川、云南等地区的农户样本归总为信息化程度低地区样本。

表 6.9　　　　　　　按照信息化发展程度的区域划分

	信息化程度高地区	信息化程度低地区
省（自治区、直辖市）	福建、海南、黑龙江、湖北、湖南、吉林、江苏、辽宁、山东、山西、陕西、重庆、浙江	安徽、甘肃、广西、贵州、河北、河南、江西、内蒙古、宁夏、青海、四川、云南

资料来源：笔者整理。

---

① 同时，本书也以 IDI 的平均值作为分界值，将高于该分界点的省域划归为信息化程度高的区域，反之则划归为信息化程度低的区域。所得到的结果基本一致。因此，本书在稳健性检验结果中仅报告了以 IDI 的中位数作为临界值的估计结果。

稳健性检验的估计结果如表 6.10 所示。表 6.10 的结果与前文得到的结果基本一致，即脱域型社会资本（DSC）的估计系数为正，并在全部的模型中均通过了 5% 的显著性水平检验；而地域型社会资本（$ESC1$、$ESC2$ 或 ESC）在大多数模型中的估计系数为不显著的负值，只有采用"邻里关系"度量的地域型社会资本（$ESC2$）的估计结果在模型（13）与模型（19）中通过了 10% 的显著性水平检验，以及采用综合指数反映的地域型社会资本（ESC）在模型（14）中通过了 10% 的显著性水平检验。上述估计结果说明，如果将农户社会资本分解为新型的脱域型社会资本与传统的地域型社会资本，农村社会结构的快速变迁限制了传统的地域型社会资本缓解农户收入差距矛盾的作用，导致地域型社会资本并未明显影响农户收入水平差距；相比之下，新型的脱域型社会资本更有助于促进农户收入水平的增加，从而使农户收入水平差距扩大。因此，稳健性检验的估计结果进一步印证了本书提出的两个研究假设是成立的。

进一步地，Lin 基于资本视角指出，社会资本影响居民收入差距的过程主要包括两个方面，即资本欠缺与回报欠缺。其中，资本欠缺指的是不同行动者之间所拥有的社会资本的数量与质量存在差异，也就是说，资本欠缺关注的是社会资本获取上的差异；回报欠缺指的是一定数量的社会资本在不同的行动者之间产生了差异化的收入回报率，也就是说，回报欠缺关注的是社会资本使用上的差异（Lin，2001）。本书也在 Lin 分析的基础上构建了社会资本转换影响农户收入差距的理论分析框架，即"社会资本转换→资本欠缺—回报欠缺→农户收入差距"。[①] 因此，为了进一步分析脱域型社会资本影响农户收入水平差距的作用过程，下面将分别考察脱域型社会资本的拥有量与回报率在不同收入农户间的分布状况。

一方面，针对脱域型社会资本拥有量的分布问题，本书将农户收入水平划分为 10 个分位区间，然后分别计算各个分位区间的脱域型社会资本的平均值，相关结果如图 6.3（a）所示。

另一方面，针对脱域型社会资本回报率的分布问题，由于传统的均值回归仅能得到脱域型社会资本的平均化影响，难以刻画这一复杂过程，而分位数估计技术能够准确描述解释变量对被解释变量分布特征的影响，从而实现对传统 OLS 均值回归的拓展与修正。而且，在弱随机的条件下，

---

① 详细分析过程请参照本书第三章的论述。

表6.10　稳健性检验

	综合指数		以方差衡量收入差距		按信息化程度分组			
					信息化程度高地区		信息化程度低地区	
	模型(13)	模型(14)	模型(15)	模型(16)	模型(17)	模型(18)	模型(19)	模型(20)
DSC	0.0091 (3.33)***	0.0092 (3.63)***	0.3467 (3.64)***	0.3466 (3.67)***	0.0125 (3.49)***	0.0126 (3.36)***	0.2691 (2.01)**	0.2650 (2.16)**
ESC1	-0.0008 (-0.91)		-0.0353 (-1.09)		-0.0018 (-1.09)		0.0097 (0.28)	
ESC2	-0.0034 (-1.89)*		-0.0929 (-1.37)		-0.0014 (-0.38)		-0.1512 (-1.74)*	
ESC		-0.0049 (-1.65)*		-0.1726 (-1.54)		-0.0060 (-1.12)		-0.1009 (-0.78)
Gender	0.0003 (0.21)	0.0004 (0.22)	-0.0161 (-0.29)	-0.0157 (-0.29)	0.0001 (0.03)	0.0001 (0.02)	-0.0148 (-0.20)	-0.0130 (-0.19)
Age	0.0005 (5.29)***	0.0005 (5.47)***	0.0136 (4.69)***	0.0135 (5.41)***	0.0006 (4.18)***	0.0006 (4.40)***	0.0117 (3.30)***	0.0116 (3.20)***
Edu	-0.0024 (-3.20)***	-0.0024 (-3.33)***	-0.0525 (-2.16)**	-0.0530 (-2.46)**	-0.0035 (-3.49)***	-0.0035 (-3.13)***	-0.0314 (-0.90)	-0.0343 (-1.07)
Politics	-0.0029 (-0.96)	-0.0028 (-0.82)	-0.0807 (-0.83)	-0.0792 (-0.76)	-0.0074 (-2.05)**	-0.0075 (-2.05)**	0.0989 (0.64)	0.0988 (0.70)
Health	-0.0017 (-2.38)**	-0.0017 (-2.57)**	-0.0399 (-1.66)*	-0.0398 (-1.72)*	-0.0002 (-0.17)	-0.0002 (-0.16)	-0.0934 (-3.42)***	-0.0928 (-3.21)***

续表

	综合指数		以方差衡量收入差距		按信息化程度分组			
					信息化程度高地区		信息化程度低地区	
	模型(13)	模型(14)	模型(15)	模型(16)	模型(17)	模型(18)	模型(19)	模型(20)
Status	-0.0041 *** (-3.25)	-0.0041 *** (-3.26)	-0.0454 (-1.10)	-0.0465 (-1.10)	-0.0032 * (-1.80)	-0.0032 * (-1.73)	-0.0878 (-1.53)	-0.0893 (-1.55)
Marr	-0.0194 *** (-5.06)	-0.0195 *** (-5.42)	-0.5462 *** (-4.53)	-0.5471 *** (-4.50)	-0.0181 *** (-4.07)	-0.0180 *** (-3.62)	-0.6461 *** (-3.04)	-0.6515 *** (-3.01)
Labor	-0.0149 *** (-5.87)	-0.0150 *** (-5.22)	-0.3809 *** (-4.32)	-0.3832 *** (-4.37)	-0.0165 *** (-4.38)	-0.0165 *** (-4.53)	-0.3404 *** (-3.14)	-0.3496 *** (-2.95)
Coop	0.0041 (1.09)	0.0040 (1.01)	0.0788 (0.68)	0.0786 (0.66)	-0.0008 (-0.16)	-0.0008 (-0.16)	0.2299 (1.31)	0.2245 (1.21)
Village	0.0010 (0.40)	0.0009 (0.36)	0.0345 (0.41)	0.0332 (0.40)	-0.0016 (-0.48)	-0.0015 (-0.40)	0.0859 (0.92)	0.0834 (0.87)
Cons	0.0895 *** (10.22)	0.0798 *** (11.15)	1.6250 *** (4.76)	1.3439 *** (5.80)	0.0795 *** (5.06)	0.0726 *** (6.92)	1.9939 *** (4.31)	1.6813 *** (5.05)
F统计量	13.69 ***	14.69 ***	7.81 ***	8.39 ***	7.23 ***	7.79 ***	5.52 ***	5.72 ***
样本量	3319	3319	3319	3319	1608	1608	1711	1711

注：***、**、* 分别代表在 1%、5%、10% 水平上显著；小括号内为相应变量的 t 统计量。
资料来源：笔者整理。

分位数回归（Quantile Regression）比 OLS 回归更能保持一致性，从而得到的估计结果更具稳健性（Cameron，Trivedi，2005）。需要指出的是，经典的分位数回归所得到的估计结果事实上只是解释变量对被解释变量的所谓条件分位数偏效应（Conditional Quantile Partial Effects），即：

$$CQPE(X,\tau) = \frac{\partial q_\tau(Y|X)}{\partial X} \quad (6.3.5)$$

式（6.3.5）反映的是相对于具有相同观测特征的个体（如特定的年龄、相似的家庭背景等），由不可观测的能力差别所导致的收入或绩效的差异。但是，式（6.3.5）无法解释由整个人群的脱域型社会资本变化而产生的农户收入分布特征的变化趋势（Borah，Basu，2013；Nowotarski，Weron，2015）。① 为了解决这一难题，Firpo 等提出可以采用无条件分位数回归（Unconditional Quantile Regression，UQR）来替代传统的条件分位数回归，从而得到比条件分位数回归更加稳健的估计结果。

Firpo 等借用影响函数的思想构建了估计无条件分位数偏效应的方法，具体的操作过程如下。

首先，利用统计学中稳健估计（Robust Estimation）方法，得到：

$$q_\tau(Y) = \int RIF(q_\tau, y, F_Y) dF_Y(y) \quad (6.3.6)$$

其中，$RIF(q_\tau, y, F_Y)$ 被称为 F_Y 的 τ 分位数对应的再中心化影响函数。

由式（6.3.6）可以进一步得到：

$$RIF(q_\tau, y, F_Y) = q_\tau + \frac{\tau - 1(y \leq q_\tau)}{f_Y(q_\tau)} \quad (6.3.7)$$

其中，q_τ 代表的是 Y 的无条件分位数，且满足 $F_Y(q_\tau) = \tau$，$f_Y(\cdot)$ 代表的是 Y 的密度函数。

进一步地，采用条件期望的迭代法则可以将式（6.3.7）写成：

$$q_\tau(Y) = \int E(RIF(q_\tau, y, F_Y)|X = x) dF_X(x) \quad (6.3.8)$$

为考察式（6.3.8）中 F_X 的边际变化对 $q_\tau(Y)$ 产生的影响，Firpo 等假定解释变量 X 的每一个分量均进行虚拟的无穷小平移变换（Location

---

① 对这一问题的解读实际上等价于计算解释变量对被解释变量的无条件分位数偏效应（Unconditional Quantile Partial Effects）。

Shift），则式（6.3.8）可以改写为：

$$q_\tau(Y') = \int E(RIF(q_\tau,y,F_Y)|X=x)dF_X(x-\Delta x) \quad (6.3.9)$$

将式（6.3.9）与式（6.3.8）相减并除以增量 Δx，并令 $\Delta x \to 0$，可得到解释变量 X 的单位平移变换对被解释变量 Y 的 τ 无条件分位数的边际影响，得到的无条件分位数偏效应为：

$$UQPE(\tau) = \int \frac{\partial E(RIF(q_\tau,y,F_Y)|X)}{\partial X}dF_X \quad (6.3.10)$$

根据 Firpo 等的建议，可以通过以下三个步骤求得无条件分位数偏效应 $UQPE$ 的一致估计量。

第一步：利用样本次序统计量求出 q_τ 的一致估计 $\hat{q}_\tau$，通过 $1(y \geqslant \hat{q}_\tau)$ 对 x_i 进行 Probit 或 Logit 回归，求得 $E(1(y \geqslant q_\tau)|x) = \Phi(x'\beta)$ 中的 β 的一致估计量。其中，$\Phi(\cdot)$ 代表的是正态分布函数或 Logistic 分布函数。

第二步：计算 $\frac{\partial E(RIF(q_\tau,y,F_Y)|x)}{\partial x}|_{x=x_i}$ 的一致估计 $\frac{\partial E(\hat{RIF}(\hat{q}_\tau,y,F_Y)|x)}{\partial x}|_{x=x_i}$。基于 $E(1(y \geqslant q_\tau)|x) = \Phi(x'\beta)$ 的假设，可以得到：

$$\frac{\partial E(\hat{RIF}(\hat{q}_\tau,y,F_Y)|x)}{\partial x}|_{x=x_i} = \frac{\Phi'(x'_i\hat{\beta})\hat{\beta}}{\hat{f}_Y(\hat{q}_\tau)} \quad (6.3.11)$$

其中，$\hat{f}_Y(\cdot)$ 表示的是 Y 的密度函数的非参数一致估计量。

第三步：计算无条件分位数偏效应 $UQPE(\tau)$ 的一致估计：

$$\frac{1}{n}\sum_{i=1}^{n}\frac{\partial E(\hat{RIF}(\hat{q}_\tau,y,F_Y)|x)}{\partial x}|_{x=x_i} = \frac{1}{n}\sum_{i=1}^{n}\frac{\Phi'(x'_i\hat{\beta})\hat{\beta}}{\hat{f}_Y(\hat{q}_\tau)} \quad (6.3.12)$$

另外，在存在异常值的情况下，仅仅选择某几个分位点进行回归分析，难以稳健地刻画出异质性影响的变化趋势。因此，本书遵循周晔馨的做法，以农户收入水平的对数值（$Income$）为被解释变量，以脱域型社会资本、地域型社会资本与相关控制变量为解释变量，通过在 0.01—0.99 分位点上进行 99 次无条件分位数回归，得到不同收入分位点上脱域型社会资本的收入回报率的变化规律，从而比较穷人与富人脱域型社会资本的经济回报率的特征及差异。相关结果如图 6.3（b）和图 6.3（c）所示。

图 6.3（a）显示，脱域型社会资本与农户收入水平之间呈现出明显

的正相关关系,即富人拥有更多的脱域型社会资本。图6.3(b)和图6.3(c)的回归结果表明,脱域型社会资本的估计系数伴随收入分位点的增加而呈现出逐渐上升的趋势,而且,估计系数在大部分分位点上均是显著的,即富人从脱域型社会资本中获得了更高的收入回报率。综上所述,低收入农户脱域型社会资本的拥有量与回报率均显著低于高收入农户。因此,脱域型社会资本使农户收入水平差距扩大,从而证明了本书的研究结论是稳健的。

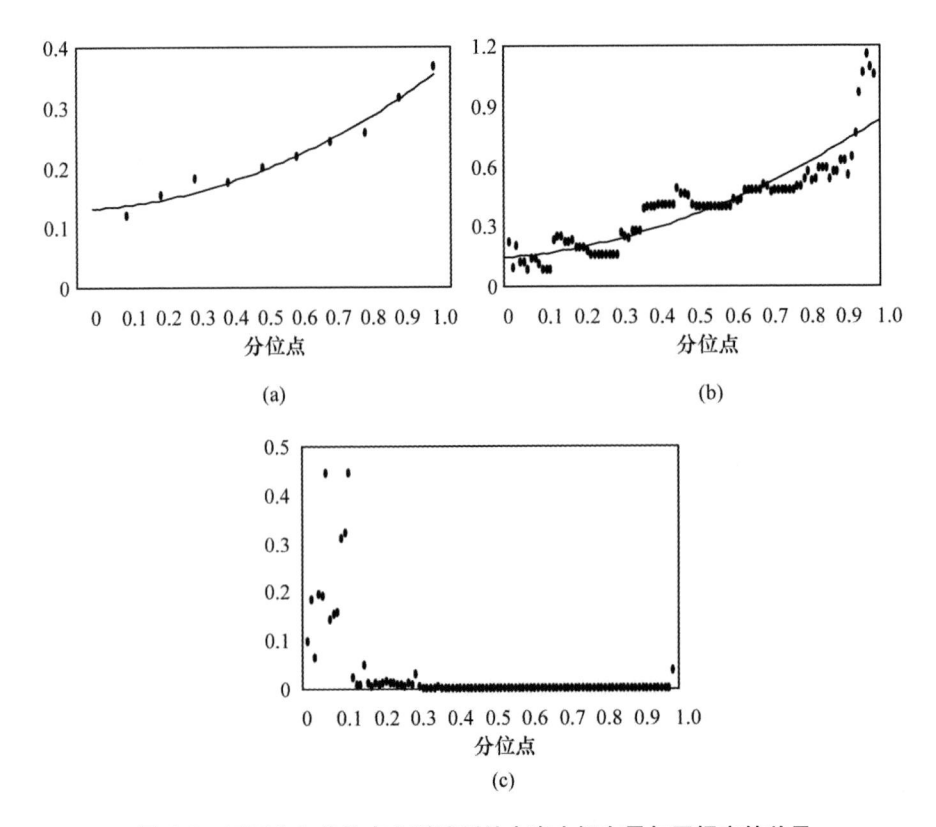

图6.3　不同收入分位点上脱域型社会资本拥有量与回报率的差异

注:图中的横轴代表的是收入的分位点;图(a)中,散点标注的是各个收入分位点上脱域型社会资本拥有量的平均值,曲线代表的是这些散点的二次拟合曲线;图(b)中,散点标注的是99个分位点上脱域型社会资本的回归系数,曲线代表的是这些散点的二次拟合曲线;图(c)中,散点标注的是99个分位点上脱域型社会资本回归系数所对应的P值;估计技术采用的是Firpo等提出的无条件分位数回归,抽样方法采用的是200次Bootstrap。

资料来源:笔者整理。

另外，为了分析地域型社会资本影响农户收入水平差距的作用过程，下面将分别考察地域型社会资本的拥有量与回报率在不同收入农户间的分布状况。一方面，将农户收入水平划分为 10 个分位区间，然后分别计算各个分位区间的地域型社会资本的平均值，相关结果如图 6.4（a）所示。另一方面，以农户收入水平的对数值（Income）为被解释变量，以脱域型社会资本、地域型社会资本与相关控制变量为解释变量，通过在 0.01—0.99 分位点上进行 99 次无条件分位数回归，得到不同收入分位点上地域型社会资本的收入回报率的变化规律，从而比较穷人与富人地域型社会资

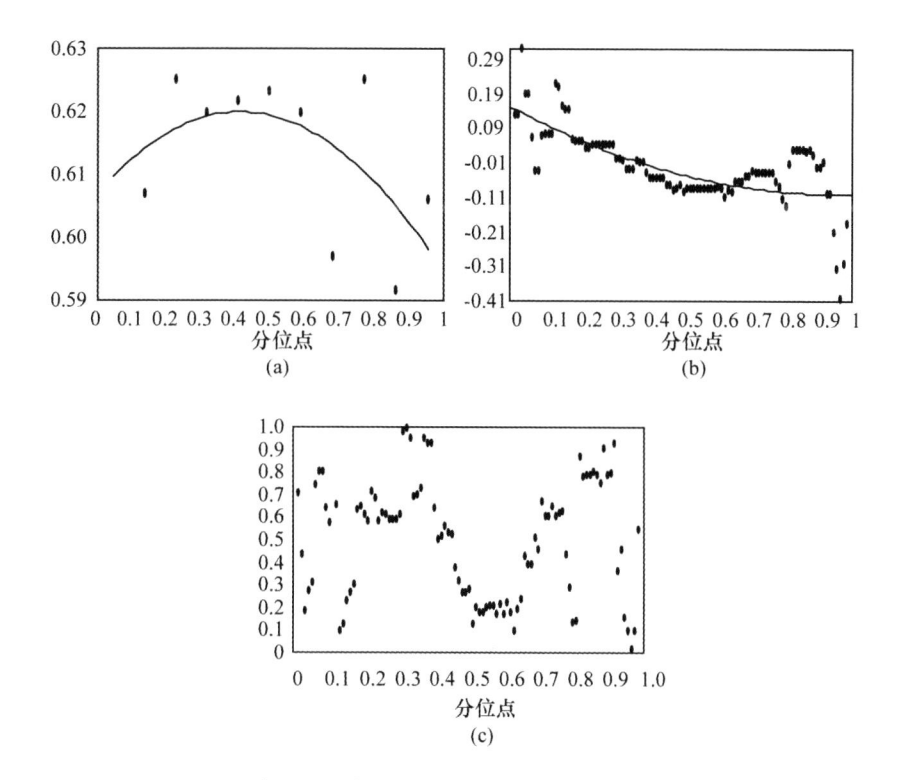

图 6.4 不同收入分位点上地域型社会资本拥有量与回报率的差异

注：图中的横轴代表的是收入的分位点；图（a）中，散点标注的是各个收入分位点上地域型社会资本拥有量的平均值，曲线代表的是这些散点的二次拟合曲线；图（b）中，散点标注的是 99 个分位点上地域型社会资本的回归系数，曲线代表的是这些散点的二次拟合曲线；图（c）中，散点标注的是 99 个分位点上地域型社会资本回归系数所对应的 P 值；估计技术采用的是 Firpo 等提出的无条件分位数回归，抽样方法采用的是 200 次 Bootstrap。

资料来源：笔者整理。

本的经济回报率的特征及差异。其中，地域型社会资本采用相乘的方法将老乡信任（$ESC1$）与邻里关系（$ESC2$）合并为一个综合指数进行赋值，如式（6.3.1）所示。相关结果如图6.4（b）和图6.4（c）所示。

图6.4（a）显示，地域型社会资本与农户收入水平之间呈现出明显的倒"U"形关系。也就是说，中等收入的农户拥有更多的地域型社会资本。图6.4（b）和图6.4（c）的回归结果表明，地域型社会资本的估计系数伴随收入分位点的增加呈现出逐渐下降的趋势，尤其是从0.32分位点开始估计系数基本为负，而且，估计系数在大部分分位点上均是不显著的。也就是说，地域型社会资本对中高收入农户的收入增长产生了一定的不利影响。综上所述，低收入农户地域型社会资本的拥有量与回报率并未明显高于高收入农户。因此，如果将农户社会资本分解为传统的地域型社会资本与新型的脱域型社会资本，那么，传统的地域型社会资本并未对农户收入水平差距产生显著的影响，从而证明了本书的研究结论是稳健的。

第四节　本章小结

本章的主要目的是基于总量维度对前文提出的两个研究假设进行实证检验，并为后文政策建议的提出奠定微观基础。通过采用中国综合社会调查（CGSS）的农村样本数据，运用再中心化影响函数（RIF）回归、无条件分位数回归（UQR）等估计技术的实证分析，本章的主要内容及发现可以归纳为两个方面。

其一，与传统的地域型社会资本相比，新型的脱域型社会资本更有利于富裕农户收入水平的增加，进而刺激了农户收入水平差距的扩大。脱域型社会资本在整体上刺激了农户收入水平差距的扩大，而且，脱域型社会资本对农户收入水平差距的这种拉大效应对于来自中西部地区的农户而言更为明显。脱域型社会资本刺激农户收入水平差距扩大的作用过程在于，低收入农户脱域型社会资本的拥有量与回报率均显著低于高收入农户。也就是说，富裕农户不仅拥有更多的脱域型社会资本，而且能够从脱域型社会资本中获得更高的收入回报。

其二，传统的地域型社会资本并未明显影响农户收入水平差距。一旦控制了在农村社会结构变迁过程中形成并演化的新型脱域型社会资本，农村居民传统的地域型社会资本缓解农户收入水平差距矛盾的作用将会被显著地弱化。地域型社会资本对农户收入水平差距的作用过程在于,中等收入的农户拥有更多的地域型社会资本,但地域型社会资本对中高收入农户的收入增长产生了一定的不利影响。

第七章

社会资本转换影响农户收入结构差距的实证分析

第六章从总量维度实证检验了前文所提出的两个研究假设,即研究假设一:与传统的地域型社会资本相比,新型的脱域型社会资本更有利于农户收入水平的增加,进而刺激了农户收入差距的扩大;研究假设二:传统的地域型社会资本并未明显影响农户收入差距。而且,基于农户收入来源结构差距的进一步讨论,有助于加深对脱域型社会资本与地域型社会资本等影响农户收入差距的机制与渠道的理解。基于此,本章将在第六章的基础上,基于微观调查数据运用计量经济学分析方法,从结构维度实证检验前文所提出的两个研究假设,即验证社会资本转换对农户收入结构差距的影响。本章遵循"社会资本转换→资本欠缺→回报欠缺→农户收入差距"的理论分析框架,基于结构维度对前文提出的两个研究假设进行实证检验,并为后文政策建议的提出奠定微观基础。

第一节 实证研究设计

与第六章的思路一致,在进行实证分析之前,首先对本章的实证研究设计方案进行介绍。本章的实证研究设计部分主要包括:其一,数据来源与样本筛选;其二,内生性处理与实证模型构建;其三,变量设定与描述性统计。

一 数据来源与样本筛选

(一)数据来源

本章所使用的实证数据来源于中国人民大学中国调查与数据中心(NSRC)发起的中国综合社会调查(CGSS)。第六章已经对 CGSS 数据进行了较详细的介绍,在此不再赘述。

本章使用的实证数据是 2010 年的 CGSS 调查数据。之所以选择 2010 年的 CGSS 数据,除了第六章提到的两点理由,即 2010 年的调查数据是第二期 CGSS 追踪调查的基年数据,涵盖的调查内容最全面;2010 年的调查数据也是目前学术界应用最广泛的 CGSS 数据之一。更为重要的一点是,目前公布的第二期 CGSS 数据中,只有 2010 年的 CGSS 数据中具体调查了农户的各项收入来源结构。根据 2010 年 CGSS 数据的可得性,基于收入来源划分的农户收入结构及其构成如图 7.1 所示。

(二) 样本筛选

为了剔除无效值、缺省值等对结果的影响,本章根据以下步骤对样本进行筛选。

其一,剔除城市居民家庭的样本,仅保留调查样本类型为"农村(村委会)"的样本。

其二,剔除农户家庭收入来源结构、社会资本等变量存在缺失的样本。

其三,剔除年龄大于 65 周岁或者小于 18 周岁的样本。

其四,剔除数据存在明显纰漏的样本,例如农户各项收入之和大于农户总收入、外出劳动力占家庭总劳动力的比例大于 1 等。

经过上述处理过程,最终得到的有效样本量为 3164 个,覆盖全国 25 个省份:安徽、福建、甘肃、广西、贵州、海南、河北、河南、黑龙江、湖北、湖南、吉林、江苏、江西、辽宁、内蒙古、宁夏、青海、山东、山西、陕西、四川、云南、浙江、重庆等。

二 内生性处理与实证模型构建

(一) 内生性处理

在讨论脱域型社会资本、地域型社会资本等变量对农户收入结构差距的影响时,必须对可能产生的内生性问题加以考虑。与第六章的思路基本一致,本章主要通过两种方式来控制由模型可能存在的内生性问题所带来的计量偏误问题。

其一,社会资本度量指标的选择上尽量避免与农户收入结构差距之间存在联立性。一方面,使用综合指数以弱化社会资本潜在的内生性影响。本章根据前文对脱域型社会资本概念的界定,基于空间流动、职业转换、

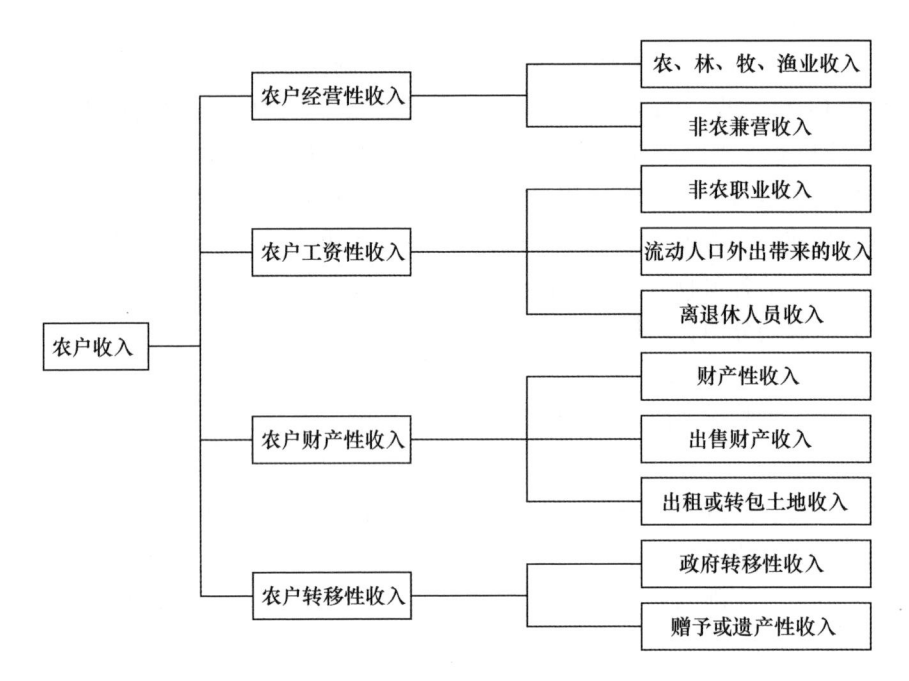

```
农户收入 ─┬─ 农户经营性收入 ─┬─ 农、林、牧、渔业收入
         │                  └─ 非农兼营收入
         │
         ├─ 农户工资性收入 ─┬─ 非农职业收入
         │                  ├─ 流动人口外出带来的收入
         │                  └─ 离退休人员收入
         │
         ├─ 农户财产性收入 ─┬─ 财产性收入
         │                  ├─ 出售财产收入
         │                  └─ 出租或转包土地收入
         │
         └─ 农户转移性收入 ─┬─ 政府转移性收入
                            └─ 赠予或遗产性收入
```

图 7.1　农户收入结构的构成

资料来源：原始数据来源于中国综合社会调查（CGSS）2010 年度调查问卷（居民问卷）；笔者根据原始数据绘制。

业缘关系三个维度构建脱域型社会资本的评价体系，采用因子分析与熵权法相结合的赋权方法加权得到脱域型社会资本的综合指数，在一定程度上减少社会资本的内生性问题。另一方面，本章从老乡信任与邻里关系视角构造地域型社会资本的度量指标。这是因为，信任与关系融洽程度能够减轻社会资本的联立内生性问题（王晶，2013）。

其二，采用再中心化影响函数回归方法以减弱产生内生性问题的可能性。与传统的 OLS 回归相比，RIF 回归的估计结果更加稳健，能够有效弱化由遗漏变量等引起的内生性问题。而且，RIF 回归方法能够反映出解释变量对被解释变量各种分布统计量（均值、方差、基尼系数等）的边际影响，在对群体收入分布的影响因素研究中具有其他方法无法比拟的优势。

（二）实证模型构建

基尼系数是国际上衡量收入不平等最常用的指标。基于基尼系数的

RIF 回归可以表示为：

$$RIF(y; \nu^{Gini}) = 1 + B_2(F_Y)y + C_2(y; F_Y) \quad (7.1.1)$$

基于此，在 RIF 回归方法的框架下，分别将农户收入来源项的收入对数的基尼系数作为被解释变量，将脱域型社会资本、地域型社会资本、家庭与户主的社会人口学特征等变量作为解释变量进行 RIF 回归，就可以找出影响农户收入结构差距的主要因素。因此，本章构建的农户收入结构差距模型如下：

$$Gini(Income_j) = \alpha + \beta_1 DSC + \beta_2 ESC1 + \beta_3 ESC2 + \beta X + \mu \quad (7.1.2)$$

其中，下标 $j=1、2、3、4$ 分别代表的是农户收入的四个来源，即农户经营性收入、农户工资性收入、农户财产性收入与农户转移性收入，$Gini(Income_j)$ 分别代表的是各项农户收入来源的对数的基尼系数，DSC 代表的是脱域型社会资本，$ESC1$ 和 $ESC2$ 分别代表的是地域型社会资本的两个度量指标，即老乡信任与邻里关系，X 代表的是相关的一系列控制变量。该模型实际上反映的是社会资本（包括脱域型社会资本与地域型社会资本）对农户收入结构差距的影响。

三 变量设定与描述性统计

（一）变量设定

本章的被解释变量是农户收入结构差距，本章采用农户各项收入来源的对数值的基尼系数进行赋值。考虑到 CGSS 调查的数据可得性，本章根据图 7.1 显示的农户收入结构的具体构成，将农户收入结构的设定与赋值方法绘制为表 7.1。

解释变量的设定与赋值方法与第六章一致，即脱域型社会资本通过空间流动、职业转换、业缘关系三个维度评价，采用因子分析与熵权法相结合的赋权方法加权平均得到脱域型社会资本综合指数（DSC）；地域型社会资本通过老乡信任（$ESC1$）与邻里关系（$ESC2$）两个变量进行测度；控制变量主要包括：性别（Gender）、年龄（Age）、受教育程度（Edu）、政治面貌（Politics）、健康状况（Health）、相对经济状况（Status）、外出劳力比例（Labor）、婚姻状况（Marr）、参加村委会工作（Village）、参与合作社（Coop）等。

表 7.1　　　　　"农户收入结构"变量的设定与赋值方法

	符号	描述	赋值
农户经营性收入	$Income_1$	农村家庭经营性收入的对数值	ln（农、林、牧、渔业收入 + 非农兼营收入）
农户工资性收入	$Income_2$	农村家庭工资性收入的对数值	ln（非农职业收入 + 流动人口外出带来的收入 + 离退休人员收入）
农户财产性收入	$Income_3$	农村家庭财产性收入的对数值	ln（财产性收入 + 出售财产收入 + 出租或转包土地收入）
农户转移性收入	$Income_4$	农村家庭转移性收入的对数值	ln（政府转移性收入 + 赠予或遗产性收入）

资料来源：笔者整理。

（二）描述性统计

本章主要对各项农户收入结构差距的状况进行描述性统计。为了使本章所计算出的基尼系数与已有文献的结果具有可比性，本章采用各项农户收入来源的绝对量得到相关结果。为了增强研究结论的稳健性，本章同时采用了基尼系数、Atkinson 指数、相对平均离差、变异系数、对数标准差、Mehran 指数、Piesch 指数、Kakwani 指数、Theil 熵指数与平均对数离差 10 种指标度量农户收入结构差距，结果汇总为表 7.2。下面以最常用的基尼系数为例进行阐述：农户财产性收入的基尼系数最高，达到了 0.9883；其次为农户转移性收入差距，基尼系数达到了 0.8912；再次为农户工资性收入差距，基尼系数为 0.8127；最后是农户经营性收入差距，基尼系数为 0.561。[①] 这一结果与李实和罗楚良基于全国城乡住户调查数据（CHIP）的计算结果基本一致。李实和罗楚良基于 CHIP 数据计算得到的农户各项收入来源的基尼系数分别如下：农户财产性收入的基尼系数高达 0.9579，农户转移性收入的基尼系数达到了 0.931，农户工资性收入的基尼系数为 0.5816，农户经营性收入的基尼系数为 0.544（李实、罗楚良，2014）。通过比较农户各项收入来源的不平等程度可以发现，农户财产性收入差距最大，其次为农户转移性收入差距与农户工资性收入差距，

---

① 需要指出的是，由于 CGSS 2010 未发布调查的权重数据，可能会导致计算得到的基尼系数偏大。但是，通过基尼系数进行收入差距的相对比较在理论上仍是可行的。

最小的是农户经营性收入差距。这种现象表明,非农收入差距是导致农户收入差距的主要原因。

表7.2　　　　　　　　　　农户收入结构差距的程度

	农户经营性收入	农户工资性收入	农户财产性收入	农户转移性收入
基尼系数	0.5610	0.8127	0.9883	0.8912
Atkinson 指数	0.3926	-0.2591	-0.0864	-0.1681
相对平均离差	0.4112	0.6932	0.9517	0.7545
变异系数	1.6199	2.1722	12.3008	4.4623
对数标准差	1.0935	0.9664	1.5226	1.1123
Mehran 指数	0.7112	0.9534	0.9997	0.9787
Piesch 指数	0.4859	0.7424	0.9827	0.8475
Kakwani 指数	0.2598	0.5823	0.9287	0.6728
Theil 熵指数	0.6138	1.4311	4.3323	2.1256
平均对数离差	0.4985	-0.2304	-0.0829	-0.1554

注:采用农户各项收入来源结构的绝对量得到相关结果。
资料来源:笔者整理。

第二节　实证结果与分析

本章的主要目标在于从结构的视角实证检验本书提出的两个研究假设。为了达到这一目的,本章基于中国综合社会调查(CGSS)的农村样本数据,采用再中心化影响函数回归方法实证检验脱域型社会资本与地域型社会资本等变量对农户收入结构差距的影响。为了进一步消除个体效应导致的异方差问题,本章在 RIF 回归过程中通过 200 次重复抽样获得自助标准差。为了进一步分析社会资本转换影响农户收入结构差距的作用过程,本章将分别考察脱域型社会资本、地域型社会资本的拥有量与回报率在不同收入农户间的分布状况。因此,后文将基于农户收入来源,分别报告脱域型社会资本、地域型社会资本等变量对农户收入结构差距的估计结果。

一 农户经营性收入差距模型的估计结果

基于中国综合社会调查（CGSS）的农村样本数据，采用再中心化影响函数回归方法对农户经营性收入差距模型即式（7.1.2）进行回归，可以得到脱域型社会资本与地域型社会资本等变量对农户经营性收入差距的估计结果。

表7.3汇总的是以基尼系数作为不平等衡量指标的农户经营性收入差距模型的RIF估计结果。从表7.3的结果可以发现，脱域型社会资本（DSC）的估计系数为正，并在1%的水平上显著，表明农户通过社会流动而积累的新型脱域型社会资本刺激了农户经营性收入差距的扩大。地域型社会资本（ESC1与ESC2）的估计系数均为负，但并未通过显著性水平检验，说明一旦控制了在农村社会结构变迁过程中形成并演化的新型脱域型社会资本，农村居民原有的地域型社会资本缓解农户经营性收入差距矛盾的作用将会被弱化。分区域的估计结果显示，[①] 脱域型社会资本（DSC）的估计系数在东部地区样本中为不显著的正值，而在中西部地区样本中显著为正，表明脱域型社会资本刺激农户经营性收入差距扩大的效应对中西部地区的农户更明显。

表7.3　　　　　农户经营性收入差距模型的估计结果

	全部样本		东部地区样本		中西部地区样本	
	模型（1）	模型（2）	模型（3）	模型（4）	模型（5）	模型（6）
DSC	0.0458 (3.11)***	0.0469 (2.99)***	0.0360 (1.33)	0.0400 (1.52)	0.0444 (2.67)***	0.0449 (2.55)**
ESC1	-0.0011 (-0.24)		0.0014 (0.15)		-0.0010 (-0.18)	
ESC2		-0.0053 (-0.49)		0.0114 (0.43)		0.0001 (0.75)
Gender	-0.0320 (-4.09)***	-0.0322 (-4.17)***	-0.0268 (-1.52)	-0.0270 (-1.67)*	-0.0325 (-3.52)***	-0.0327 (-3.97)***
Age	0.0013 (2.98)***	0.0012 (2.76)***	0.0038 (3.86)***	0.0039 (3.56)***	0.0005 (1.01)	0.0005 (1.04)

---

① 关于东部与中西部地区的划分标准及结果请参照表6.7的相关论述，下同。

续表

	全部样本		东部地区样本		中西部地区样本	
	模型（1）	模型（2）	模型（3）	模型（4）	模型（5）	模型（6）
Edu	0.0031 (0.90)	0.0027 (0.76)	0.0063 (0.85)	0.0064 (0.77)	0.0022 (0.55)	0.0021 (0.58)
$Politics$	0.0509 (2.48)**	0.0512 (2.59)***	0.0689 (1.57)	0.0687 (1.71)*	0.0296 (1.43)	0.0296 (1.35)
$Health$	-0.0083 (-2.11)**	-0.0086 (-2.33)**	-0.0019 (-0.22)	-0.0016 (-0.22)	-0.0110 (-2.49)**	-0.0110 (-2.86)***
$Status$	-0.0068 (-1.32)	-0.0067 (-1.26)	-0.0011 (-0.11)	-0.0011 (-0.11)	-0.0068 (-1.04)	-0.0069 (-1.09)
$Marr$	-0.0272 (-1.73)*	-0.0275 (-1.67)*	-0.0445 (-1.63)	-0.0464 (-1.52)	-0.0239 (-1.18)	-0.0238 (-1.28)
$Labor$	0.0286 (1.91)*	0.0276 (2.02)**	0.0139 (0.54)	0.0115 (0.44)	0.0347 (1.84)*	0.0350 (2.00)**
$Coop$	-0.0074 (-0.39)	-0.0068 (-0.39)	-0.0148 (-0.50)	-0.0151 (-0.49)	-0.0034 (-0.13)	-0.0041 (-0.17)
$Village$	-0.0358 (-4.45)***	-0.0359 (-4.31)***	-0.0596 (-3.31)***	-0.0600 (-2.99)***	-0.0268 (-2.72)***	-0.0270 (-2.95)***
$Cons$	0.1177 (3.86)***	0.1319 (3.15)***	-0.0321 (-0.44)	-0.0624 (-0.68)	0.1585 (4.36)***	0.1553 (5.29)***
F统计量	5.68***	5.74***	3.32***	3.36***	3.97***	4.03***
样本量	3164	3160	742	742	2422	2422

注：***、**、*分别代表在1%、5%、10%水平上显著；小括号内为相应变量的t统计量。

资料来源：笔者整理。

为了进一步分析脱域型社会资本影响农户经营性收入差距的作用过程，按照第六章所采用的基本思路，下面将分别考察脱域型社会资本的拥有量与回报率在不同经营性收入农户间的分布状况。一方面，将农户经营性收入水平划分为10个分位区间，然后分别计算各个分位区间的脱域型社会资本的平均值，相关结果汇总为图7.2（a）。另一方面，本章以农户经营性收入水平的对数值（$Income_1$）为被解释变量，以脱域型社会资本、地域型社会资本与相关控制变量为解释变量，通过在0.01—0.99分位点上进行99次无条件分位数回归，得到不同经营性收入分位点上脱域型社会资本的收入回报率的变化规律,从而比较穷人与富人脱域型社会资本的经济回报率的特征及差异,相关结果汇总为图 7.2 (b) 和图 7.2 (c)。

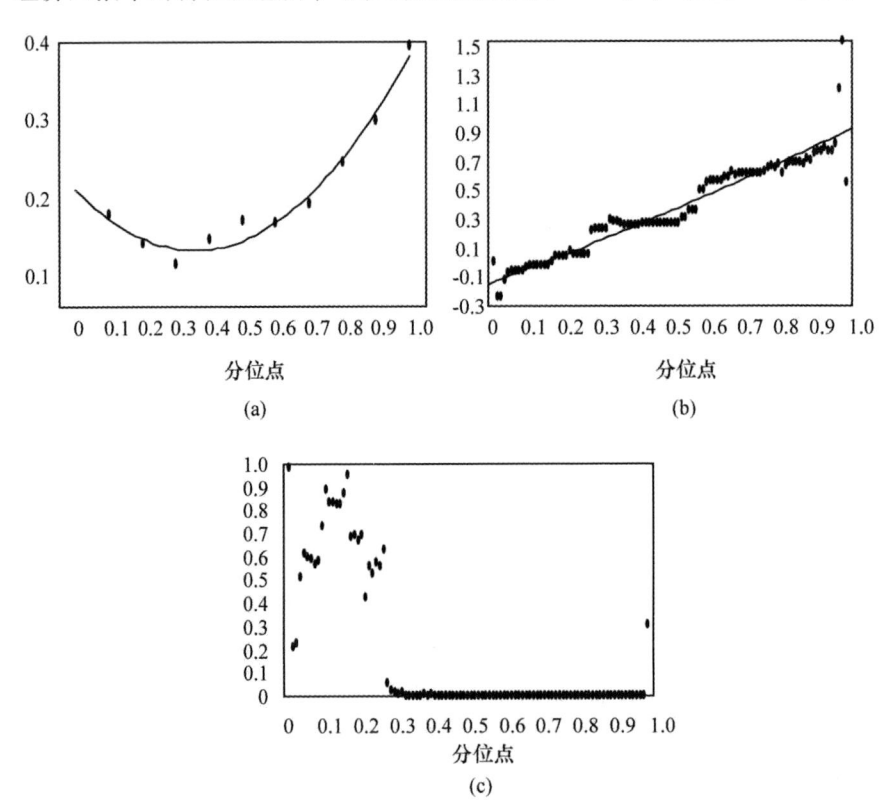

图 7.2 不同经营性收入分位点上脱域型社会资本拥有量与回报率的差异

注:图中的横轴代表的是经营性收入的分位点;图 (a) 中,散点标注的是各个经营性收入分位点上的脱域型社会资本拥有量的平均值,曲线代表的是这些散点的二次拟合曲线;图 (b) 中,散点标注的是 99 个经营性收入分位点上的脱域型社会资本的回归系数,曲线代表的是这些散点的二次拟合曲线;图 (c) 中,散点标注的是 99 个经营性收入分位点上脱域型社会资本回归系数所对应的 P 值;估计技术采用的是 Firpo 等提出的无条件分位数回归,抽样方法采用的是 200 次 Bootstrap。

资料来源:笔者整理。

图 7.2 (a) 显示,脱域型社会资本与农户经营性收入水平之间呈现出明显的"U"形关系。也就是说,经营性收入较高的农户拥有更多的脱域型社会资本。图 7.2 (b) 和图 7.2 (c) 的回归结果表明,脱域型社会资本的估计系数伴随经营性收入分位点的增加呈现出逐渐上升的趋势,尤

其是从 0.17 分位点开始估计系数基本为正，而且估计系数在大部分分位点上均是显著的，从 0.29 分位点开始基本通过 5% 的显著性水平检验。也就是说，脱域型社会资本对中高经营性收入农户的经营性收入增长产生了明显的促进效应。综上所述，经营性收入较低农户的脱域型社会资本的拥有量与回报率均明显低于经营性收入较高的农户。因此，脱域型社会资本刺激了农户经营性收入差距的扩大，从而证明了本书的研究结论是稳健的。

同时，为了进一步分析地域型社会资本影响农户经营性收入差距的作用过程，按照第六章所采用的基本思路，下面将分别考察地域型社会资本的拥有量与回报率在不同经营性收入农户间的分布状况。一方面，将农户经营性收入水平划分为 10 个分位区间，然后分别计算各个分位区间的地域型社会资本的平均值，相关结果汇总为图 7.3（a）。另一方面，本章以农户经营性收入水平的对数值（$Income_1$）为被解释变量，以脱域型社会资本、地域型社会资本与相关控制变量为解释变量，通过在 0.01—0.99 分位点上进行 99 次无条件分位数回归，得到不同经营性收入分位点上地域型社会资本的收入回报率的变化规律，从而比较穷人与富人地域型社会资本的经济回报率的特征及差异。其中，地域型社会资本采用相乘的方法将老乡信任（$ESC1$）与邻里关系（$ESC2$）合并为一个综合指数进行赋值，如式（6.3.1）[①] 所示。相关的结果可以汇总为图 7.3（b）和图 7.3（c）。

图 7.3（a）显示，地域型社会资本与农户经营性收入水平之间呈现出明显的倒"U"形关系。也就是说，经营性收入处于中等水平的农户拥有更多的地域型社会资本。图 7.3（b）和图 7.3（c）的回归结果表明，地域型社会资本的估计系数伴随经营性收入分位点的增加呈现出明显的倒"U"形变化趋势，尤其是从 0.67 分位点开始估计系数基本为负，而且估计系数在大部分分位点上均是不显著的。也就是说，传统的地域型社会资本对中高经营性收入农户的经营性收入增长产生了一定的不利影响。综上所述，低经营性收入农户地域型社会资本的拥有量与回报率并未明显高于高经营性收入农户。因此，如果将农户社会资本分解为传统的地域型社会

---

① 地域型社会资本：$ESC = \dfrac{ESC1 - \min(ESC1)}{\max(ESC1) - \min(ESC1)} \times \dfrac{ESC2 - \min(ESC2)}{\max(ESC2) - \min(ESC2)}$。其中，$\max(\cdot)$ 和 $\min(\cdot)$ 分别代表相应指标的最大值与最小值。下同。

资本与新型的脱域型社会资本，那么，传统的地域型社会资本并未对农户经营性收入差距产生显著的影响，从而证明了本书的研究结论是稳健的。

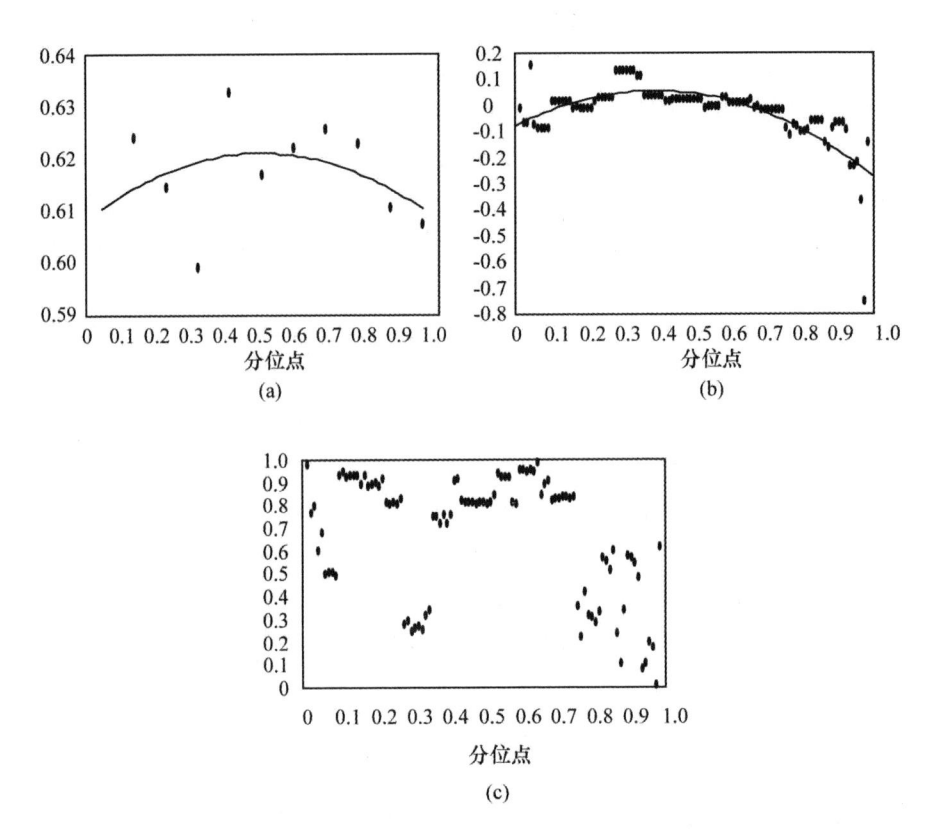

图 7.3　不同经营性收入分位点上地域型社会资本拥有量与回报率的差异

注：图中的横轴代表的是经营性收入的分位点；图（a）中，散点标注的是各个经营性收入分位点上的地域型社会资本拥有量的平均值，曲线代表的是这些散点的二次拟合曲线；图（b）中，散点标注的是 99 个经营性收入分位点上的地域型社会资本的回归系数，曲线代表的是这些散点的二次拟合曲线；图（c）中，散点标注的是 99 个经营性收入分位点上地域型社会资本回归系数所对应的 P 值；估计技术采用的是 Firpo 等提出的无条件分位数回归，抽样方法采用的是 200 次 Bootstrap。

资料来源：笔者整理。

二　农户工资性收入差距模型的估计结果

基于中国综合社会调查（CGSS）的农村样本数据，采用再中心化影响函数回归方法对农户工资性收入差距模型即式（7.1.2）进行回归，可以得到脱域型社会资本与地域型社会资本等变量对农户工资性收入差距的估计结果。

表7.4 汇总的是以基尼系数作为不平等衡量指标的农户工资性收入差距模型的 RIF 估计结果。从表7.4 的结果可以发现,脱域型社会资本（DSC）的估计系数为负,但并未通过显著性水平检验,表明农户通过社会流动而积累的新型脱域型社会资本并未对农户工资性收入差距产生明显的影响。中国劳动力市场存在较为典型的地区壁垒与行业壁垒,不仅限制了农村居民的空间流动,也一定程度上限制了农村居民的职业流动,导致农村居民难以真正融入城市劳动力市场,进而弱化了脱域型社会资本在农村居民职业选择过程中所发挥的信息机制。地域型社会资本（ESC1 与 ESC2）的估计系数均为负,但并未通过显著性水平检验,说明一旦控制了在农村社会结构变迁过程中形成并演化的新型脱域型社会资本,农村居民原有的地域型社会资本缓解农户工资性收入差距矛盾的作用将会被弱化。分区域的估计结果显示,脱域型社会资本（DSC）与地域型社会资本（ESC1 和 ESC2）的估计系数在东部地区样本与中西部地区样本中基本上为不显著的负值,表明脱域型社会资本与地域型社会资本均未对农户工资性收入差距产生明显的影响。

表7.4 农户工资性收入差距模型的估计结果

	全部样本		东部地区样本		中西部地区样本	
	模型（7）	模型（8）	模型（9）	模型（10）	模型（11）	模型（12）
DSC	-0.0166 (-0.61)	-0.0141 (-0.49)	-0.0167 (-0.34)	-0.0177 (-0.34)	-0.0587 (-1.62)	-0.0529 (-1.59)
ESC1	-0.0021 (-0.23)		0.0219 (1.37)		-0.0111 (-1.11)	
ESC2		-0.0215 (-1.02)		-0.0014 (-0.03)		-0.0348 (-1.59)
Gender	0.0410 (2.30)**	0.0399 (2.46)**	-0.0125 (-0.47)	-0.0167 (-0.65)	0.0662 (3.72)***	0.0648 (3.65)***
Age	0.0011 (1.47)	0.0012 (1.58)	0.0004 (0.25)	0.0006 (0.34)	0.0008 (0.85)	0.0008 (0.94)
Edu	0.0152 (2.18)**	0.0147 (2.07)**	0.0250 (1.68)*	0.0214 (1.49)	0.0058 (0.67)	0.0064 (0.74)

续表

	全部样本		东部地区样本		中西部地区样本	
	模型（7）	模型（8）	模型（9）	模型（10）	模型（11）	模型（12）
$Politics$	-0.0842 (-2.62)***	-0.0834 (-2.31)**	-0.0794 (-1.51)	-0.0755 (-1.38)	-0.0955 (-2.07)**	-0.0944 (-2.11)**
$Health$	0.0136 (1.91)*	0.0135 (1.99)**	0.0232 (1.62)	0.0238 (1.61)	0.0012 (0.15)	0.0008 (0.11)
$Status$	-0.0079 (-0.82)	-0.0081 (-0.85)	-0.0028 (-0.14)	-0.0018 (-0.09)	-0.0081 (-0.74)	-0.0092 (-0.83)
$Marr$	-0.0335 (-0.94)	-0.0326 (-1.00)	-0.0421 (-0.67)	-0.0522 (-0.93)	-0.0307 (-0.80)	-0.0283 (-0.76)
$Labor$	-0.5970 (-24.76)***	-0.5990 (-22.33)***	-0.3445 (-7.41)***	-0.3531 (-7.20)***	-0.6767 (-25.03)***	-0.6759 (-24.66)***
$Coop$	0.0750 (1.90)*	0.0755 (1.79)*	0.0254 (0.36)	0.0266 (0.39)	0.0663 (1.26)	0.0675 (1.39)
$Village$	0.0350 (1.44)	0.0345 (1.43)	0.0790 (1.78)*	0.0815 (1.76)*	0.0299 (1.08)	0.0295 (1.02)
$Cons$	0.7534 (10.86)***	0.8081 (10.52)***	0.6780 (4.95)***	0.7748 (4.28)***	0.8646 (11.87)***	0.9223 (9.92)***
F统计量	54.82***	55.23***	5.98***	5.97***	51.97***	52.24***
样本量	3152	3149	741	741	2411	2408

注：***、**、*分别代表在1%、5%、10%水平上显著；小括号内为相应变量的t统计量。

资料来源：笔者整理。

为了进一步分析脱域型社会资本影响农户工资性收入差距的作用过程，按照第六章所采用的基本思路，下面将分别考察脱域型社会资本的拥有量与回报率在不同工资性收入农户间的分布状况。一方面，将农户工资性收入水平划分为10个分位区间，然后分别计算各个分位区间的脱域型社会资本的平均值，相关结果汇总为图7.4（a）。另一方面，本章以农户工资性收入水平的对数值（$Income_2$）为被解释变量，以脱域型社会资本、地域型社会资本与相关控制变量为解释变量，通过在0.01—0.99分位点上进行99次无条件分位数回归，得到不同工资性收入分位点上脱域型社会资本的收入回报率的变化规律，从而比较穷人与富人脱域型社会资本的经济回报率的特征及差异，相关结果汇总为图7.4（b）和图7.4（c）。

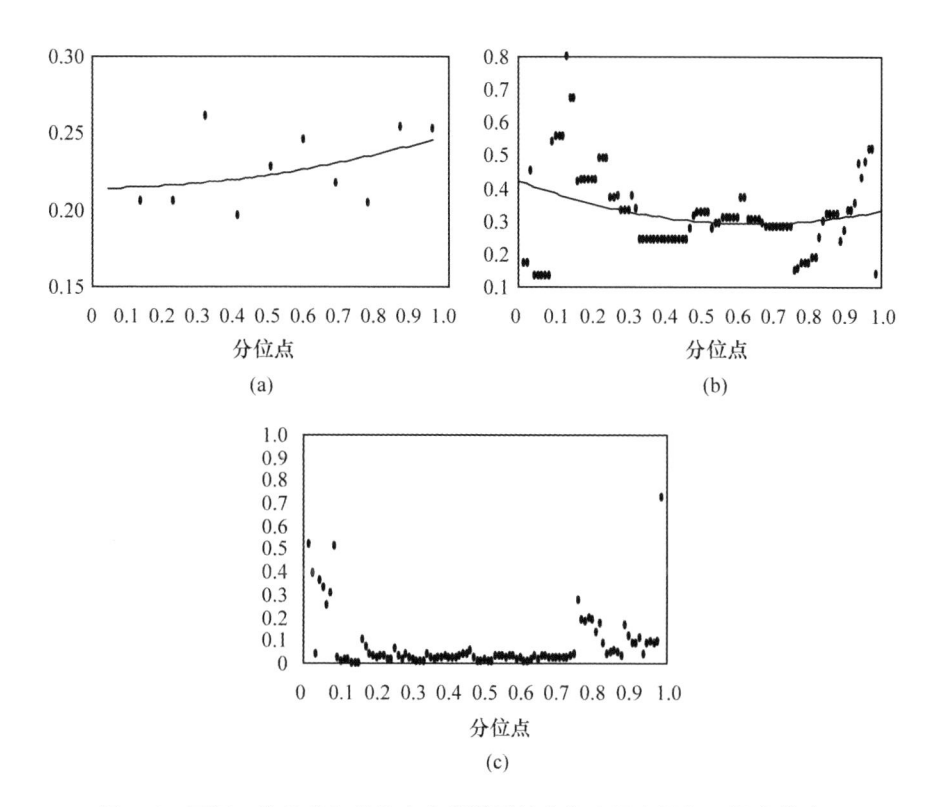

图 7.4　不同工资性收入分位点上脱域型社会资本拥有量与回报率的差异

注：图中的横轴代表的是工资性收入的分位点；图（a）中，散点标注的是各个工资性收入分位点上的脱域型社会资本拥有量的平均值，曲线代表的是这些散点的二次拟合曲线；图（b）中，散点标注的是99个工资性收入分位点上的脱域型社会资本的回归系数，曲线代表的是这些散点的二次拟合曲线；图（c）中，散点标注的是99个工资性收入分位点上脱域型社会资本回归系数所对应的P值；估计技术采用的是Firpo等提出的无条件分位数回归，抽样方法采用的是200次Bootstrap。

资料来源：笔者整理。

图 7.4（a）显示，脱域型社会资本随农户工资性收入分位点的提高呈现出明显的波动性上升的趋势。也就是说，工资性收入较高的农户拥有更多的脱域型社会资本。图 7.4（b）和图 7.4（c）的回归结果表明，脱域型社会资本的估计系数均为正，并伴随工资性收入分位点的增加呈现出近似"L"形的趋势，而且，估计系数主要在中等工资性收入区间是显著的，在 0.09—0.75 分位点基本通过 10% 的显著性水平检验。也就是说，

脱域型社会资本主要对中等工资性收入农户的工资性收入增长产生了明显的促进效应,而对低工资性收入农户与高工资性收入农户的工资性收入增长并未产生显著的正向影响。综上所述,工资性收入较低农户的脱域型社会资本的拥有量低于工资性收入较高的农户,但前者能够通过脱域型社会资本获得更高的收入回报率。因此,脱域型社会资本整体上并未明显影响农户工资性收入差距,从而证明了本书的研究结论是稳健的。

同时,为了进一步分析地域型社会资本影响农户工资性收入差距的作用过程,按照第六章所采用的基本思路,下面将分别考察地域型社会资本的拥有量与回报率在不同工资性收入农户间的分布状况。一方面,将农户工资性收入水平划分为 10 个分位区间,然后分别计算各个分位区间的地域型社会资本的平均值,相关结果汇总为图 7.5 (a)。另一方面,本章以农户工资性收入水平的对数值($Income_2$)为被解释变量,以脱域型社会资本、地域型社会资本与相关控制变量为解释变量,通过在 0.01—0.99 分位点上进行 99 次无条件分位数回归,得到不同工资性收入分位点上地域型社会资本的收入回报率的变化规律,从而比较穷人与富人地域型社会资本的经济回报率的特征及差异。其中,地域型社会资本采用相乘的方法将老乡信任($ESC1$)与邻里关系($ESC2$)合并为一个综合指数进行赋值,如式 (6.3.1) 所示。相关的结果汇总为图 7.5 (b) 和图 7.5 (c)。

图 7.5 (a) 显示,地域型社会资本与农户工资性收入水平之间呈现出明显的倒"U"形关系。也就是说,工资性收入处于中等水平的农户拥有更多的地域型社会资本。图 7.5 (b) 和图 7.5 (c) 的回归结果表明,地域型社会资本的估计系数伴随工资性收入分位点的增加呈现出明显的"U"形变化趋势,尤其是在 0.27—0.54 分位估计系数基本为负,而且估计系数在大部分分位点上均是不显著的。也就是说,传统的地域型社会资本对中等工资性收入农户的工资性收入增长产生了一定的不利影响。综上所述,低工资性收入农户地域型社会资本的拥有量与回报率并未明显高于高工资性收入农户。因此,地域型社会资本并未对农户工资性收入差距产生显著的影响,从而证明了本书的研究结论是稳健的。

三 农户财产性收入差距模型的估计结果

基于中国综合社会调查(CGSS)的农村样本数据,采用再中心化影响函数回归方法对农户财产性收入差距模型即式 (7.1.2) 进行回归,可

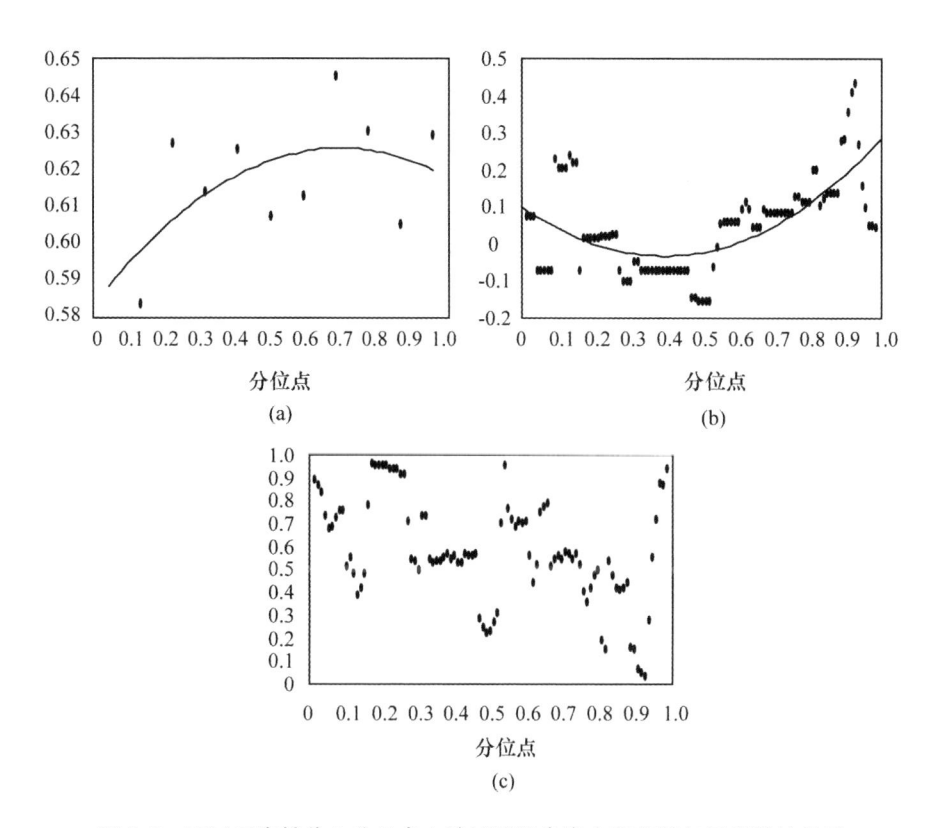

图 7.5 不同工资性收入分位点上地域型社会资本拥有量与回报率的差异

注：图中的横轴代表的是工资性收入的分位点；图（a）中，散点标注的是各个工资性收入分位点上的地域型社会资本拥有量的平均值，曲线代表的是这些散点的二次拟合曲线；图（b）中，散点标注的是 99 个工资性收入分位点上的地域型社会资本的回归系数，曲线代表的是这些散点的二次拟合曲线；图（c）中，散点标注的是 99 个工资性收入分位点上地域型社会资本回归系数所对应的 P 值；估计技术采用的是 Firpo 等提出的无条件分位数回归，抽样方法采用的是 200 次 Bootstrap。

资料来源：笔者整理。

以得到脱域型社会资本与地域型社会资本等变量对农户财产性收入差距的估计结果。

表 7.5 汇总的是以基尼系数作为不平等衡量指标的农户财产性收入差距模型的 RIF 估计结果。从表 7.5 的结果可以发现，脱域型社会资本（DSC）的估计系数为负，并在 1% 的水平上显著，表明农户通过社会流动而积累的新型脱域型社会资本有助于缩小农户财产性收入差距。地域型

社会资本（ESC1 与 ESC2）的估计系数均为正，但并未通过显著性水平检验，说明一旦控制了在农村社会结构变迁过程中形成并演化的新型脱域型社会资本，农村居民原有的地域型社会资本并未明显影响农户财产性收入差距。分区域的估计结果显示，脱域型社会资本（DSC）的估计系数在东部地区样本中为不显著的正值，而在中西部地区样本中显著为负，这表明脱域型社会资本缩小农户财产性收入差距的效应对于来自中西部地区的农户来说更明显。而以老乡信任度量的地域型社会资本（ESC1）的估计系数在东部地区样本中为显著的正值，但以邻里关系度量的地域型社会资本（ESC2）的估计系数在东部地区样本中显著为负，同时，地域型社会资本的两个度量指标（ESC1 与 ESC2）在中西部地区样本中均为不显著的正值，说明地域型社会资本主要对来自东部地区的农户财产性收入差距产生影响，而对中西部地区的农户财产性收入差距并未产生明显影响。

表 7.5　　农户财产性收入差距模型的估计结果

	全部样本		东部地区样本		中西部地区样本	
	模型（13）	模型（14）	模型（15）	模型（16）	模型（17）	模型（18）
DSC	-0.0615 (-3.81)***	-0.0624 (-3.68)***	0.0077 (0.31)	0.0029 (0.11)	-0.0886 (-4.09)***	-0.0887 (-4.20)***
$ESC1$	0.0065 (1.52)		0.0187 (1.92)*		0.0028 (0.65)	
$ESC2$		0.0093 (0.89)		-0.0245 (-1.93)*		0.0183 (1.31)
$Gender$	0.0027 (0.33)	0.0025 (0.33)	-0.0085 (-0.50)	-0.0104 (-0.62)	0.0066 (0.88)	0.0066 (0.80)
Age	-0.0010 (-2.61)***	-0.0010 (-2.99)***	-0.0004 (-0.60)	-0.0003 (-0.39)	-0.0012 (-2.88)***	-0.0012 (-2.94)***
Edu	-0.0043 (-1.30)	-0.0046 (-1.48)	-0.0066 (-1.05)	-0.0064 (-1.08)	-0.0041 (-1.07)	-0.0045 (-1.21)
$Politics$	0.0219 (1.49)	0.0231 (1.60)	0.0147 (0.55)	0.0143 (0.52)	0.0227 (1.07)	0.0235 (1.23)
$Health$	-0.0028 (-0.90)	-0.0026 (-0.80)	-0.0112 (-1.83)*	-0.0109 (-1.44)	-0.0015 (-0.40)	-0.0013 (-0.31)
$Status$	-0.0013 (-0.25)	-0.0015 (-0.28)	-0.0126 (-1.15)	-0.0117 (-1.01)	0.0019 (0.31)	0.0016 (0.27)
$Marr$	-0.0088 (-0.60)	-0.0100 (-0.73)	-0.0507 (-2.86)***	-0.0529 (-2.80)***	0.0047 (0.26)	0.0040 (0.22)

续表

	全部样本		东部地区样本		中西部地区样本	
	模型 (13)	模型 (14)	模型 (15)	模型 (16)	模型 (17)	模型 (18)
$Labor$	0.0045 (0.34)	0.0034 (0.30)	0.0133 (0.48)	0.0135 (0.51)	0.0010 (0.07)	-0.0001 (-0.01)
$Coop$	-0.0234 (-1.05)	-0.0257 (-1.03)	0.0070 (0.24)	0.0074 (0.22)	-0.0399 (-1.26)	-0.0425 (-1.37)
$Village$	-0.0096 (-0.74)	-0.0102 (-0.72)	-0.0102 (-0.37)	-0.0089 (-0.34)	-0.0085 (-0.56)	-0.0093 (-0.62)
$Cons$	1.0225 (37.27)***	1.0221 (26.98)***	1.0515 (19.27)***	1.1845 (21.00)***	1.0221 (28.91)***	0.9835 (18.77)***
F 统计量	3.06***	2.98***	1.21	0.96	3.48***	3.71***
样本量	3150	3147	737	737	2413	2410

注：***、**、*分别代表在1%、5%、10%水平上显著；小括号内为相应变量的t统计量。

资料来源：笔者整理。

为了进一步分析脱域型社会资本影响农户财产性收入差距的作用过程，按照第六章所采用的基本思路，下面将分别考察脱域型社会资本的拥有量与回报率在不同财产性收入农户间的分布状况。一方面，将农户财产性收入水平划分为10个分位区间，然后分别计算各个分位区间的脱域型社会资本的平均值，相关结果汇总为图 7.6 （a）。另一方面，本章以农户财产性收入水平的对数值（$Income_3$）为被解释变量，以脱域型社会资本、地域型社会资本与相关控制变量为解释变量，通过在 0.01—0.99 分位点上进行 99 次无条件分位数回归，得到不同财产性收入分位点上脱域型社会资本的收入回报率的变化规律，从而比较穷人与富人脱域型社会资本的经济回报率的特征及差异，相关结果汇总为图 7.6 （b）和图 7.6 （c）。

图 7.6 （a）显示，脱域型社会资本与农户财产性收入水平之间呈现出明显的"U"形关系。也就是说，财产性收入较高的农户拥有更多的脱域型社会资本。图 7.6 （b）和图 7.6 （c）的回归结果表明，脱域型社会资本的估计系数伴随财产性收入分位点的增加呈现出明显的倒"U"形变化趋势，而且，估计系数在大部分分位点上均是不显著的。也就是说，脱域型社会资本对中等财产性收入农户的财产性收入增长的促进效应最强。

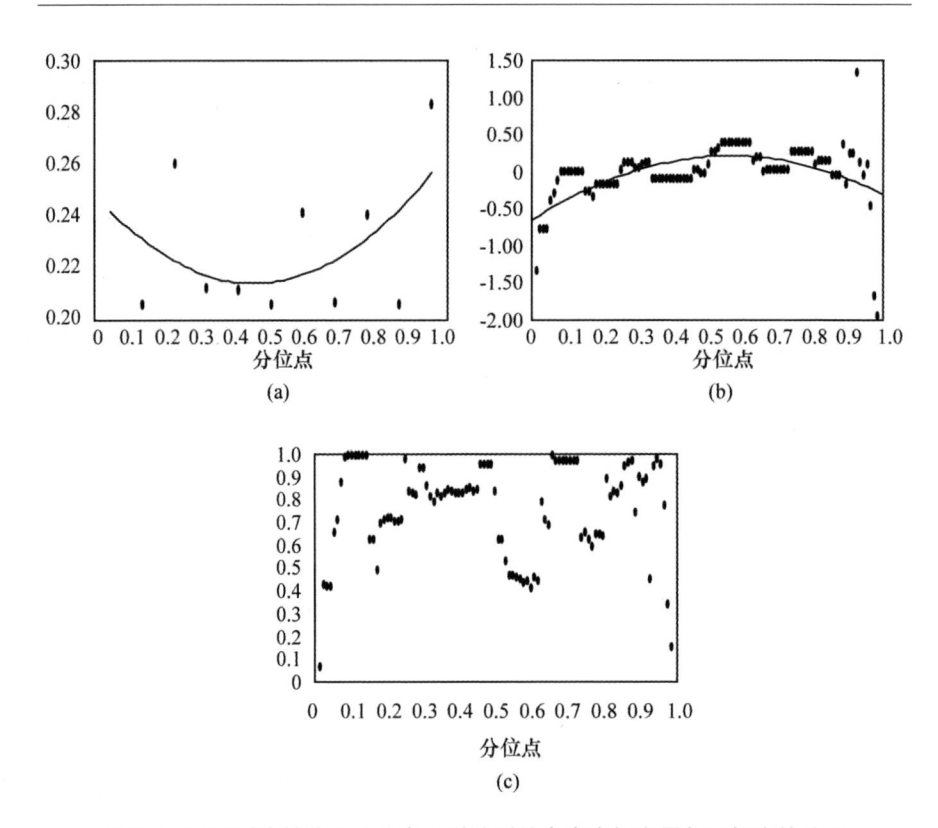

图 7.6　不同财产性收入分位点上脱域型社会资本拥有量与回报率的差异

注：图中的横轴代表的是财产性收入的分位点；图（a）中，散点标注的是各个财产性收入分位点上的脱域型社会资本拥有量的平均值，曲线代表的是这些散点的二次拟合曲线；图（b）中，散点标注的是 99 个财产性收入分位点上的脱域型社会资本的回归系数，曲线代表的是这些散点的二次拟合曲线；图（c）中，散点标注的是 99 个财产性收入分位点上脱域型社会资本回归系数所对应的 P 值；估计技术采用的是 Firpo 等提出的无条件分位数回归，抽样方法采用的是 200 次 Bootstrap。

资料来源：笔者整理。

综上所述，虽然财产性收入较高农户的脱域型社会资本的拥有量较高，但其回报率明显低于中低财产性收入农户。因此，脱域型社会资本在一定程度上平抑了农户财产性收入差距，从而证明了本书的研究结论是稳健的。

同时，为了进一步分析地域型社会资本影响农户财产性收入差距的作用过程，按照第六章所采用的基本思路，下面将分别考察地域型社会资本的拥有量与回报率在不同财产性收入农户间的分布状况。一方面，将农户财产性收入水平划分为 10 个分位区间，然后分别计算各个分位区间的地域型社会资本的平均值，相关结果汇总为图 7.7（a）。另一方面，本章以农户财产性收入水平的对数值（$Income_3$）为被解释变量，以脱域型社会资本、地域型社会资本与相关控制变量为解释变量，通过在 0.01—0.99 分位点上进行 99 次无条件分位数回归，得到不同财产性收入分位点上地域型社会资本的收入回报率的变化规律，从而比较穷人与富人地域型社会资本的经济回报率的特征及差异。其中，地域型社会资本采用相乘的方法将老乡信任（$ESC1$）与邻里关系（$ESC2$）合并为一个综合指数进行赋值，如式（6.3.1）所示。相关的结果可以汇总为图 7.7（b）和图 7.7（c）。

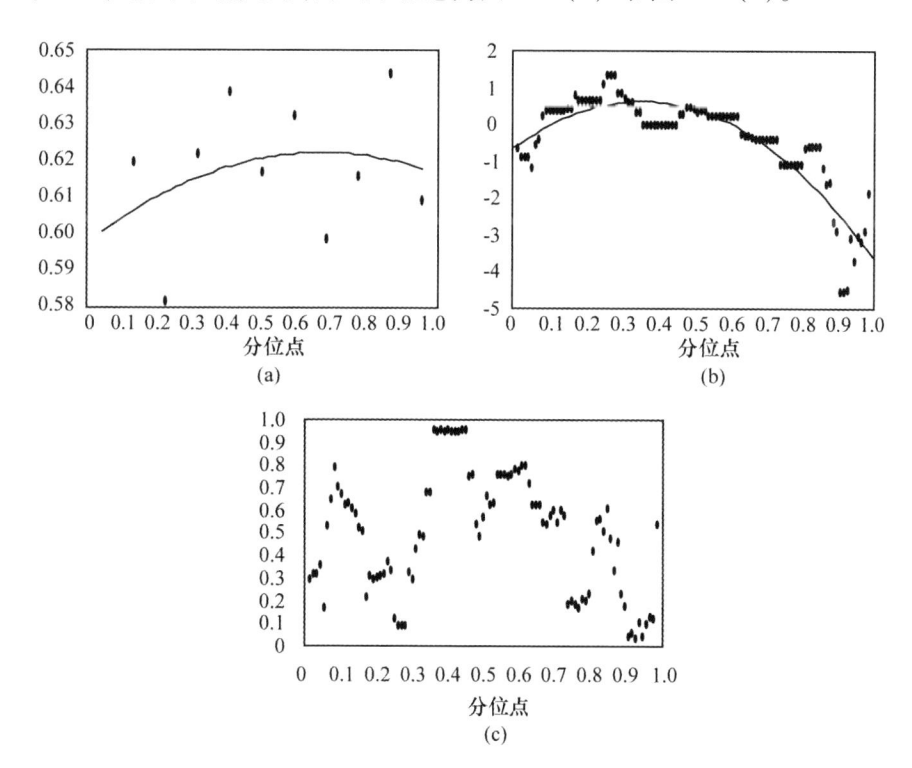

图 7.7 不同财产性收入分位点上地域型社会资本拥有量与回报率的差异

注：图中的横轴代表的是财产性收入的分位点；图（a）中，散点标注的是各个财产性收入分位点上的地域型社会资本拥有量的平均值，曲线代表的是这些散点的二次拟合曲线；图（b）中，散点标注的是 99 个财产性收入分位点上的地域型社会资本的回归系数，曲线代表的是这些散点的二次拟合曲线；图（c）中，散点标注的是 99 个财产性收入分位点上地域型社会资本回归系数所对应的 P 值；估计技术采用的是 Firpo 等提出的无条件分位数回归，抽样方法采用的是 200 次 Bootstrap。

资料来源：笔者整理。

图 7.7（a）显示，地域型社会资本与农户财产性收入水平之间呈现出明显的倒"U"形关系。也就是说，财产性收入处于中等水平的农户拥有更多的地域型社会资本。图 7.7（b）和图 7.7（c）的回归结果表明，地域型社会资本的估计系数伴随财产性收入分位点的增加呈现出明显的倒"U"形变化趋势，尤其是从 0.63 分位点开始估计系数基本为负，而且，估计系数在大部分分位点上均是不显著的。也就是说，传统的地域型社会资本对中高财产性收入农户的财产性收入增长产生了一定的不利影响。综上所述，低财产性收入农户地域型社会资本的拥有量与回报率并未明显高于高财产性收入农户。因此，如果将农户社会资本分解为传统的地域型社会资本与新型的脱域型社会资本，那么，传统的地域型社会资本并未对农户财产性收入差距产生显著的影响，从而证明了本书的研究结论是稳健的。

四 农户转移性收入差距模型的估计结果

基于中国综合社会调查（CGSS）的农村样本数据，采用再中心化影响函数回归方法对农户转移性收入差距模型即式（7.1.2）进行回归，可以得到脱域型社会资本与地域型社会资本等变量对农户转移性收入差距的估计结果。

表 7.6 汇总的是以基尼系数作为不平等衡量指标的农户转移性收入差距模型的 RIF 估计结果。从表 7.6 的结果可以发现，脱域型社会资本（DSC）的估计系数为正，并在 5% 的水平上显著，表明农户通过社会流动而积累的新型脱域型社会资本刺激了农户转移性收入差距的扩大。以老乡信任度量的地域型社会资本（ESC1）的估计系数为正值，但并未通过显著性水平检验，而以邻里关系度量的地域型社会资本（ESC2）的估计系数为负，并通过 5% 的显著性水平检验，说明农村居民原有的地域型社会资本在一定程度上具有缓解农户转移性收入差距矛盾的作用。分区域的估计结果显示，脱域型社会资本（DSC）的估计系数在东部地区样本中为显著的正值，而在中西部地区样本中为不显著的正值，表明脱域型社会资本刺激农户转移性收入差距扩大的效应对于来自东部地区的农户而言更明显。以老乡信任度量的地域型社会资本（ESC1）的估计系数在东部地区样本与中西部地区样本中均为不显著的正值，而以邻里关系度量的地域型社会资本（ESC2）的估计系数在东部地区样本与中西部地区样本中均显著为负，说明地域型社会资本对于来自东部地区与中西部地区的农户而言均具有平抑其转移性收入差距矛盾的作用。

表7.6 农户转移性收入差距模型的估计结果

	全部样本		东部地区样本		中西部地区样本	
	模型（19）	模型（20）	模型（21）	模型（22）	模型（23）	模型（24）
DSC	0.0602 (2.24)**	0.0591 (2.16)**	0.1004 (2.29)**	0.0927 (2.09)**	0.0166 (0.45)	0.0169 (0.50)
$ESC1$	0.0031 (0.36)		0.0060 (0.36)		0.0018 (0.17)	
$ESC2$		-0.0510 (-2.31)**		-0.1055 (-4.03)***		-0.0423 (-1.73)*
$Gender$	-0.0159 (-1.01)	-0.0189 (-1.13)	-0.0362 (-1.36)	-0.0382 (-1.27)	-0.0047 (-0.26)	-0.0081 (-0.44)
Age	-0.0009 (-1.09)	-0.0007 (-0.94)	-0.0005 (-0.40)	-0.0004 (-0.33)	-0.0015 (-1.81)*	-0.0014 (-1.62)
Edu	0.0104 (1.49)	0.0105 (1.36)	0.0291 (2.28)**	0.0271 (2.16)**	0.0017 (0.21)	0.0022 (0.27)
$Politics$	-0.0188 (-0.57)	-0.0128 (-0.39)	0.0395 (0.88)	0.0384 (0.84)	-0.0759 (-1.70)*	-0.0661 (-1.39)
$Health$	0.0051 (0.71)	0.0056 (0.80)	0.0095 (0.68)	0.0126 (1.00)	-0.0026 (-0.34)	-0.0024 (-0.28)
$Status$	0.0025 (0.22)	0.0043 (0.40)	-0.0108 (-0.62)	-0.0049 (-0.27)	0.0082 (0.66)	0.0094 (0.77)
$Marr$	0.0473 (1.40)	0.0494 (1.34)	0.0557 (0.96)	0.0631 (1.08)	0.0471 (1.16)	0.0493 (1.27)
$Labor$	-0.0453 (-1.89)*	-0.0448 (-1.83)*	-0.0149 (-0.35)	-0.0050 (-0.11)	-0.0509 (-1.85)*	-0.0537 (-1.90)*
$Coop$	0.0480 (1.19)	0.0442 (1.17)	0.0145 (0.24)	0.0198 (0.31)	0.0502 (1.03)	0.0432 (0.91)
$Village$	0.0174 (0.66)	0.0192 (0.73)	-0.0441 (-1.02)	-0.0390 (-0.85)	0.0435 (1.47)	0.0446 (1.55)
$Cons$	0.6753 (9.61)***	0.8198 (9.92)***	0.6617 (4.79)***	0.9562 (7.46)***	0.7319 (9.91)***	0.8486 (8.26)***
F统计量	2.05**	2.60***	1.67*	2.26***	1.21	1.49
样本量	3151	3148	742	742	2409	2406

注：***、**、*分别代表在1%、5%、10%水平上显著；小括号内为相应变量的t统计量。

资料来源：笔者整理。

为了进一步分析脱域型社会资本影响农户转移性收入差距的作用过程，按照第六章所采用的基本思路，下面将分别考察脱域型社会资本的拥有量与回报率在不同转移性收入农户间的分布状况。一方面，将农户转移性收入水平划分为 10 个分位区间，然后分别计算各个分位区间的脱域型社会资本的平均值，相关结果汇总为图 7.8（a）。另一方面，本章以农户转移性收入水平的对数值（$Income_4$）为被解释变量，以脱域型社会资本、地域型社会资本与相关控制变量为解释变量，通过在 0.01—0.99 分位点

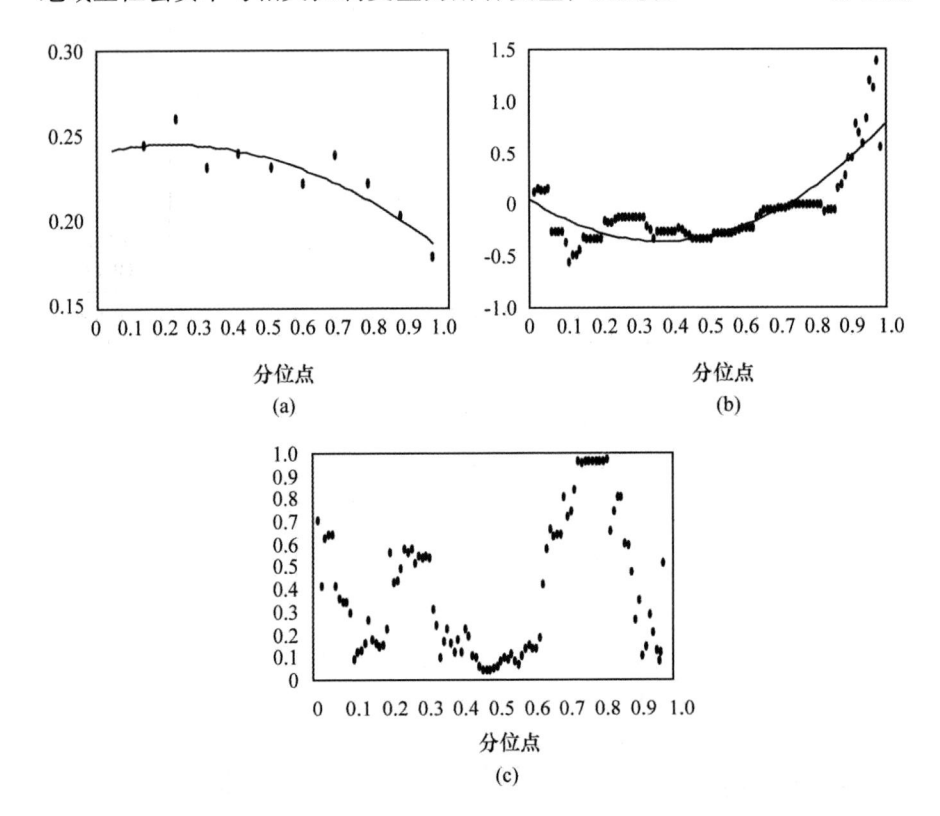

图 7.8　不同转移性收入分位点上脱域型社会资本拥有量与回报率的差异

注：图中的横轴代表的是转移性收入的分位点；图（a）中，散点标注的是各个转移性收入分位点上的脱域型社会资本拥有量的平均值，曲线代表的是这些散点的二次拟合曲线；图（b）中，散点标注的是 99 个转移性收入分位点上的脱域型社会资本的回归系数，曲线代表的是这些散点的二次拟合曲线；图（c）中，散点标注的是 99 个转移性收入分位点上脱域型社会资本回归系数所对应的 P 值；估计技术采用的是 Firpo 等提出的无条件分位数回归，抽样方法采用的是 200 次 Bootstrap。

资料来源：笔者整理。

上进行99次无条件分位数回归,得到不同转移性收入分位点上脱域型社会资本的收入回报率的变化规律,从而比较穷人与富人脱域型社会资本的经济回报率的特征及差异,相关结果汇总为图7.8(b)和图7.8(c)。

图7.8(a)显示,脱域型社会资本与农户转移性收入水平之间呈现出较为明显的负相关关系。也就是说,转移性收入较低的农户拥有更多的脱域型社会资本。图7.8(b)和图7.8(c)的回归结果表明,脱域型社会资本的估计系数伴随转移性收入分位点的增加呈现出"U"形的变化趋势,且估计系数在大多数中低转移性收入分位点(0.06—0.86分位)上为负,估计系数在中等转移性收入的分位区间基本上是显著的,在0.44—0.57分位基本通过10%的显著性水平检验。也就是说,脱域型社会资本对于中低转移性收入农户来讲是抑制其转移性收入增长的因素,尤其是对中等转移性收入农户产生了显著的不利影响。综上所述,虽然转移性收入较低农户的脱域型社会资本的拥有量高于转移性收入较高的农户,但脱域型社会资本在总体上抑制了中低转移性收入农户的转移性收入增长。因此,脱域型社会资本刺激了农户转移性收入差距的扩大,从而证明了本书的研究结论是稳健的。

同时,为了进一步分析地域型社会资本影响农户转移性收入差距的作用过程,按照第六章所采用的基本思路,下面将分别考察地域型社会资本的拥有量与回报率在不同转移性收入农户间的分布状况。一方面,将农户转移性收入水平划分为10个分位区间,然后分别计算各个分位区间的地域型社会资本的平均值,相关结果汇总为图7.9(a)。另一方面,本章以农户转移性收入水平的对数值($Income_4$)为被解释变量,以脱域型社会资本、地域型社会资本与相关控制变量为解释变量,通过在0.01—0.99分位点上进行99次无条件分位数回归,得到不同转移性收入分位点上地域型社会资本的收入回报率的变化规律,从而比较穷人与富人地域型社会资本的经济回报率的特征及差异。其中,地域型社会资本采用相乘的方法将老乡信任($ESC1$)与邻里关系($ESC2$)合并为一个综合指数进行赋值,如式(6.3.1)所示。相关的结果汇总为图7.9(b)和图7.9(c)。

图7.9(a)显示,地域型社会资本与农户转移性收入水平之间呈现出明显的"U"形关系。也就是说,转移性收入处于中等水平的农户拥有最少的地域型社会资本。图7.9(b)和图7.9(c)的回归结果表明,地域型社会资本的估计系数伴随转移性收入分位点的增加呈现出明显的下降趋势,

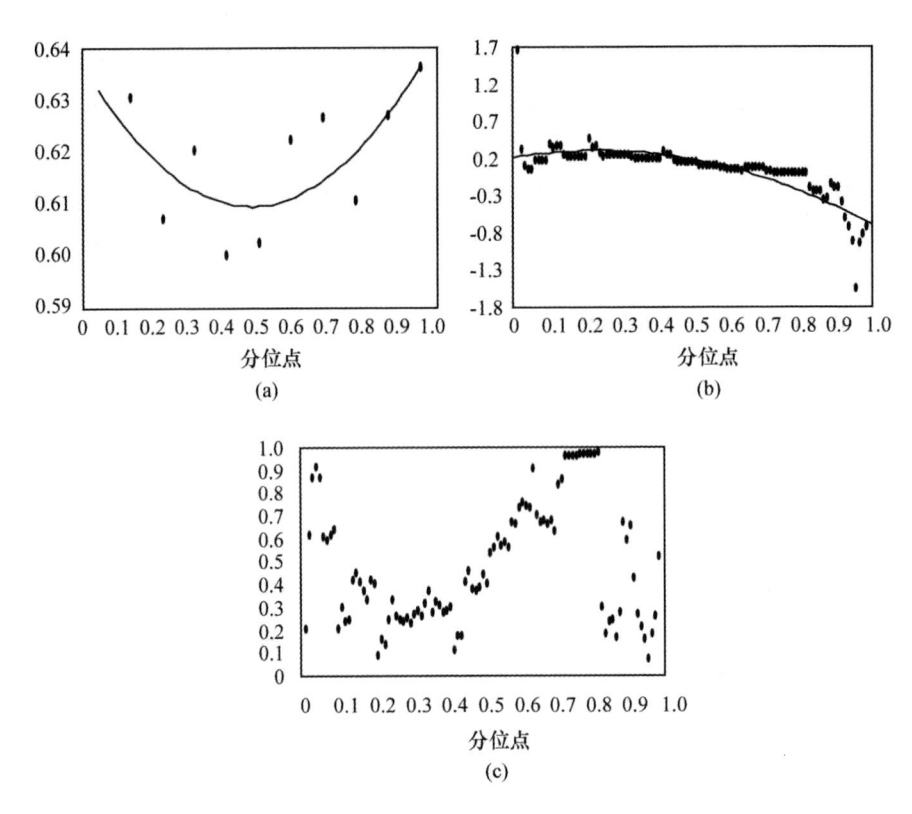

图 7.9 不同转移性收入分位点上地域型社会资本拥有量与回报率的差异

注：图中的横轴代表的是转移性收入的分位点；图（a）中，散点标注的是各个转移性收入分位点上的地域型社会资本拥有量的平均值，曲线代表的是这些散点的二次拟合曲线；图（b）中，散点标注的是 99 个转移性收入分位点上的地域型社会资本的回归系数，曲线代表的是这些散点的二次拟合曲线；图（c）中，散点标注的是 99 个转移性收入分位点上地域型社会资本回归系数所对应的 P 值；估计技术采用的是 Firpo 等提出的无条件分位数回归，抽样方法采用的是 200 次 Bootstrap。

资料来源：笔者整理。

尤其是从 0.83 分位点开始估计系数基本为负，而且，估计系数在大部分分位点上均是不显著的。也就是说，传统的地域型社会资本对高转移性收入农户的转移性收入增长产生了一定的不利影响。综上所述，虽然低转移性收入农户地域型社会资本的拥有量并未明显高于高转移性收入农户，但地域型社会资本为低转移性收入农户带来正向的回报率的同时，也在一定程度上抑制了高转移性收入农户的转移性收入增长。因此，传统的地域型社会资本在一定程度上发挥了平抑农户转移性收入差距的作用，从而证明了本书的研究结论是稳健的。

第三节 本章小结

本章的主要目的是基于结构维度对前文提出的两个研究假设进行实证检验，并为后文政策建议的提出奠定微观基础。通过采用中国综合社会调查（CGSS）的农村样本数据，运用再中心化影响函数（RIF）回归、无条件分位数回归（UQR）等估计技术的实证分析，本章的主要内容及发现可以归纳为两个方面。

其一，脱域型社会资本主要通过拉大农户经营性收入差距与农户转移性收入差距而刺激农户收入差距的扩大。脱域型社会资本在整体上刺激了农户经营性收入差距与农户转移性收入差距的扩大。脱域型社会资本刺激农户经营性收入差距扩大的效应对于中西部地区的农户来说更显著；而脱域型社会资本刺激农户转移性收入差距扩大的效应对东部地区的农户更明显。脱域型社会资本刺激农户经营性收入差距与农户转移性收入差距扩大的作用过程在于，经营性收入较低农户的脱域型社会资本的拥有量与回报率均明显低于经营性收入较高的农户；虽然转移性收入较低农户的脱域型社会资本的拥有量高于转移性收入较高的农户，但脱域型社会资本在总体上抑制了中低转移性收入农户的转移性收入增长。

其二，传统的地域型社会资本具有缓解农户转移性收入差距矛盾的作用。地域型社会资本对于来自东部地区与中西部地区的农户而言均具有平抑其转移性收入差距矛盾的作用。地域型社会资本影响农户转移性收入差距的作用过程在于，虽然低转移性收入农户地域型社会资本的拥有量并未明显高于高转移性收入农户，但地域型社会资本为低转移性收入农户带来正向的收入回报率的同时，也在一定程度上抑制了高转移性收入农户的转移性收入增长。

第八章

研究结论与政策建议

前文深入探讨了中国农村社会结构变迁和社会资本转换影响农户收入差距的理论与实证,并得到了一些有价值的研究结论。本章着重对前文得到的研究结论进行归纳与总结,并在此基础上提出管控农户收入差距的政策选择。通过总结前文得到的研究结论并由此释放出的政策信号,为决策层调控农户收入差距提供可行的政策举措。

第一节 研究结论

居民收入差距的日益扩大被公认为是当前中国社会面临的矛盾之一,长期占据着社会舆论与政策研究的中心场域。相对于居民收入差距,农户收入差距是一个更为尖锐但尚未引起足够重视的问题,相关的理论研究与经验证据尚且比较匮乏。本书聚焦于农村社会结构变迁背景下社会资本转换对农户收入差距的影响,遵循"理论研究(构建分析框架)→实证研究(奠定微观基础)→政策研究(提出改进措施)"的逻辑思路,基于规范研究与实证研究相结合的研究方法,研究的主要内容与结论可以归纳为五个方面。

一 基于社会结构变迁背景下的社会资本的理论拓展,构建了包含地域型社会资本和脱域型社会资本的新型社会资本理论体系

农村社会结构变迁助推农村居民社会资本由同质性向异质性转换,社会资本分化为地域型社会资本与脱域型社会资本。其中,地域型社会资本指的是基于血缘、地缘关系而产生的具有同质性与相对封闭性特征的社会资源;脱域型社会资本指的是在劳动力流动过程中以新型的业缘关系和广

阔的就业空间为基础、以间接交流为主要手段而形成的异质性社会资源，具有质量高、边界开放、融合性强等特征，涵盖空间流动、职业转换、业缘关系等维度。

二 通过社会资本转换作用于农户收入差距的理论分析框架，提出了社会资本通过资本欠缺和回报欠缺两个过程影响农户收入差距的作用机制

农民社会资本影响农户的资源获取能力与资源整合能力，并通过改变农村家庭的生产经营行为、职业选择行为与资产配置行为而影响农户的收入水平。农民社会资本的分化加剧农户收入差距的扩大。脱域型社会资本与地域型社会资本通过资本欠缺和回报欠缺两个过程作用于农户收入差距。其中，资本欠缺指的是不同农户所拥有的社会资本的数量与质量存在差异，导致农户在资源获取能力上的差异；回报欠缺指的是一定数量的社会资本在不同的农户之间形成了差异化的收入回报率，导致农户在资源整合能力上的差异。

三 采用社会资本转换影响农户收入差距的数理模型，演绎了社会资本分化扩大农户收入差距的作用过程

理论模型的演绎与数值模拟的结果表明：一方面，拥有不同经济与社会特征的农户选择不同的社会资本投资策略，即脱域型社会资本或地域型社会资本，导致农户间社会资本数量与质量的差异；另一方面，与只具有地域型社会资本的农户相比，进行脱域型社会资本投资的农户能够获得更高的收入回报。两种力量的综合作用刺激了农户收入差距的扩大。

四 验证了脱域型社会资本影响农户收入差距的研究假设，发现新型的脱域型社会资本更有利于富裕农户收入水平的增加，进而刺激了农户收入差距的扩大

脱域型社会资本通过拉大农户经营性收入差距与农户转移性收入差距而扩大了农户收入差距。而且，脱域型社会资本对农户收入差距的这种拉大效应对中西部地区的农户更明显。脱域型社会资本刺激农户收入差距扩大的作用过程在于，低收入农户脱域型社会资本的拥有量与回报率均明显低于高收入农户。也就是说，富裕农户不仅拥有更多的脱域型社会资本，而且能够从脱域型社会资本中获得更高的收入回报。

五 验证了地域型社会资本影响农户收入差距的研究假设，发现传统的地域型社会资本并未明显影响农户收入差距

一旦控制了在农村社会结构变迁过程中形成并演化的新型脱域型社会资本，农村居民传统的地域型社会资本缓解农户收入差距矛盾的作用将会被显著地弱化。传统的地域型社会资本具有平抑农户转移性收入差距矛盾的作用，但对于农户经营性收入差距、农户工资性收入差距与农户财产性收入差距并未产生明显的影响。

第二节 政策建议

政策建议是在研究结论的基础上提出的。本书的研究结论对于解决农户收入差距问题具有丰富的政策参考价值。其中，研究结论一、研究结论二与研究结论三提供了缓和农户收入差距矛盾的总体指导框架；研究结论四与研究结论五提供了调控农户收入差距的工具选择。根据本书的研究结论，低收入农户资本欠缺与回报欠缺并存的局面是导致农户收入差距扩大的深层原因。决策层应高度重视社会资本这种非市场力量对农户收入差距的不利影响，特别需要重点关注低收入农户的社会化进程日益被边缘化的问题。也就是说，现阶段农户收入差距矛盾的调控，政策导向应该聚焦于通过提升低收入农户脱域型社会资本的拥有量与回报率，进而缩小农户社会化差距，从而收窄农户收入差距，特别是农户非农收入差距。

本书提出的以缩小农户社会化差距为核心的管理农户收入差距的政策框架可以绘制为图 8.1。

本书的研究结论表明，现阶段中国农村地区社会结构变迁进程加速的背景下，农村居民通过传统的地域型社会资本而构建起的互惠机制正面临着市场化与城镇化的双重蚕食，导致地域型社会资本缓解农户收入差距矛盾的作用被显著地弱化。与此相比，农村居民通过空间流动、职业转换、业缘关系而形成的新型脱域型社会资本更有利于富裕农户的收入增长，从而成为拉大农户收入差距的一个重要因素。因此，决策层应高度重视低收入农户脱域型社会资本拥有量与回报率不足的问题，通过改革与创新城乡户籍制度、农民培训制度与农村信息化建设等，促进低收入农户脱域型社

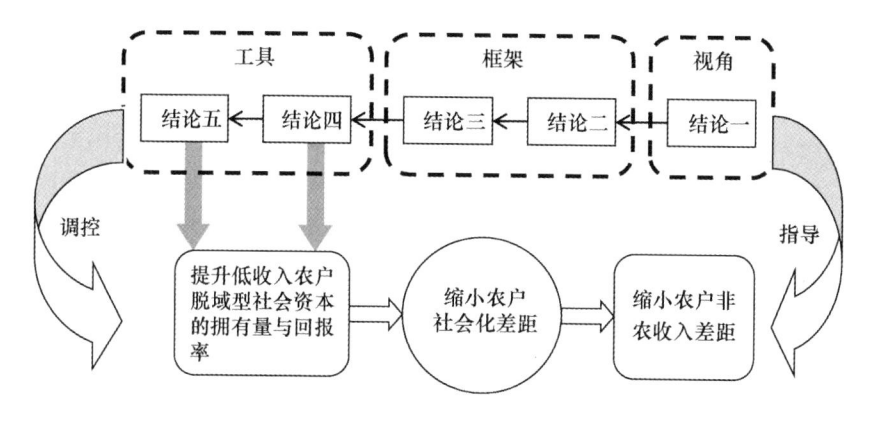

第八章　研究结论与政策建议　245

图 8.1　政策建议的逻辑架构

资料来源：笔者整理。

会资本的积累，提升使用效率，从而缩小农户间的社会化差距。下面将分别探讨可供决策层选择的具体政策措施。

一　促进农户的自由空间流动

（一）改革城乡户籍制度，降低低收入农户的落户限制

中国的城乡户籍制度是城乡二元结构的基础，对于城乡隔离的静态社会的社会管理可能是有效的（任远，2016a）。随着农村居民社会流动性的增强，僵化的城乡户籍制度越来越难以适应人口迁移流动的浪潮，日益成为限制农村劳动力空间流动的主要因素。而且，现代城市经济发展的历程表明，"城市病"的发生与蔓延不能简单地归咎于流动人口的集聚（Tan，Ren，2015）。实际上，流动人口为城市所带来的压力可以通过良好的管理制度进行化解（任远，2016b）。近年来，学术界关于全面深化城乡户籍制度改革的呼声不绝于耳。[①] 因此，促进农村居民的空间流动，首先要改革与创新目前的城乡户籍制度。

[①] 诚然，户籍制度改革需要付出一定的成本，但户籍制度改革所带来的巨大收益成为延续"中国奇迹"的重要源泉。都阳等估计，即使假设中国未来几年的 GDP 增速为 5.5%，由户籍制度改革所带来的每年的净收益仍超过 1.2 万亿元（按照 2013 年价格）（都阳等，2014）。刘军辉和张古的数值模拟的结果显示，如果能够弱化城乡户籍制度对于农村劳动力空间流动的束缚，那么经济系统将会释放出巨大的"改革红利"；相反，维持当前的城乡户籍制度将会给经济系统带来严重的损失（刘军辉、张古，2016）。

首先,积极推动大中型城市的户籍制度改革。正如本书描述性统计部分数据所显示的,流入地级以上城市的外出农民工占外出农民工总量的比重从2008年的63.6%上升到了2015年的66.3%,相比较而言,流入地级市以下的外出农民工比例由2008年的36.4%下降到了2015年的33.7%。① 因此,大中型城市的户籍制度改革必将成为未来户籍制度改革的攻坚场域。基于此,在继续强调放开小型城市落户限制的同时,国家层面与地方政府应高度重视大中型城市的户籍制度改革,积极探索与大中型城市吸纳能力相适宜的户籍制度改革模式。其次,加快促进社会福利、公共服务等与户籍制度的脱钩。农村劳动力的空间流动不仅仅是为了获取城市的就业机会与工资收入,也是为了能够享受到城市的教育、医疗等公共服务(夏怡然、陆铭,2015)。因此,应加快构建城乡一体化的社会福利体制、逐步建立城乡均等化的公共服务体系,特别是要促进社会保险、基础教育、医疗卫生等与户籍的脱钩,最终实现社会福利与公共服务的属地化。再次,探索农民工就业地市民化模式。一旦彻底放松城乡户籍管制,在巨大的福利追逐效应的驱动下,大量的农民工将不断涌向高福利地区,从而给高福利地区带来严峻的财政支出压力与社会管理困境(楚德江,2013)。因此,积极实施农民工就业地市民化模式不失为一种稳妥、有效的政策选择。基于这一模式,只要农民工在当地拥有合法、稳定的职业,那么,该农民工就拥有了获得当地城市户籍的资格。农民工就业地市民化模式不仅弱化了户籍转换的制度性门槛,从而有助于促进农民工的进城落户与异地落户,而且也能够杜绝因财富、学历等差异而产生新的户籍迁移歧视的可能性。国家层面应该尽快完善农民工就业地市民化的顶层设计,指导并激励地方政府探索符合当地实际情况的农民工市民化模式。最后,创新农民工市民化成本分担机制。农民工市民化的高昂成本是引发农民工半城市化与钟摆式迁移的重要因素,② 这也是许多学者诟病农民工市民化制度的重要原因。由于我国农民工基数大、增速快,现有的财政体制无法消化农民工市民化的高昂成本。因此,加快农民工市民化进程,特别是低收入农户的市民化,必须创新

---

① 数据来源于《全国农民工监测调查报告》(2008—2015年)。详细分析过程请参照本书第四章的表4.11。
② 根据王志章和韩佳丽的测算,农民工市民化的公共服务成本为人均3.2万元(王志章、韩佳丽,2015)。

农民工市民化的成本分担机制。其一，政府应积极承担由农民工市民化所产生的公共成本，国家层面应建立并完善农民工市民化专项资金，加大地区间财政转移支付力度，激励地方政府积极促进农民工的市民化；其二，加快推进农村产权制度改革，赋予并保障农民工的农地财产权，进而从根本上提升农民工自身的成本支付能力；其三，用工企业有义务承担农民工市民化的部分劳动保障成本，企业应在国家法律法规的基础上，主动分摊农民工的养老、医疗、工伤、失业等社会保障成本，政府也可以通过税收优惠、财政补贴等形式激发用工企业更多地承担农民工市民化成本的积极性。

（二）稳步推进农村土地"三权分置"改革，弱化农民流动的后顾之忧

新形势下深化农村改革的主线是处理好农民和土地的关系。稳步推进农村土地所有权、承包权、经营权"三权分置"改革，是继家庭联产承包责任制后农村改革的又一重大制度创新。通过土地确权、"三权分置"进一步明晰农村土地的权属问题，不仅能够唤醒农村大量的"沉睡"资产，而且能够让广大农民吃下"定心丸"，从而显著弱化农民空间流动的后顾之忧。

伴随着城镇建设用地市场化的连锁效应而引发的农村土地价格的节节攀升，对农村土地的征收、征用与流转成为近年来发生在中国农村地区的一次重大变革（朱静辉，2016）。近年来，随着农村劳动力社会流动性的强化，中国农村土地的流转速度也在日益加快（高伟等，2013）。因此，必须大力改革并完善农村土地的流转制度。一方面，创新农村土地流转的参与主体。现阶段农村土地流转的参与主体不仅包括地方政府与普通农户，也涵盖了农村集体经济组织与农业规模经营主体等（李勇、杨卫忠，2014）。这些参与主体之间相对独立、彼此联系，构成了相互耦合的整体。界定好农村土地流转参与主体的行为边界是确保各个参与主体之间能够形成良好耦合机制的关键。其一，在开展农村土地流转过程中要充分尊重农户的意愿与需求，切实维护农户的利益，坚决杜绝无视农户意愿而大搞农村土地流转的"形象工程"与"政绩工程"；其二，转变地方政府在农村土地流转过程中的角色，坚决杜绝地方政府等职能部门在农村土地流转中的直接行政干预与过度干涉，要充分发挥地方政府引导农户合理进行农村土地流转的政策性与服务性功能；其三，通过重新确认并长期维持农

村土地所有权等渠道重塑农村集体经济组织的实体,① 遏制村委会过度代替农村集体经济组织参与农村土地流转而造成的行为偏差;其四,加大农村土地流转的政策扶持力度,培育并发展新型的农业规模经营主体,特别注重对农业科技与社会化服务体系建设的公共财政扶持力度。另一方面,完善农村土地流转的市场机制。世界经济发展的历程表明,计划机制与市场机制是农村土地资源配置的两种不同方式。由计划机制衍生出的政府干预导致土地流转过程中出现了明显的地价扭曲现象(王媛,2016),从而不利于农村土地的正常、合理流转。基于此,农村土地资源配置过程中更多地采用土地市场化的方式,强化并完善农村土地流转的市场机制是构建现代农业发展体系的有效选择。② 其一,按照市场化改革目标,加快培育农村土地使用权与宅基地流转的市场体系;其二,构建公正、透明的农村土地价格评估与监督体系,完善农村土地流转市场的价格形成机制。

二 强化农户的自主择业技能

(一)创新农民教育培训制度,提升低收入农户的职业选择能力

受教育程度与职业技能偏低是限制低收入农户向非农职业转换的重要因素。教育与培训作为广义的人力资本,一直是现代经济发展的基本目标与核心要素(Todaro,Smith,2011)。因此,加大教育投资力度一直被认为是减少贫困、缩小居民收入差距的有效措施之一。教育与培训所体现出的人力资本能够提高人们获取和利用信息的能力,受教育程度偏低与自身技能不足是限制农村居民从事高收入非农产业的重要因素(Haggblade et al.,2010;Bezu,Barrett,2012)。农村教育水平的提高加快了农村人力资本深化的进程,进而导致农村居民收入差距呈现出不断缩小的收敛性特征(黄小明,2014)。③

---

① 正如闫小欢和霍学喜所指出的,农村土地的社保功能与生产功能难以实质剥离是限制农村土地流转的重要因素(闫小欢、霍学喜,2013)。因此,提高农村土地所有权的稳定性能够弱化农村土地的社保功能,从而促进农村土地的流转。

② 邢亦清关于成都市征地制度改革的研究发现,由于成都市在土地资源配置过程中强化了市场机制的功能,成都市居民收入差距趋于下降,从而为土地市场化机制的有效性提供了重要的实践证明(邢亦清,2011)。

③ 这一理论论断也得到了相关数据的证实。Baye 和 Epo 采用喀麦隆微观数据的实证结果表明,人力资本投资有助于缩小居民收入差距(Baye,Epo,2015)。基于中国住户调查数据的实证结果,农村教育扩张政策使得 1953—1961 年出生的群体的平均受教育年限提升了约 1.1 年,并因此导致家庭非农收入增长 15.5%,总收入增长 12.4%(杨娟、高曼,2015)。

一是加大对低收入农户教育培训的支持力度。教育作为应对贫困与收入不平等的重要解决方案，普及教育可以促进经济增长，进而有助于消除贫困并缩小居民收入差距（Spring，2015）。虽然关于中国教育回报率的测算结果尚存在较大争议，① 但是，一方面中国教育回报率的增速要远远高于同期的 OECD 国家（Appleton et al.，2005；Barro，Lee，2013），另一方面高收入群体的教育回报率平均要比低收入群体低 4.3%（黄静等，2015）。从长期来看，加大对低收入农户教育培训的支持与扶持力度，逐步提升低收入农户的教育水平有利于改善农村居民的收入差距状况。其一，国家与地方政府可以设立扶持低收入农户进行再教育与职能培训的专项资金，减轻贫穷农户的经济负担，进而调动其参与教育培训的积极性；其二，探索由政府引导、各方利益相关者积极参与的多元化农民教育培训融资机制，补充财政资金的缺口。二是积极探索低收入农户教育培训的风险分担机制。家庭的教育培训决策并非完全外生给定，而是建立在家庭成员对不同教育阶段收益率理性预期的基础之上。在市场化转型过程中，人力资本投资的重要性未必一定会呈现出越来越强的趋势。教育的机会成本与收益不确定性进一步削弱了教育投资的吸引力（邹薇、郑浩，2014）。尤其在高等教育无法为受教育者带来显著的工资溢价的情况下（Lee et al.，2015），贫穷家庭更是难以提升进行人力资本投资的意愿。虽然人力资本的分布确实存在不平等，但其要远远小于市场财富的不平等程度，而且两者之间并不存在必然的相关性（Weil，2015）。因此，以教育培训所体现的人力资本促进了农户收入水平的提升，但对缩小农户收入差距并未起到显著作用（程名望等，2014）。伴随高新技术行业的迅猛发展，经济增长对高技能人才的依赖度明显提高，从而加剧了技能型与非技能型劳动报酬的两极分化态势（Acemoglu，2002）。当人力资本投资无法满足社会发展对技能的需求时，贫富差距就会形成并扩大（Murphy，Topel，2016）。因此，各地应因地制宜地积极探索低收入农户教育培训的风险分担机制，加强对低收入农户外出务工的指导，特别是根据国家的宏观产业规划与当地的农业生产特点有针对性地制订农民教育培训计划，切实做到

---

① 例如，Fang 等认为中国的教育回报率高达 20%（Fang et al.，2012），而 La 的测算结果表明中国的教育回报率仅为 5.85%（La，2014），Awaworyi 和 Mishra 则认为中国的教育回报率大约为 10.25%（Awaworyi，Mishra，2014）。

因人施教与因时施教相结合，提升农民满足社会发展需要的知识技能水平。

（二）构建解决农民工工资拖欠的长效机制，切实保障农民工的合法权益

国家统计局发布的《2015年农民工监测调查报告》显示，2015年有1%的农民工遇到被拖欠工资的状况，比2014年提高了0.2个百分点；被拖欠工资的农民工人均被拖欠工资达到了9788元，比2014年增长大约2.9%。因此，有效遏制农民工欠薪易发、多发的势头，必须着力构建完善的解决农民工工资拖欠的长效机制。

其一，加大整治农民工欠薪的力度，深入开展专项的整治与督查，严肃查处欠薪违法行为，特别要坚决打击恶意欠薪违法犯罪行为；其二，落实压实农民工欠薪的职责，坚决对欠薪问题发生地的职能部门进行问责，各地方政府要加大对因欠薪而导致生活困难的农民工的社会救助力度；其三，加大宣传力度，顺畅农民工欠薪投诉、举报的渠道；其四，建立并完善农民工拖欠工资的"黑名单"制度，利用互联网等新型媒体的强大传播功能，对被列入拖欠工资"黑名单"的企业或个人进行曝光与惩戒；其五，督促企业依法按月、足额地支付农民工工资，逐步完善并全面推行施工过程结算、工资专户管理与银行代发工资等制度安排，加快构建保障农民工能够顺利拿到"救命钱"与"辛苦钱"的长效机制。此外，通过对低收入农户实施税收优惠、提供就业指导、增加非农就业等方式促进贫穷农户的工资性收入增长，从而降低农户之间的工资性收入不平等程度。

三 提升农户的信息获取能力

农村信息化的发展是农户提升其社会资本数量与质量的重要手段，也是农村居民开展业缘关系的重要载体。以互联网、手机等为主要载体的信息化技术不仅降低了农村居民信息沟通的成本，而且也有助于克服时空限制，从而促使农户能够在更广阔的空间构建新型的社会关系网络，进而加速了农民社会资本的积累与分化。虽然信息技术的使用并不必然影响农户的议价能力与生产决策（Tadesse，Bahiigwa，2015），但是农村信息化的发展往往意味着农户能够获得更多的市场信息与机会（Aker，Ksoll，2016），进而有助于改善农户普遍面临的信息困境，从而提高农户的市场

参与能力（侯建昀、霍学喜，2017）。因此，加快农村信息化建设是提升农民社会资本质量与收入水平的重要举措。

一是提高中西部农村互联网络的普及率。社交网络是农村居民实现社会参与、提升社会化程度的重要途径，而互联网日益成为社会参与和社会化的主要场域（Arceneaux et al.，2016）。伴随信息科技的发展，互联网等现代信息技术逐渐向广袤的中国农村地区渗透，使得农村居民有更多的机会使用现代互联网技术。一方面，与城镇地区相比，农村地区的互联网普及率尚低得多；另一方面，农村居民占据了我国非网民的绝大部分比重。与农村手机普及率已接近饱和相比，农村互联网的普及率仍存在较大的发展空间，可以作为下阶段农村信息化建设的重要着力点。[①] 正如本书描述性统计部分的数据所显示的，中西部地区的互联网建设要明显落后于东部发达地区。基于此，未来农村信息化建设应重点致力于发展农村的互联网络，以提高农村互联网的普及率与使用率，特别是要加快发展中西部地区农村的互联网基础设施建设。二是提升低收入农户对农村信息平台的使用率。近年来，随着国家对农村信息基础设施建设投入的不断增加，农村信息化建设"最后一公里"瓶颈得到了很大改观。但是，囿于农民的知识结构与认知偏差，农村居民对农村信息平台的使用率普遍偏低，从而导致农民无法真正从信息化建设中获益。因此，需要将提高农村居民对信息化的认可度以提升农民对农村信息平台的使用率作为农村信息化建设的重要着力点。其一，加大农村信息化建设的宣传力度，塑造农民关注农村信息化的良好氛围；其二，促使信息化技术与农村传统社会信任网络的融合，增强农村居民对农村信息化建设的认同度；其三，强化农村信息平台的交互功能与反馈机制，逐步提升农村居民特别是低收入农户对农村信息平台的参与度与使用率。

---

① 中国互联网络信息中心发布的《农村互联网发展状况研究报告》与《中国互联网络发展状况统计报告》显示，农村地区的互联网普及率由 2005 年的 2.6% 一路飙升至 2016 年的 33.1%，年均增长近 2.8 个百分点。但是，截至 2016 年年底，城镇地区的互联网普及率已高达 69.1%，比同期的农村互联网普及率高了 36 个百分点。

参考文献

一 中文文献

边燕杰，2004，《城市居民社会资本的来源及作用：网络观点与调查发现》，《中国社会科学》第3期。

边燕杰等，2006，《结构壁垒、体制转型与地位资源含量》，《中国社会科学》第5期。

边燕杰等，2012，《跨体制社会资本及其收入回报》，《中国社会科学》第2期。

蔡昉，2010，《人口转变、人口红利与刘易斯转折点》，《经济研究》第4期。

蔡昉、王美艳，2009，《为什么劳动力流动没有缩小城乡收入差距》，《经济学动态》第8期。

陈波，2015，《二十年来中国农村文化变迁：表征、影响与思考——来自全国25省（市、区）118村的调查》，《中国软科学》第8期。

陈煜婷、张文宏，2015，《市场化背景下社会资本对性别收入差距的影响：基于2009 JSNet全国数据》，《社会》第6期。

陈云松，2012，《逻辑、想象和诠释：工具变量在社会科学因果推断中的应用》，《社会学研究》第6期。

陈云松等，2013，《"找关系"有用吗——非自由市场经济下的多模型复制与拓展研究》，《社会学研究》第3期。

程诚、边燕杰，2014，《社会资本与不平等的再生产：以农民工与城市职工的收入差距为例》，《社会》第4期。

程传兴等，2014，《中国农地非农化与粮食安全》，《经济学动态》第7期。

程名望等，2014，《农村减贫：应该更关注教育还是健康？——基于收入增长和差距缩小双重视角的实证》，《经济研究》第 11 期。

楚德江，2013，《就业地落户：我国户籍制度改革的现实选择》，《中国行政管理》第 3 期。

戴亦一等，2016，《"乡音"能否降低公司代理成本？——基于方言视角的研究》，《经济研究》第 12 期。

都阳等，2014，《延续中国奇迹：从户籍制度改革中收获红利》，《经济研究》第 8 期。

段均、杨俊，2011，《劳动力跨部门配置与居民收入差距——基于省级面板数据的实证分析》，《数量经济技术经济研究》第 8 期。

费孝通，2016，《乡土中国》，人民出版社。

高金窑，2013，《奈特不确定性与非流动资产定价：理论与实证》，《经济研究》第 10 期。

高伟等，2013，《土地流转、收入预期与农村高等教育参与意愿》，《管理世界》第 3 期。

郭凤鸣、张世伟，2011，《教育和户籍歧视对城镇工和农民工工资差异的影响》，《农业经济问题》第 6 期。

国家统计局统计科研所信息化统计评价研究组，2011，《信息化发展指数优化研究报告》，《管理世界》第 12 期。

郭豫媚等，2016，《中国货币政策有效性下降与预期管理研究》，《经济研究》第 1 期。

郭豫媚、陈彦斌，2015，《收入差距代际固化的破解：透视几种手段》，《改革》第 9 期。

郭云南等，2014，《宗族网络与村庄收入分配》，《管理世界》第 1 期。

韩军等，2015，《对外开放对中国收入分配的影响——"南方谈话"和"入世"后效果的实证检验》，《中国社会科学》第 2 期。

杭斌，2015，《人情支出与城镇居民家庭消费——基于地位寻求的实证分析》，《统计研究》第 4 期。

侯建昀、霍学喜，2017，《信息化能促进农户的市场参与吗？——来自中国苹果主产区的微观证据》，《财经研究》第 1 期。

黄光国、胡先缙，2010，《人情与面子：中国人的权力游戏》，中国人民大学出版社。

黄瑞芹、杨云彦，2008，《中国农村居民社会资本的经济回报》，《世界经济文汇》第6期。

黄小明，2014，《收入差距、农村人力资本深化与城乡融合》，《经济学家》第1期。

焦长权、周飞舟，2016，《"资本下乡"与村庄的再造》，《中国社会科学》第1期。

金烨等，2011，《收入差距与社会地位寻求：一个高储蓄率的原因》，《经济学》（季刊）第3期。

兰亚春，2013，《居民关系网络脱域对城市社区结构的制约》，《吉林大学社会科学学报》第4期。

李代、张春泥，2016，《外出还是留守？——农村夫妻外出安排的经验研究》，《社会学研究》第5期。

李拉亚，2011，《理性疏忽、粘性信息和粘性预期理论评介》，《经济学动态》第2期。

李路路，2012，《社会结构阶层化和利益关系市场化——中国社会管理面临的新挑战》，《社会学研究》第2期。

李路路等，2012，《当代社会学中的阶级分析：理论视角和分析范式》，《社会》第5期。

李路路、秦广强，2016，《当代中国的阶层结构分析》，中国人民大学出版社。

李路路、杨娜，2016，《社会变迁与阶级分析：理论与现实》，《社会学评论》第1期。

李路路、朱斌，2015，《当代中国的代际流动模式及其变迁》，《中国社会科学》第5期。

李培林、田丰，2010，《中国劳动力市场人力资本对社会经济地位的影响》，《社会》第1期。

李清政等，2014，《社会资本视角下家庭增收效应的理论与实证研究》，《宏观经济研究》第1期。

李实、罗楚良，2014，《中国收入差距的实证分析》，社会科学文献出版社。

李树、陈刚，2012，《"关系"能否带来幸福？——来自中国农村的经验证据》，《中国农村经济》第8期。

李涛, 2006,《社会互动与投资选择》,《经济研究》第 8 期。

李涛、郭杰, 2009,《风险态度与股票投资》,《经济研究》第 2 期。

李涛、么海亮, 2013,《什么导致了中国城镇家庭的消费不平等》,《经济理论与经济管理》第 9 期。

李维安、孙林, 2017,《同乡关系在晋升中会起作用吗?——基于省属国有企业负责人的实证检验》,《财经研究》第 1 期。

李颖晖, 2015,《教育程度与分配公平感:结构地位与相对剥夺视角下的双重考察》,《社会》第 1 期。

李勇、杨卫忠, 2014,《农村土地流转制度创新参与主体行为研究》,《农业经济问题》第 2 期。

李仲飞等, 2015,《有限理性、异质预期与房价内生演化机制》,《经济学》(季刊)第 2 期。

李祖佩, 2011,《混混、乡村组织与基层治理内卷化——乡村混混的力量表达及后果》,《青年研究》第 3 期。

梁辉, 2013,《信息社会进程中农民工的人际传播网络与城市融入》,《中国人口·资源与环境》第 1 期。

梁漱溟, 2011,《中国文化要义》,上海人民出版社。

廖永松, 2014,《"小富即安"的农民:一个幸福经济学的视角》,《中国农村经济》第 9 期。

林莞娟等,《正式保险对非正式风险分担机制的挤出效应——一个实验研究》,《金融研究》第 2 期。

刘宝华等, 2016,《社会信任与股价崩盘风险》,《财贸经济》第 9 期。

刘彬彬等, 2014,《社会资本与贫困地区农户收入——基于门槛回归模型的检验》,《农业技术经济》第 11 期。

柳光强等,《教育数量与教育质量对农村居民收入影响的研究——基于省级面板数据的实证分析》,《教育研究》第 5 期。

刘军辉、张古, 2016,《户籍制度改革对农村劳动力流动影响模拟研究——基于新经济地理学视角》,《财经研究》第 10 期。

刘少杰, 2012,《网络化时代的社会结构变迁》,《学术月刊》第 10 期。

刘伟峰等, 2016,《中国人的职场交往与收入——基于差分方法的社会资本分析》,《社会学研究》第 2 期。

刘志国等, 2017,《收入流动性与我国居民长期收入不平等的动态变化:

基于 CHNS 数据的分析》,《财经研究》第 2 期。

陆铭等,2010,《市场化进程中社会资本还能够充当保险机制吗?——中国农村家庭灾后消费的经验研究》,《世界经济文汇》第 1 期。

罗勇等,2013,《异质型人力资本、地区专业化与收入差距——基于新经济地理学视角》,《中国工业经济》第 2 期。

骆永民、樊丽明,2015,《土地:农民增收的保障还是阻碍?》,《经济研究》第 8 期。

马光荣、杨恩艳,2011,《社会网络、非正规金融与创业》,《经济研究》第 3 期。

马宏、汪洪波,2013,《社会资本对中国金融发展与收入分配关系的影响——基于中国东中西部地区面板数据的实证研究》,《经济评论》第 5 期。

宁光杰等,2016,《我国转型期居民财产性收入不平等成因分析》,《经济研究》第 4 期。

欧璟华等,2015,《中国"空巢村":陕北农村案例研究》,《当代经济科学》第 4 期。

齐亚强、梁童心,2016,《地区差异还是行业差异?——双重劳动力市场分割与收入不平等》,《社会学研究》第 1 期。

任远,2016a,《当前中国户籍制度改革的目标、原则与路径》,《南京社会科学》第 2 期。

任远,2016b,《中国户籍制度改革:现实困境和机制重构》,《南京社会科学》第 8 期。

邵挺等,2017,《中国社会流动性的测度和影响机制——基于高校毕业生就业数据的实证研究》,《管理世界》第 2 期。

申广军、张川川,2016,《收入差距、社会分化与社会信任》,《经济社会体制比较》第 1 期。

申宇等,2016,《校友关系网络、基金投资业绩与"小圈子"效应》,《经济学》(季刊)第 1 期。

石金群,2016,《转型期家庭代际关系流变:机制、逻辑与张力》,《社会学研究》第 6 期。

宋洪远等,2015,《中国村庄经济社会发展的特征与趋势》,《湖南农业大学学报》(社会科学版)第 2 期。

宋小川，2015，《西方学术界对贫富差距急剧扩大原因的探讨》，《经济学动态》第 2 期。

宋扬，2017，《中国的机会不均等程度与作用机制——基于 CGSS 数据的实证分析》，《财贸经济》第 1 期。

谭松涛、陈玉宇，2012，《投资经验能够改善股民的收益状况吗》，《金融研究》第 5 期。

王春超、何意銮，2014，《社会资本与农民工群体的收入分化》，《经济社会体制比较》第 4 期。

王春超等，2017，《社会关系网为什么能提升农民工工资》，《统计研究》第 2 期。

王春超、周先波，2013，《社会资本能影响农民工收入吗？——基于有序响应收入模型的估计和检验》，《管理世界》第 9 期。

王聪等，2015，《家庭社会网络与股市参与》，《世界经济》第 5 期。

王迪、王汉生，2016，《移动互联网的崛起与社会变迁》，《中国社会科学》第 7 期。

王晶，2013，《农村市场化、社会资本与农民家庭收入机制》，《社会学研究》第 3 期。

王文涛、谢家智，2017，《预期社会化、资产选择行为与家庭财产性收入》，《财经研究》第 3 期。

王雨磊，2016，《数字下乡：农村精准扶贫中的技术治理》，《社会学研究》第 6 期。

王媛，2016，《政府干预与地价扭曲——基于全国微观地块数据的分析》，《中国经济问题》第 5 期。

王跃生，2016，《中国当代家庭、家户和家的"分"与"合"》，《中国社会科学》第 4 期。

王增文，2012，《社会网络对受助家庭再就业收入差距的影响》，《中国人口科学》第 2 期。

王志章、韩佳丽，2015，《农业转移人口市民化的公共服务成本测算及分摊机制研究》，《中国软科学》第 10 期。

魏万青，2016，《自选择、职业发展与农民工同乡聚集的收入效应研究》，《社会学研究》第 5 期。

吴贾等，2015，《城乡户籍歧视是否趋于止步——来自改革进程中的经验证据：1989—2011》，《经济研究》第 11 期。

巫强等，2016，《中国劳动力流动存在省际边界壁垒吗？——基于暂住证数据的实证研究》，《中国经济问题》第 6 期。

吴晓刚、张卓妮，2014，《户口、职业隔离与中国城镇的收入不平等》，《中国社会科学》第 6 期。

武岩、胡必亮，2014，《社会资本与中国农民工收入差距》，《中国人口科学》第 6 期。

吴愈晓，2011，《社会关系、初职获得方式与职业流动》，《社会学研究》第 5 期。

夏怡然、陆铭，2015，《城市间的"孟母三迁"——公共服务影响劳动力流向的经验研究》，《管理世界》第 10 期。

向书坚等，2014，《区域分割下农民工收入差距的回归分解》，《统计研究》第 2 期。

谢家智、王文涛，2016，《社会结构变迁、社会资本转换与农户收入差距》，《中国软科学》第 10 期。

谢家智等，2016，《巨灾风险经济抗逆力评价及分布特征分析》，《湖南大学学报》（社会科学版）第 3 期。

谢晓非、陆静怡，2014，《风险决策中的双参照点效应》，《心理科学进展》第 4 期。

许浩然、荆新，2016，《社会关系网络与公司债务违约——基于中国 A 股上市公司的经验证据》，《财贸经济》第 9 期。

徐宗阳，2016，《资本下乡的社会基础——基于华北地区一个公司型农场的经验研究》，《社会学研究》第 5 期。

阎明，2016，《"差序格局"探源》，《社会学研究》第 5 期。

闫小欢、霍学喜，2013，《农民就业、农村社会保障和土地流转——基于河南省 479 个农户调查的分析》，《农业技术经济》第 7 期。

杨娟、高曼，2015，《教育扩张对农民收入的影响——以文革期间的农村教育扩张政策为例》，《北京师范大学学报》（社会科学版）第 6 期。

杨娟等，2015，《如何通过教育缓解收入不平等》，《经济研究》第 9 期。

杨俊、黄潇，2010，《教育不平等与收入分配差距的内在作用机制——基于中国省级面板数据的分析》，《公共管理学报》第 3 期。

杨俊等，2008，《教育不平等与收入分配差距：中国的实证分析》，《管理世界》第 1 期。

杨文等，2012，《中国农村家庭脆弱性的测量与分解》，《经济研究》第 4 期。

杨耀武、杨澄宇，2015，《中国基尼系数是否真地下降了？——基于微观数据的基尼系数区间估计》，《经济研究》第 3 期。

叶静怡等，2012，《社会网络层次与农民工工资水平——基于身份定位模型的分析》，《经济评论》第 4 期。

叶静怡、周晔馨，2010，《社会资本转换与农民工收入——来自北京农民工调查的证据》，《管理世界》第 10 期。

尹志超等，2014，《金融知识、投资经验与家庭资产选择》，《经济研究》第 4 期。

曾志耕等，2015，《金融知识与家庭投资组合多样性》，《经济学家》第 6 期。

张成思、党超，2015，《异质性通胀预期的信息粘性与信息更新频率》，《财贸经济》第 10 期。

张春泥、谢宇，2013，《同乡的力量：同乡聚集对农民工工资收入的影响》，《社会》第 1 期。

张静，2010，《社会身份的结构性失位问题》，《社会学研究》第 6 期。

张宁、张兵，2015，《农村非正规金融、农户内部收入差距与贫困》，《经济科学》第 1 期。

张爽等，2007，《社会资本的作用随市场化进程减弱还是加强？——来自中国农村贫困的实证研究》，《经济学》（季刊）第 2 期。

张顺、程诚，2012，《市场化改革与社会网络资本的收入效应》，《社会学研究》第 1 期。

章元等，2008，《社会网络与工资水平——基于农民工样本的实证分析》，《世界经济文汇》第 6 期。

章元等，2012，《异质的社会网络与民工工资：来自中国的证据》，《南方经济》第 2 期。

章元、陆铭，2009，《社会网络是否有助于提高农民工的工资水平？》，《管理世界》第 3 期。

张振，2016，《新常态下农户家庭社会关系网络的收入效应研究——基于 CHARLS 数据的实证分析》，《经济问题》第 6 期。

赵剑治、陆铭，2010，《关系对农村收入差距的贡献及其地区差异——一项基于回归的分解分析》，《经济学》（季刊）第 1 期。

赵延东、洪岩璧，2012，《社会资本与教育获得——网络资源与社会闭合的视角》，《社会学研究》第 5 期。

郑长忠，2016，《"青年+哲学社科"：青年学科发展的方向》，《中国青年社会科学》第 5 期。

郑杭生、李路路，2005，《社会结构与社会和谐》，《中国人民大学学报》第 2 期。

周常春等，2016，《贫困县农村治理"内卷化"与参与式扶贫关系研究——来自云南扶贫调查的实证》，《公共管理学报》第 1 期。

周京奎、黄征学，2014，《住房制度改革、流动性约束与"下海"创业选择——理论与中国的经验研究》，《经济研究》第 3 期。

周晔馨，2012，《社会资本是穷人的资本吗？——基于中国农户收入的经验证据》，《管理世界》第 7 期。

——，2013，《社会资本在农户收入中的作用——基于中国家计调查（CHIPS2002）的证据》，《经济评论》第 4 期。

朱建军、常向阳，2010，《村庄社会资本与居民收入差距的实证分析》，《南京农业大学学报》（社会科学版）第 2 期。

朱静辉，2016，《土地资本化与农村阶层再分化——一个沿海村庄的阶层结构变迁分析》，《南京农业大学学报》（社会科学版）第 3 期。

邹薇、郑浩，2014，《贫困家庭的孩子为什么不读书：风险、人力资本代际传递和贫困陷阱》，《经济学动态》第 6 期。

佐藤宏，2009，《中国农村收入增长：1990—2002 年》，《世界经济文汇》第 4 期。

二　英文文献

Abdul-Hakim, R. et al., 2010, "Does Social Capital Reduce Poverty? A Case Study of Rural Households in Terengganu, Malaysia", *European Journal of Social Sciences*, Vol. 14, No. 4.

Acemoglu, D., 2002, "Technical Change, Inequality, and the Labor Market", *Journal of Economic Literature*, Vol. 40, No. 1.

Adler, P. S. and S. W. Kwon, 2002, "Social Capital: Prospects for a New

Concept", *Academy of Management Review*, Vol. 27, No. 1.

Agarwal, S. et al., 2011, "Consumer Bankruptcy and Default: The Role of Individual Social Capital", *Journal of Economic Psychology*, Vol. 32, No. 4.

Akçomak, I. S. and B. Ter Weel, 2009, "Social Capital, Innovation and Growth: Evidence from Europe", *European Economic Review*, Vol. 53, No. 5.

Allen, F. et al., 2005, "Law, Finance, and Economic Growth in China", *Journal of Financial Economics*, Vol. 77, No. 1.

Alm, J. and C. J. Bourdeaux, 2013, "Applying Behavioral Economics to the Public Sector", *Review of Public Economics*, Vol. 206, No. 3.

Andrade, P. and H. Le Bihan, 2013, "Inattentive Professional Forecasters", *Journal of Monetary Economics*, Vol. 60, No. 8.

Angelini, V. et al., 2015, "Life Satisfaction of Immigrants: Does Cultural Assimilation Matter?", *Journal of Population Economics*, Vol. 28, No. 3.

Appleton, S. et al., 2005, "Has China Crossed the River? The Evolution of Wage Structure in Urban China during Reform and Retrenchment", *Journal of Comparative Economics*, Vol. 33, No. 4.

Arceneaux, K. et al., 2016, "The Influence of News Media on Political Elites: Investigating Strategic Responsiveness in Congress", *American Journal of Political Science*, Vol. 60, No. 1.

Bacchetta, P. and E. Van Wincoop, 2008, "Higher Order Expectations in Asset Pricing", *Journal of Money, Credit and Banking*, Vol. 40, No. 5.

Barber, B. M. et al., 2009, "Just How Much do Individual Investors Lose by Trading?", *Review of Financial Studies*, Vol. 22, No. 2.

Bartling, B. et al., 2015, "Do Markets Erode Social Responsibility?", *The Quarterly Journal of Economics*, Vol. 130, No. 1.

Baye, F. M. and B. N. Epo, 2015, "Impact of Human Capital Endowments on Inequality of Outcomes in Cameroon", *Review of Income and Wealth*, Vol. 61, No. 1.

Berry, H. L. and J. A. Welsh, 2010, "Social Capital and Health in Australia: An Overview from the Household, Income and Labour Dynamics in Australia Survey", *Social Science & Medicine*, Vol. 70, No. 4.

Betti, G. et al., 2015, "Comparative Measures of Multidimensional Deprivation in the European Union", *Empirical Economics*, Vol. 49, No. 3.

Bezu, S. and C. Barrett, 2012, "Employment Dynamics in the Rural Nonfarm Sector in Ethiopia: Do the Poor Have Time on Their Side?", *Journal of Development Studies*, Vol. 48, No. 9.

Borah, B. J. and A. Basu, 2013, "Highlighting Differences between Conditional and Unconditional Quantile Regression Approaches through an Application to Assess Medication Adherence", *Health Economics*, Vol. 22, No. 9.

Branch, W. A., 2007, "Sticky Information and Model Uncertainty in Survey Data on Inflation Expectations", *Journal of Economic Dynamics and Control*, Vol. 31, No. 1.

Brunnermeier, M. K. and S. Nagel, 2008, "Do Wealth Fluctuations Generate Time-Varying Risk Aversion? Micro-Evidence on Individuals' Asset Allocation", *The American Economic Review*, Vol. 98, No. 3.

Callen, J. L. and X. Fang, 2015, "Religion and Stock Price Crash Risk", *Journal of Financial and Quantitative Analysis*, Vol. 50, No. 1.

Campbell, J. Y., 2006, "Household Finance", *The Journal of Finance*, Vol. 61, No. 4.

Carroll, C. D., 2003, "Macroeconomic Expectations of Households and Professional Forecasters", *The Quarterly Journal of Economics*, Vol. 118, No. 1.

Case, K. E. et al., 2013, "Wealth Effects Revisited: 1975 – 2012", *Critical Finance Review*, Vol. 2, No. 1.

Chantarat, S. and C. B. Barrett, 2012, "Social Network Capital, Economic Mobility and Poverty Traps", *The Journal of Economic Inequality*, Vol. 10, No. 3.

Chetty, R. et al., 2016, "The Effects of Exposure to Better Neighborhoods on Children: New Evidence from the Moving to Opportunity Experiment", *The American Economic Review*, Vol. 106, No. 4.

Christelis, D. et al., 2010, "Cognitive Abilities and Portfolio Choice", *European Economic Review*, Vol. 54, No. 1.

Cleaver, F., 2005, "The Inequality of Social Capital and the Reproduction of Chronic Poverty", *World Development*, Vol. 33, No. 6.

Constant, A. F. and K. F. Zimmermann, 2008, "Measuring Ethnic Identity and Its Impact on Economic Behavior", *Journal of the European Economic Associa-*

tion, Vol. 6, No. 2.

De la Roca, J. and D. Puga, 2017, "Learning by Working in Big Cities", *The Review of Economic Studies*, Vol. 84, No. 1.

Deng, Q. et al., 2013, "Intergenerational Income Persistence in Urban China", *Review of Income and Wealth*, Vol. 59, No. 3.

Dieci, R. and F. Westerhoff, 2012, "A Simple Model of a Speculative Housing Market", *Journal of Evolutionary Economics*, Vol. 22, No. 2.

DiMaggio, P. and F. Garip, 2011, "How Network Externalities Can Exacerbate Intergroup Inequality", *American Journal of Sociology*, Vol. 116, No. 6.

Doepke, J. et al., 2008, "The Dynamics of European Inflation Expectations", *The B. E. Journal of Macroeconomics*, Vol. 8, No. 1.

Dräger, L., 2015, "Inflation Perceptions and Expectations in Sweden-Are Media Reports the Missing Link?", *Oxford Bulletin of Economics and Statistics*, Vol. 77, No. 5.

Engelberg, J. E. and C. A. Parsons, 2011, "The Causal Impact of Media in Financial Markets", *The Journal of Finance*, Vol. 66, No. 1.

Epstein, L. G. and M. Schneider, 2010, "Ambiguity and Asset Markets", *Annual Review of Financial Economics*, Vol. 2, No. 1.

Firpo, S. et al., 2009, "Unconditional Quantile Regressions", *Econometrica*, Vol. 77, No. 3.

Fortin, B. et al., 2007, "Tax Evasion and Social Interactions", *Journal of Public Economics*, Vol. 91, No. 11.

Fräßdorf, A. et al., 2011, "The Impact of Household Capital Income on Income Inequality: A Factor Decomposition Analysis for the UK, Germany and the USA", *The Journal of Economic Inequality*, Vol. 9, No. 1.

Gagnon, J. and S. Goyal, 2017, "Networks, Markets, and Inequality", *The American Economic Review*, Vol. 107, No. 1.

Gerber, T. P. and O. Mayorova, 2010, "Getting Personal: Networks and Stratification in the Russian Labor Market, 1985-2001", *American Journal of Sociology*, Vol. 116, No. 3.

Gertler, P. et al., 2006, "Is Social Capital the Capital of the Poor? The Role of Family and Community in Helping Insure Living Standards against Health

Shocks", *CESifo Economic Studies*, Vol. 52, No. 3.

Godoy, R. et al., 2007, "The Role of Community and Individuals in the Formation of Social Capital", *Human Ecology*, Vol. 35, No. 6.

Golub, B. and M. O. Jackson, 2010, "Naïve Learning in Social Networks and the Wisdom of Crowds", *American Economic Journal: Microeconomics*, Vol. 2, No. 1.

Gong, H. et al., 2012, "Intergenerational Income Mobility in Urban China", *Review of Income and Wealth*, Vol. 58, No. 3.

Griffin, J. M. et al., 2011, "How Important Is the Financial Media in Global Markets?", *The Review of Financial Studies*, Vol. 24, No. 12.

Guiso, L. and T. Jappelli, 2005, "Awareness and Stock Market Participation", *Review of Finance*, Vol. 9, No. 4.

Guiso, L. et al., 2008, "Trusting the Stock Market", *The Journal of Finance*, Vol. 63, No. 6.

Haggblade, S. et al., 2010, "The Rural Non-Farm Economy: Prospects for Growth and Poverty Reduction", *World Development*, Vol. 38, No. 10.

Hasan, S. and S. Bagde, 2013, "The Mechanics of Social Capital and Academic Performance in an Indian College", *American Sociological Review*, Vol. 78, No. 6.

Hauser, S. M. and Y. Xie, 2005, "Temporal and Regional Variation in Earnings Inequality: Urban China in Transition between 1988 and 1995", *Social Science Research*, Vol. 34, No. 1.

Heimer, R. Z., 2016, "Peer Pressure: Social Interaction and the Disposition Effect", *Review of Financial Studies*, Vol. 29, No. 11.

Hill, S. E. and D. M. Buss, 2010, "Risk and Relative Social Rank: Positional Concerns and Risky Shifts in Probabilistic Decision-Making", *Evolution and Human Behavior*, Vol. 31, No. 3.

Hsu, C. L., 2005, "Capitalism without Contracts versus Capitalists without Capitalism: Comparing the Influence of Chinese Guanxi and Russian Blat on Marketization", *Communist and Post-Communist Studies*, Vol. 38, No. 3.

Huang, J. et al., 2009, "A Meta-Analysis of the Effect of Education on Social Capital", *Economics of Education Review*, Vol. 28, No. 4.

Ishise, H. and Y. Sawada, 2009, "Aggregate Returns to Social Capital: Estimates Based on the Augmented Augmented-Solow Model", *Journal of Macroeconomics*, Vol. 31, No. 3.

Ito, J. et al., 2012, "Distributional Effects of Agricultural Cooperatives in China: Exclusion of Smallholders and Potential Gains on Participation", *Food Policy*, Vol. 37, No. 6.

Jeong, H. et al., 2015, "The Price of Experience", *The American Economic Review*, Vol. 105, No. 2.

Jr. Lucas, R. E., 2015, "Human Capital and Growth", *The American Economic Review*, Vol. 105, No. 5.

Karlsson, N. et al., 2009, "The Ostrich Effect: Selective Attention to Information", *Journal of Risk and Uncertainty*, Vol. 38, No. 2.

Kinnan, C. and R. Townsend, 2012, "Kinship and Financial Networks, Formal Financial Access, and Risk Reduction", *The American Economic Review*, Vol. 102, No. 3.

Knack, S., 2002, "Social Capital and the Quality of Government: Evidence from the States", *American Journal of Political Science*, Vol. 46, No. 4.

Knight, J. and L. Yueh, 2008, "The Role of Social Capital in the Labour Market in China", *Economics of Transition*, Vol. 16, No. 3.

Koudijs, P. and H. J. Voth, 2016, "Leverage and Beliefs: Personal Experience and Risk Taking in Margin Lending", *The American Economic Review*, Vol. 106, No. 11.

Kvist, J., 2015, "A Framework for Social Investment Strategies: Integrating Generational, Life Course and Gender Perspectives in the EU Social Investment Strategy", *Comparative European Politics*, Vol. 13, No. 1.

Laursen, K. et al., 2012, "Regions Matter: How Localized Social Capital Affects Innovation and External Knowledge Acquisition", *Organization Science*, Vol. 23, No. 1.

Lei, C. et al., 2015, "News on Inflation and the Epidemiology of Inflation Expectations in China", *Economic Systems*, Vol. 39, No. 4.

Linde, J. and J. Sonnemans, 2012, "Social Comparison and Risky Choices", *Journal of Risk and Uncertainty*, Vol. 44, No. 1.

Lin, S. and P. Lasserre, 2015, "Entrepreneurship Research Amid Transitional Economies: Domains and Opportunities", *Chinese Management Studies*, Vol. 9, No. 2.

Loveland, K. E. et al., 2014, "Understanding Homeowners' Pricing Decisions: An Investigation of the Roles of Ownership Duration and Financial and Emotional Reference Points", *Customer Needs and Solutions*, Vol. 1, No. 3.

Lusardi, A. and O. S. Mitchell, 2014, "The Economic Importance of Financial Literacy: Theory and Evidence", *Journal of Economic Literature*, Vol. 52, No. 1.

Macchiavello, R. and A. Morjaria, 2015, "The Value of Relationships: Evidence from a Supply Shock to Kenyan Rose Exports", *The American Economic Review*, Vol. 105, No. 9.

Madajewicz, S., 2010, "Joint Liability Versus Individual Liability in Credit Contracts", *Journal of Economic Behavior & Organization*, Vol. 94, No. 10.

Mai, Y. et al., 2015, "The Effects of Entrepreneurs' Socioeconomic Status and Political Characteristics on New Ventures' Establishment of Formal Political Ties in China", *Chinese Management Studies*, Vol. 9, No. 2.

Mogues, T. and M. R. Carter, 2005, "Social Capital and the Reproduction of Economic Inequality in Polarized Societies", *The Journal of Economic Inequality*, Vol. 3, No. 3.

Moretti, E., 2011, "Social Learning and Peer Effects in Consumption: Evidence from Movie Sales", *The Review of Economic Studies*, Vol. 78, No. 1.

Mouw, T., 2003, "Social Capital and Finding a Job: Do Contacts Matter?", *American Sociological Review*, Vol. 68, No. 6.

Munshi, K. and M. Rosenzweig, 2006, "Traditional Institutions Meet the Modern World: Caste, Gender, and Schooling Choice in a Globalizing Economy", *The American Economic Review*, Vol. 96, No. 4.

Murphy, K. M. and R. H. Topel, 2016, "Human Capital Investment, Inequality, and Economic Growth", *Journal of Labor Economics*, Vol. 34, No. S2.

Nelson, P. B., 2001, "Rural Restructuring in the American West: Land Use, Family and Class Discourses", *Journal of Rural Studies*, Vol. 17, No. 4.

Nowotarski, J. and R. Weron, 2015, "Computing Electricity Spot Price Prediction Intervals Using Quantile Regression and Forecast Averaging", *Computational Statistics*, Vol. 30, No. 3.

Paiella, M., 2009, "The Stock Market, Housing and Consumer Spending: A Survey of the Evidence on Wealth Effects", *Journal of Economic Surveys*, Vol. 23, No. 5.

Pastoriza, D. et al., 2008, "Ethical Managerial Behaviour as an Antecedent of Organizational Social Capital", *Journal of Business Ethics*, Vol. 78, No. 3.

Paul, A. M., 2011, "Stepwise International Migration: A Multistage Migration Pattern for the Aspiring Migrant", *American Journal of Sociology*, Vol. 116, No. 6.

Pfajfar, D. and E. Santoro, 2013, "News on Inflation and the Epidemiology of Inflation Expectations", *Journal of Money, Credit and Banking*, Vol. 45, No. 6.

Primiceri, G. E. and T. van Rens, 2009, "Heterogeneous Life-Cycle Profiles, Income Risk and Consumption Inequality", *Journal of Monetary Economics*, Vol. 56, No. 1.

Rabin, M., 2013, "An Approach to Incorporating Psychology into Economics", *The American Economic Review*, Vol. 103, No. 3.

Ram, R., 2013, "Social Capital and Income Inequality in the United States", *Atlantic Economic Journal*, Vol. 41, No. 1.

Ream, R. K. and G. J. Palardy, 2008, "Reexamining Social Class Differences in the Availability and the Educational Utility of Parental Social Capital", *American Educational Research Journal*, Vol. 45, No. 2.

Rothstein, B. and E. M. Uslaner, 2005, "All for All: Equality, Corruption, and Social Trust", *World Politics*, Vol. 58, No. 1.

Sabatini, F., 2009, "Social Capital as Social Networks: A New Framework for Measurement and an Empirical Analysis of Its Determinants and Consequences", *The Journal of Socio-Economics*, Vol. 38, No. 3.

Sarracino, F., 2010, "Social Capital and Subjective Well-Being Trends: Comparing 11 Western European Countries", *The Journal of Socio-Economics*, Vol. 39, No. 4.

Sarracino, F., 2013, "Determinants of Subjective Well-Being in High and Low Income Countries: Do Happiness Equations Differ Across Countries?",

The Journal of Socio-Economics, Vol. 42, No. 3.

Schindler, F., 2013, "Predictability and Persistence of the Price Movements of the S&P/Case-Shiller House Price Indices", *The Journal of Real Estate Finance and Economics*, Vol. 46, No. 1.

Schmeling, M. and A. Schrimpf, 2011, "Expected Inflation, Expected Stock Returns, and Money Illusion: What Can We Learn from Survey Expectations?", *European Economic Review*, Vol. 55, No. 5.

Serra, T. and E. Poli, 2015, "Shadow Prices of Social Capital in Rural India: A Nonparametric Approach", *European Journal of Operational Research*, Vol. 240, No. 3.

Tanaka, T. et al., 2010, "Risk and Time Preferences: Linking Experimental and Household Survey Data from Vietnam", *The American Economic Review*, Vol. 100, No. 1.

Topalova, P., 2010, "Factor Immobility and Regional Impacts of Trade Liberalization: Evidence on Poverty from India", *American Economic Journal: Applied Economics*, Vol. 2, No. 4.

Wang, X. T. and J. G. Johnson, 2012, "A Tri-Reference Point Theory of Decision Making under Risk", *Journal of Experimental Psychology: General*, Vol. 141, No. 4.

Weber, E. U. and M. W. Morris, 2010, "Culture and Judgment and Decision Making: The Constructivist Turn", *Perspectives on Psychological Science*, Vol. 5, No. 4.

Weil, D. N., 2015, "Capital and Wealth in the Twenty-First Century", *The American Economic Review*, Vol. 105, No. 5.

Wetterberg, A., 2007, "Crisis, Connections, and Class: How Social Ties Affect Household Welfare", *World Development*, Vol. 35, No. 4.

Wolz, A. et al., 2006, "The Impact of Social Capital on Polish Farm Incomes: Findings of an Empirical Survey", *Post-Communist Economies*, Vol. 18, No. 1.

Xie Y., 2011, "Evidence-Based Research on China: A Historical Imperative", *Chinese Sociological Review*, Vol. 44, No. 1.

Xie, Y. and M. Gough, 2011, "Ethnic Enclaves and the Earnings of Immigrants", *Demography*, Vol. 48, No. 4.

Yang, D. and H. J. Choi, 2007, "Are Remittances Insurance? Evidence from Rainfall Shocks in the Philippines", *World Bank Economic Review*, Vol. 21, No. 2.

Yu, K. et al., 2011, "Foreign Direct Investment and China's Regional Income Inequality", *Economic Modelling*, Vol. 28, No. 3.

Zhang, C. and Y. Xie, 2016, "Ethnic Enclaves Revisited: Effects on Earnings of Migrant Workers in China", *Chinese Journal of Sociology*, Vol. 2, No. 2.

Zhang, J. et al., 2012, "Does It Pay to Be a Cadre? Estimating the Returns to Being a Local Official in Rural China", *Journal of Comparative Economics*, Vol. 40, No. 3.

Zhang, X. and G. Li, 2003, "Does Guanxi Matter to Nonfarm Employment?", *Journal of Comparative Economics*, Vol. 31, No. 2.

索　引

C

差序格局　35,36,47,63—66,71

创业　84—88,90—92,112

D

地域型社会资本　18,61,65,66,71,84,86,90,93—95,108,111—114,131,166,174—176,178,182—184,188—190,196—198,200,201,203,205—207,211,213—219,221—223,225—228,230—236,238—244

F

分割同化理论　94

H

回报欠缺　15,27,106—108,114,184,207,216,243,244

J

结构洞　21,22,33,35,58

就业空间　56,65,66,71,80,84,93,94,113,243

就业模式　79,80,83,93

就业行业　79,93

均衡工资理论　94

K

科技结构　57,71,76,79,82,113,115,119,165

空间流动　6,17,65,66,71—77,83,85,92,94,109,113,131,132,144,145,188,190,191,217,219,227,243—247

L

劳动分工　57,71,78,83,113,166—168,171,183

理性预期　98,249

流动性约束　86—88,90—92

N

内卷化　26,27

农户收入差距　1—3,7—19,25,27,30—32,47—49,66,68—71,84,85,105,106,108,109,112—115,147,148,151—153,155,159—161,164—166,173,174,178,182—184,189,197,203,207,216,

221,241—244,249

Q

强关系　34,58,93,95,112

R

人口结构　57,71,77,80,83,113,115,126,127,130,165

人情　6,24,35,36,62,65,93—95

弱关系　33—35,58,94,95,110

S

社会分层　182

社会分工　39,80,83,141,190

社会规范　8,20,31,36,50,59,66,71,77,85,97,136,190,191

社会结构　3,4,6,8—21,23,31—33,35,36,43,47,49—59,61,63—66,71,74,77—81,84,86,92,93,105—108,112,113,115,131,165—167,182—184,201,207,214,222,227,232,242,244

社会人　50—52,93,98,189,219

社会认同　77,203

社会网络　8,20,22,23,29,31,34—37,47,58—61,64—66,71,86,95,97,100,101,103,109—111,113,132,180,181,188,190,191,201

社会信任　8,20,21,26,31,59,65,66,71,84,97,141,147,190,191,251

社会资本　1,6—35,37,45—49,57—61,63—66,70,71,84—86,88,90,92—99,104—108,110—115,120,131,132,144,165—167,173—176,178—184,187,188,190—192,196,197,199—201,205,207,214,216—219,221,225,236,242—244,250,251

生产经营　85,86,92,114,243

T

同乡　62,94,95

土地结构　57,71,75,79,81,113,115,165

团体格局　35,36

推拉理论　73

脱域型社会资本　13,17,18,47,61—66,71,84,86—95,108—114,131,165—167,174—178,182—184,188—193,196,198,200,201,203—207,210—214,216—219,221—236,238,239,241—245

W

文化融入　95,96

文化同化　95,96

无条件分位数回归　16,17,189,210—214,223—226,228,230,233,235,238,239,241

X

乡土本色　72

乡土中国　35,36,61,62,64,65,71,75,77,79,82,111,118,170,173

信息桥　34

信息渗透　82,83

虚拟社区　80

Y

异质性　6,8,11,17,18,23,28,29,31,34,35,47,48,51,52,60,63—66,71,

80,84,85,95,99,100,107,110,111,
113,200,203,211,242,243

预期社会化 97—104

Z

再中心化影响函数回归 17,203,218,
221,222,226,230,236

职业选择 79,85,88,90—94,96,114,
167,188,227,243,248

职业转换 17,65,66,71,77—79,85,94,
114,131,132,136,137,139,140,145,
146,167,188,190,191,217,219,243,
244,248

资本欠缺 15,27,106—108,114,184,
207,216,243,244

资本下乡 81,82

资产配置 85,96,98,99,101—104,
114,243

宗族亲缘 62

致　　谢

　　万千思绪凝驻笔端,感恩感念涌上心头。
　　"博采众长,独树一帜。"一路前行,一路都在"跨界"。求学历程中,我从本科阶段的理学(数学与应用数学),跨到了硕士阶段的经济学(金融学),博士阶段又进一步跨到了管理学(农林经济管理),博士后阶段跨到了工商管理(会计学)。每一次的"跨界"在带来挑战的同时,也增添了诸多迷茫。特别是博士学位论文的选题要求涉农,而"三农"研究对于我来说是一个既遥远又陌生的话题。博士学位论文选题初期着实让我非常苦恼和烦闷。一个偶然的机会,我有幸拜读了久负盛名的中国著名社会学家费孝通先生的《乡土中国》。在这部大作中,费孝通先生高屋建瓴、旗帜鲜明地提出了中国乡土社会实际上是一种"差序格局"的社会关系状态。费老的这一观点对我启发很大,也促使我最终选择了社会学与经济学的跨学科研究。关于"差序格局"在现代情境中的演化与发展,学术界最聪明的大脑业已进行了非常有益的探索,而我要做的就是将这些智慧成果引入经济学领域,来分析农村居民的经济决策与经济行为。在此,要特别感谢西南大学研究生跨学科学术沙龙提供的交流平台,依托这一学术平台,来自不同学科的声音与思想在此交汇、碰撞、融合,对我博士学位论文的研究设计具有非常重要的启迪作用。我想,建立在"问题导向"的跨学科研究不仅为学术提供了新的视角与方法,也是学科发展的重要趋势与风尚,在这一过程当中,只有做到博采众长,才能实现独树一帜!
　　"勤奋听话,谦虚合作。""跨界"并非顺风顺水,而是充满荆棘坎坷。跨学科研究并没有想象中那么轻松,绝非仅仅是将其他学科的理论、视角、方法生搬硬套,而是要面临新的整合问题:其一,"兼容"问题,即不同学科都有自身的假设前提,照搬其他学科理论可能会导致"整合谬误";其二,"翻译"问题,即每一学科都有自己独特的语境,在跨学科研究中还需将其他学科的语言转化为本学科的术语。幸运的是,在我迷茫无措时遇到了恩师谢家智教授。在跟随谢老师学习的六年中(硕士研究生三年、博士研究生三年),对我影响最深远的就是谢老师学术研究的不拘一格。"跳出金融研究金融,跳出'三农'研究'三农'",这是谢老师自身学术的行为准则,同时也是他对我的谆谆教诲。当我第一次向他提出想选择现在这一跨学科研究题目时,谢老师持相当肯定的态度,并指导我如何设计、完善研究提纲。在随后的论文写作过程中,无不充斥着谢老师智慧的指点。如果说当年玄奘耗时十多年终求得普度众生的佛经,那么,我在西南大学经济管理学院求学的六年里从谢老师这里获取的"八字真经"就是勤奋、听话、谦虚、合作。所谓的"勤奋",就是要不畏艰难、持之以恒;所谓的"听话",就是要求同存异、兼容并包;所谓的"谦虚",就是要谦逊虚心、戒骄戒躁;所谓的"合作",就是要以文会友、学行天下。我想,不管我以后身在何地、从事何种工作,这"八字真经"都将成为我今生为人处世之准绳!

"鼎城襄助,万世师表。""跨界"的实施无法离开诸位同仁、师友的支持与帮助。首先,万分感激以下机构或个人提供的数据支撑:中国人民大学中国调查与数据中心提供的中国综合社会调查(CGSS)数据;西南财经大学中国家庭金融调查与研究中心副主任徐舒博士提供的中国家庭金融调查(CHFS)数据;美国国家科学院院士、美国密歇根大学讲座教授(Chair Professor)谢宇提供的中国家庭追踪调查(CFPS)数据;《统计研究》编委、国家统计局统计科学研究所研究员何强博士提供的信息化发展指数(IDI)数据。其次,由衷感谢加拿大英属哥伦比亚大学(University of British Columbia)的 Nicole M. Fortin 教授提供的关于再中心化影响函数回归、无条件分位数回归等估计方法的 Stata 命令。再次,非常感谢西南大学经济管理学院提供的研究场地支持,与博士学位论文相关的两篇学术论文均是在西南大学经济管理学院新大楼的 A0713 教授工作间完成,并非常顺利地以封面文章形式分别发表于《中国软科学》《财经研究》杂志,这里承载了我非常多的努力与汗水,也是我学术生涯中重要的福地与洞天。最后,西南大学经济管理学院的戴思锐教授、王钊教授、段豫川教授、温涛教授、张应良教授、王定祥教授、高远东教授、杨丹教授等老师在专业课的授课过程中不遗余力地传道、授业、解惑，使我形成了关于"三农"问题的最初图景；中国农业大学的何秀荣教授、西北农林科技大学的霍学喜教授、南京农业大学的朱晶教授、周应恒教授、上海财经大学的吴方卫教授、西南大学的王钊教授、王志章教授、胡士华教授等老师在我的博士学位论文开题和答辩过程中提出了许多富有价值的修改建议，在此一并谨以谢忱。我想，没有诸位的鼎诚襄助、不吝指摘、倾力扶持，我的博士学位论文研究必将面临更多的曲折！

"同袍泽谊，诗意栖居。"博士生活是寂寞的，但不应该是孤独的；博士生活是枯燥的，但不应该是单调的。我所向往的生活是一种"城堡式"的生活：拥有属于自己的一片领地，或种花，或养鱼，沏一壶清茶，邀三两好友，或对弈品茶，或畅谈古今，蓄目养性，诗意栖居。这种生活状态的获取与以下故知仁君密不可分。首先，特别感谢博士研究生阶段三年来始终与我并肩战斗在一起的各位同学，他们分别是农村金融与财政专业的梅恩博士、刘任博士、何维博士、李焜博士、肖晓博士，林业经济管理专业的李瑜博士，农业经济管理专业的封永刚博士、刘晗博士、陈丽华博士、袁晓辉博士、田逸飘博士、王卫卫博士、吴中全博士、杨芳博士、范刻勇博士（越南），统计学专业的王浴青博士、万里平博士。尤其要感谢重庆市商务委员会的刘任博士、中国农业银行的何维博士、重庆市烟草专卖局的李瑜博士和西南大学经济管理学院的陈丽华博士等给予我的无私帮助与就业指导。其次，由衷感谢师门的诸位才俊为我树立的良好标杆与榜样。一个师门就是一个平台。读博期间我非常有幸地做了这个平台的三年"运行者"，学到了许多，也成长了许多。在此要特别拜谢王永綦博士、陈启亮博士、江源博士、刘思亚博士。最后，特别向我们"师门家庭群"的所有成员致意，他们分别是杨佳、张燕、罗伟、徐舟、王丹、李尚真、胡映雪、阮秀蓉、李晓霞、柯明、石俊峰。我想，博士生活里不单单只有科研，也不仅仅是寂寞悲寂寥；博士生活也可以绚丽多彩、恣意徜徉、游目骋怀，把博士读得那么痛苦的，可能正是由于身边缺少了这么一群可爱的高人、贵人、友人、小人，而我幸运地在重庆同时遇到了这四种人，这才是我人生最大的财富！

"承前启后，平实安好。"在读博期间，我的家人主动承担起了家庭的主要责任，才让我有足够的经历完成博士学业。在此要向我的父母、妻子表示深深的感恩之情。2016年2月25日，女儿王语晨的出生为这个本就温馨的小家庭带来更多的欢愉，也使我正式地加入父亲这一行列。在爱女刚满月时，我的妻子曹丹丹就走进了西南大学的博士研究生入学考场，并非常荣幸地加入西南大学教育学部的大家庭之中，师从中国西部地区首位学前教育学博导杨晓萍教授。怀孕期间备考，哺乳期间考试，对于任何一个女人来说绝非易事，但她坚持下来了。这一过程中有她坚强的一面，当然还要特别感谢西南大学教育学部的杨晓萍教授、罗生全教授的悉心指导，成都大学师范学院副院长李敏教授、山东师范大学教育学院的何孔潮教授的答题技巧，香港教育大学（The Education University of Hong Kong）副校长李子建教授的热心鼓励，以及西南大学教师教育学院邓思奇博士在考试期间的专车接送，在此一并谨以谢忱。还要衷心感谢西南大学新闻传媒学院的尹国强博士，以及西南大学教育学部的刘志慧博士、张有龙博士、廖为海博士等在我妻子读博期间给予的莫大帮助。特别感谢师兄罗生全、刘晓琴夫妇，以及师兄江源、胡海虹夫妇对我们一家的襄助，我女儿的幸福成长离不开你们慷慨的馈赠与厚谊。借此机会我想对我的女儿王语晨小朋友说："爸爸不求你以后大富大贵，唯愿你生活能够平实安好；不求你以后成龙成凤，唯愿你处世能够善始善终；不求你以后多少回馈，唯愿你为人能够永葆一颗感恩的心。"正如著名童话作家郑渊洁先生曾言的："最好的教育，就是以身作则。"养育孩子本身就是一个承前启后的过程，我愿参与爱女的成长，言传身教，为她树立良好的榜样！

承蒙诸君勤恳厚谊、大解善囊、费神襄助，不胜感荷，非片语所能言尽，特聊表寸心，以申谢忱，乞望哂纳。

本书由重庆市教委人文社会科学研究项目"社会信任与民营企业合作创新"（项目批准号：22SKGH309）资助。